Musik und Film – Filmmusik

Georg Maas / Achim Schudack

Musik und Film – Filmmusik

Informationen und Modelle für die Unterrichtspraxis

SCHOTT

Mainz · London · Madrid · New York · Paris · Tokyo · Toronto

Titelbild: Foto »King Kong«, aus: Ronald Haver: *David O. Selznicks Hollywood*, München 1981, S. 100, mit freundlicher Genehmigung der Kobal Collection, London; Noten »King Kong« ©: Filmkunst-Musikverlag, München

Bestellnummer: ED 8187

Printed in Germany · BSS 47 906
ISBN 3-7957-0245-3

Inhalt

Jedenfalls ist die Musik im Kino noch ein ungelöstes Problem – für den, dem sie überhaupt ein Problem ist.
Béla Balázs (1924)

Vorwort

Seit Schülerinnen und Schüler* Musik nicht nur im Konzert oder durch eigenes Musizieren erleben, wird die medienvermittelte Musikerfahrung für ihren Umgang mit Musik zunehmend bedeutsam. Die musikalische Lebenswirklichkeit heutiger Schüler muß vom schulischen Musikunterricht als Herausforderung verstanden werden und darf nicht zu einem schmollenden Rückzug in die hehren Gefilde sog. »E«- oder »Kunstmusik« führen: Den Heranwachsenden verweigerte man ansonsten die Hilfe, sich kompetent, sachlich angemessen und möglichst selbständig ihrer nun einmal gegebenen musikalischen Umwelt zu stellen. (Außerdem würde eine große Anzahl wirklich bedeutender Musik aus dem Fachunterricht ausgegrenzt werden.)

Funktionale Musik nimmt in der heutigen Zeit einen nicht zu unterschätzenden Raum innerhalb der täglichen Musikkontakte ein: Vor allem im Kaufhaus, vor dem Fernsehgerät oder beim Kinobesuch wird Musik »aufgenommen«, die kaum ins Bewußtsein vordringt, gleichwohl aber die musikalische Wahrnehmungs- und Empfindungsfähigkeit beeinflußt. Hier setzt nun aus unserer Sicht die Notwendigkeit ein, die Symbiose aus Film und Musik, die sich in nahezu hundert Jahren entwickelt hat, zum Gegenstand des Musikunterrichts zu machen. In dem vorliegenden Buch geht es um die dienende und helfende Funktion der Musik für den Film als »Filmmusik«. Ein geplanter Folgeband soll die Verbindung von Musik und Film mit umgekehrten Vorzeichen darstellen: im »Musikfilm«.

Die Ziele der Behandlung von Filmmusik im Unterricht sind vielfältig. In den einzelnen Unterrichtsmodellen dieses Bandes werden sie konkretisiert. Hier soll deshalb nur soviel festgestellt werden: Die musikunterrichtliche Thematisierung der Symbiose von Film und Musik muß

- die historische,
- die ästhetische,
- die ökonomische,

* Im folgenden wird der Begriff »Schüler« als geschlechtsneutraler Begriff verwendet.

- die rezeptionspsychologische,
- die soziologische Dimension des Gegenstandes

sowohl unter filmischen als auch - und vor allem - musikalischen Gesichtspunkten ansprechen.

In der aktuellen Fachdiskussion über Operndidaktik ist es mittlerweile zur Selbstverständlichkeit geworden, Oper nicht nur als musikalische Kunstgattung zu verstehen, sondern ihre Existenz als untrennbar mit der Institution Oper und ihrem organisatorischen und wirtschaftlichen Umfeld verwoben anzusehen und dieses in den Unterricht mit einzubeziehen. Folglich gehört zur Thematisierung von Filmmusik im Musikunterricht der Film. Sich in diesem Kontext nur auf eine einseitige Betrachtung der musikalischen Faktur zu beschränken, hieße der Sache nicht gerecht zu werden. Deshalb muß der Film selbst mit derselben Sorgfalt in die Analysen und Interpretationen einbezogen werden wie die zugehörige Filmmusik. Wir hoffen, daß diese Notwendigkeit in der Konzeption unserer Unterrichtsmodelle deutlich wird.

Das vorliegende Buch möchte helfen, interessante und für die Schüler aufschlußreiche Unterrichtsreihen über Film und Musik in den Sekundarstufen zu gestalten. Nach unserer Erfahrung fehlt es in der Praxis des alltäglichen Musikunterrichts für die Behandlung dieses Themenkomplexes an zweierlei Voraussetzungen:

- In der Lehrerausbildung wurden ungenügende Fachkenntnisse über Filmmusik sowie kein medienkundliches Grundwissen vermittelt, und
- es fehlen geeignete Materialien für die unterrichtliche Durchführung (Filmausschnitte, Textsammlungen etc.).

Wir versuchen mit unserem Buch dieses doppelte Handikap zu lindern, indem wir zunächst systematisch und leichtverständlich in die Grundlagen des Mediums Film einführen, Sachinformationen über Filmmusik vermitteln, aber auch umfassende Materialien für die Durchführung von Unterrichtsreihen mit verschiedenen Themenschwerpunkten anbieten. Daß zu dem Buch keine Videobegleitkassette erscheinen konnte, ist mehr als nur bedauerlich; die Schwierigkeiten bei der Einholung der Rechte verhinderten die Zusammenstellung selbst kleinster Filmausschnitte. Für die Unterrichtsmodelle wurde deshalb ein restriktiver Kanon von Standardfilmbeispielen verwendet, so daß schon eine kleine schulische Filmsammlung, wie sie mit geringen Mitteln aufgebaut werden kann, ausreichendes Anschauungsmaterial bereitstellen wird. Darüber hinaus kann auf die Bestände von Landes- bzw. Kreisbildstellen oder Videotheken zurückgegriffen werden. Wie die Arbeit mit den Unterrichtsreihen im einzelnen von uns geplant ist, dazu finden Sie mehr in den »Hinweisen zu den Unterrichtsmodellen«.

Um es klarzustellen: Dieses Buch ist nicht in erster Linie als Forschungsbeitrag zur Filmmusik zu sehen, sondern fußt weitgehend auf der vorgefundenen wissenschaftlichen, populärwissenschaftlichen und didaktischen Literatur über Filmmusik; gleichwohl enthält es zahlreiche neue Forschungsergebnisse und -ansätze. Durch umfängliche Literaturangaben und Verweise möchten wir gerne zur weitergehenden Beschäftigung mit Filmmusik ermuntern. Ist Ihr Interesse erst geweckt, so werden Sie nach den Erfahrungen mit unseren Vorschlägen bestimmt viele neue Ideen für Ihren eigenen Unterricht bekommen. So hoffen wir es, und so wäre der Zweck dieses Buches bestmöglich erfüllt!

Paderborn / Mülheim an der Ruhr — Georg Maas / Achim Schudack

Die gemeinschaftliche Arbeit an diesem Buch ließ sich nur so organisieren, daß jeweils ein Autor die Federführung für ein Kapitel übernahm und dieses erst im Anschluß an die Erstellung der Rohfassung ggf. gemeinsam überarbeitet wurde. Diese Arbeitsweise führte zu sprachlich und inhaltlich etwas unterschiedlichen »Einfärbungen« der Kapitel, was wir durch die Angabe der Initialen des jeweils federführenden Autors dokumentieren.

I. SACHTEIL

Zur Geschichte des Mediums Film und der Filmmusik

Ein alter Mann spielt müd auf dem Klavier
Alte Musik, sehr feierliche Klänge.
Die glatte Leinwand spiegelt Wunder mir.
O Spiel der Phantasie in schöner Enge.
Ludwig Ullmann: *Im Kino* (1913)

Um die Symbiose von Film und Musik in ihrer heutigen Vielfalt und in ihrer historischen Entwicklung verstehen zu können, soll zunächst eine Darstellung der Filmgeschichte versucht werden. Es muß einigermaßen unverfroren erscheinen, dies auf so wenigen Buchseiten zu unternehmen, wenn beispielsweise Roy M. Prendergast innerhalb seiner grundlegenden Abhandlung *Film Music – a neglected art* (1977) dieser Thematik etwa 200 Seiten widmet und Monographien zur Filmgeschichte durchweg einen imposanten Umfang aufweisen; z. B. umfaßt das Standardwerk von Jerzy Toeplitz *Geschichte des Films von 1895-1945* (1987) inkl. Register fast 2000 Seiten ... In diesem Kapitel geht es darum zu skizzieren, in welchen Wechselwirkungen die technische Entwicklung des Mediums Film zu künstlerischen, wirtschaftlichen und gesellschaftlichen Einflüssen stand und steht, wie sich all dies auf das Verhältnis von Musik und Film auswirkte und auch heute noch auswirkt. Um diese Darstellung knapp und übersichtlich zu gestalten, werden nur die wichtigsten Strömungen und Einflüsse verfolgt, mit dem Ziel ein - wahrscheinlich gegenüber der Realität harmonisiertes - konsistentes und plausibles Bild e i n e r Geschichte des Films zu entwerfen[1].

1 Wer die Geschichte der Filmmusik umfassender kennenlernen möchte, der sei auf vier lesenswerte und jeweils sehr individuell akzentuierende Bücher in der deutschsprachigen Literatur besonders hingewiesen: Hansjörg Pauli: *Filmmusik: Stummfilm*, Stuttgart 1981; Wolfgang Thiel: *Filmmusik in Geschichte und Gegenwart*, Berlin 1981; Hans-Christian Schmidt: *Filmmusik*, Kassel 1982; Walter Stock: *Film und Musik – eine Dokumentation über Musikfilm und Filmmusik*, Aachen 1982

Vorläufer des Films

Der Film war weniger eine Erfindung als eine Entwicklung, das Zusammentreffen verschiedener Forschungsstränge, die sich über Jahrzehnte, ja Jahrhunderte hinzogen (Lloyd* [Hrsg.] 1988, S. 9[2]). Die Fachliteratur weist in diesem Zusammenhang vor allem auf spielerische optische Täuschungen hin, die sich die Trägheit des menschlichen Auges zunutze machen. Ferner werden die Bildprojektionen verschiedener Abarten der sog. »laterna magica« erwähnt, mit der schon im 17. Jahrhundert farbige Projektionen gemalter Vorlagen möglich waren. Diese Technik muß im 18. und 19. Jahrhundert derartig vervollkommnet worden sein, daß - glaubt man den heutigen Autoren - äußerst eindrucksvolle visuelle Effekte und Bewegungssimulationen realisiert werden konnten. Wichtig war schließlich auch die Erfindung und Weiterentwicklung der Photographie, durch die Sichtbares zweidimensional »festgehalten« werden konnte.

Mit diesen Vorläufern werden zwar wesentliche physiologische und technische Voraussetzungen des Films angesprochen, nicht aber seine entscheidende Qualität, nämlich (zeitabhängige) Vorgänge abzubilden und wiederholbar zu machen. Im weiteren Sinne sind hierfür Serienphotographien wie die berühmten Bewegungsstudien von E. Muybridge als Vorstufen anzusehen und besonders die technischen Verfeinerungen des »Daumenkinos«. Bei dem sog. Daumenkino wird ein Bilderstapel mit (gezeichneten) Bewegungssequenzen so rasch durchgeblättert, daß für das träge menschliche Auge der Eindruck eines Bewegungsablaufs entsteht[3].

Die Geburt des Films

Die eigentliche Geburt des Films ist vor allem mit zwei historischen Daten verknüpft. 1893 erhält Thomas A. Edison, der legendäre »König der Erfinder«, ein Patent für das »Kinetoskop«, das sein Mitarbeiter William K. L. Dickson Anfang der 90er Jahre entwickelt hatte. Das Kinetoskop ist ein kistenförmiges Gerät, das einen endlosen ca.

2 * nach Autorennamen kennzeichnet Zitate, die von Maas/Schudack ins Deutsche übertragen wurden.

3 Das Verfahren wurde später auf Maschinen übertragen, die es ermöglichten, photographierte Bildfolgen tausender Bilder durch ein Sichtfenster zu beobachten - natürlich gegen ein angemessenes Entgelt. Ein frühes kinematographisches Kirmesvergnügen und eine kommerzielle Alternative zu Edisons Patenten.

15 Meter langen perforierten Filmstreifen enthält, der an einem Sehschlitz ruckartig vorbeigezogen wird. So kann eine einzelne Person die gefilmte Szene anschauen. Seit 1894 entstehen zunächst in den USA - später auch andernorts - kommerzielle Kinetoskop-Salons, die den heutigen Spielhallen geähnelt haben dürften: Nebeneinander stehen Kinetoskope mit verschiedenen Filmangeboten, die dem neugierigen Publikum - gegen Einwurf einer kleinen Münze - einige Sekunden Unterhaltung bescheren. Ab 1895 gibt es auch Kinetoskope, die mit Edison-Phonographen ausgerüstet sind. Diese sog. Kinetophone bieten über Ohrhörer dem Betrachter eine mäßig synchrone akustische Untermalung der Filmszenen an.

Bei dem zweiten filmhistorisch bedeutsamen Datum handelt es sich um den 28. Dezember des Jahres 1895. Der Ort: Das Grand Café am Boulevard des Capucines in Paris. Die Gebrüder Lumière stellen gegen ein Eintrittsgeld von zunächst einem Franc ihren bereits vielerorts erfolgreich präsentierten »Cinématographe« vor. Gezeigt werden kurze Filme aus der Alltagswelt der Familie Lumière, die ein Pianist musikalisch untermalt. Nach enttäuschenden 35 Besuchern am ersten Tag entwickelt sich die Filmschau zu einem Renner[4].

Wie kommt es zu dieser frühen Verbindung von Musik und Film? Die Wissenschaftler sind sich in dieser Frage nicht einig. Verschiedene Erklärungen werden vorgeschlagen. Kurt London ist überzeugt, daß das Klavier den Lärm der Projektoren übertönen sollte (1936, S. 27f.); Hansjörg Pauli hält dagegen, daß der Lumièresche Cinématographe fast völlig lautlos betrieben werden konnte[5], muß aber immerhin einräumen, daß ein Reporter der *New York Times* im Bericht über die amerikanische Premiere von Edisons »Vitascope« das *Gesumme und Getöse* des Projektors erwähnt (Pauli 1981, S. 40f.). Hanns Eisler dagegen glaubt, daß durch die Musik der gespenstische Eindruck, den die Kinematographen-Demonstration auf die filmisch unerfahrenen Zuschauer machen mußte, durch Musik eliminiert werden sollte. Nach Eisler diente die Musik sowohl dazu, die Angst der Zuschauer im abgedunkelten Projektionsraum zu unterdrücken - *Kinomusik hat den Gestus des Kindes, das im Dunkeln vor sich hinsingt* (Adorno/Eisler 1977, S. 118) -, als auch die fehlenden Realgeräusche und die Sprache zur sichtbaren Filmhandlung zu ersetzen.

Der Einsatz von Musik scheint Erfolg gehabt zu haben, denn bei der ersten kommerziellen Vorführung in England (am 20. Februar 1896) verwenden die Gebrüder

4 Vgl. *Lumières Cinématographe*, in: Lloyd* [Hrsg.] 1988, S. 17-19

5 Selbst falls die Mechanik des Filmtransports, wie Pauli unter Berufung auf Arthur Kleiner schreibt, *fast völlig lautlos funktioniert habe* (Pauli 1981, S. 40), ist wohl zumindest ein kräftiger Ventilator eingesetzt worden, um die Abwärme der Projektionslampe abzuführen.

Lumière ein Harmonium, und im April des Jahres werden in mehreren Londoner Theatern Orchester zur Filmbegleitung eingesetzt (nach Prendergast 1977, S. 5).

Der Film entwickelt sich in den folgenden Jahrzehnten zweigleisig. Zunächst bleibt die Linie einer billigen Vergnügungsindustrie lebendig, die durch die Kinetoskop-Salons begründet wurde, zu Penny Arcades, Nickelodeons und einfachen Billigkinos der Städte mutiert oder sich zum rustikalen Jahrmarktsvergnügen u. ä. wandelt. Sowohl filmkünstlerisch als auch vom Musikeinsatz her darf dieser Zweig als unwesentlich bezeichnet werden; er verkümmert bald. Für die Filmmusik ist wichtiger, wie sich die eigentliche Filmwirtschaft und Kinokultur in der Nachfolge der Lumières und besonders Méliès' - dem filmkünstlerischen Gegenpol - herausbildet.

Vom Jahrmarkt zum Kinopalast

Für Filmvorführungen genutzte Theater und Konzertsäle sind die Orte, an denen Musik und Film zusammentreffen und sie auch ihre andauernde Symbiose eingehen. Die frühen Filme sind aus technischen Gründen sehr kurz, die ersten gar nur eine Minute lang. Will man ein längeres Programm für ein zahlungswilliges Publikum anbieten, so empfehlen sich weitere Attraktionen, denn der notwendige Wechsel der Filmrollen erzwingt überdies gewisse Unterbrechungen im Ablauf der Veranstaltung. Diese Gründe und seit etwa 1910 auch das Bestreben, das Image des Films als einer billigen Massenunterhaltung aufzupolieren, um das finanzkräftige Bürgertum für den Film zu gewinnen, haben zur Folge, daß Filmvorführungen mit anspruchsvollen Konzertprogrammen - live auf einer Bühne präsentiert - verbunden werden und die Musikbegleitung der Filme im Niveau der neuen Klientel angepaßt wird. Solche Vorstellungen finden ab 1911 auch in den eigens für diese Zwecke erbauten prunkvollen Kinopalästen der Großstädte statt[6] (siehe UM 1, S. 76). In der »Provinz« fehlt das zahlungskräftige Publikum, so daß dort höchstens ein schwacher Abglanz des erblühenden Kinolebens der Metropolen anzutreffen ist.

6 1911 werden in Paris der Gaumont-Palace (5000 Plätze), in Berlin das Alhambra und in Athen das Panellinion (beide je 2000 Plätze) eröffnet, 1912 folgt das Kopenhagener Palads-Teatre mit Platz für 3000 Zuschauer. In den USA entstehen die ersten Kinopaläste in New York seit 1912/13 (nach Robertson 1988, S. 182).

Musik im Stummfilm: Der Alltag von Kinopianisten und -orchestern

Das Aufkommen der Filmmusik beim Stummfilm folgt, idealtypisch nachgezeichnet, einer logischen und stringenten Entwicklung von den spontanen Anfängen - der pragmatischen und unreflektierten Koppelung einer beliebigen Musik mit irgendeinem Film durch einen Pianisten (s. o.) - hin zur Professionalisierung des Filmmusikers und zur Konventionalisierung des Musik-Film-Bezugs.

Der erste Schritt in diese Richtung besteht darin, passende Musik nicht nur allgemein zu dem zu begleitenden Film auszuwählen, sondern auch noch innerhalb des Films gegebenenfalls die musikalischen Stimmungen zu wechseln. Erst mit fortschreitender Filmlänge und der Einführung dramatischer Handlung auf der Leinwand werden derartige Ansprüche an die Musiker gestellt, denn solange sich der frühe Film mit der Wiedergabe lebensnaher, dokumentarischer Bilder begnügt und das Publikum eben durch diese Lebensnähe zu beeindrucken ist, besteht kein Bedarf für eine differenzierte und differenzierende Begleitmusik.

Für die Gestaltung der Begleitmusik gibt es grundsätzlich zwei Möglichkeiten: Improvisation oder Kompilation. Vor allem wenn nicht nur ein Pianist, sondern mehrere Musiker für die Filmbegleitung zuständig sind, scheidet die Improvisation aus, und auch sonst wird in der Regel kompiliert. Tagesschlager und Salonmusik sowie romantische Charakterstücke sind das erste Reservoir, aus dem die Filmbegleiter schöpfen, denn dies ist die Musik, die sie gelernt haben. Später werden weite Teile des bürgerlichen Konzert- und Opernrepertoires - Schwerpunkt 19. Jahrhundert - bemüht: Die Stummfilmmusik perpetuiert das bürgerliche Musikleben. Dabei entwickelt sich im Laufe der Jahre ein Fundus an Regeln und Vorstellungen, wie eine gute Filmbegleitung zu gestalten sei. In den Fachzeitschriften der Filmmusiker, in Deutschland z. B. in *Film-Ton-Kunst* (hervorgegangen aus Becces 1921 begründetem *Kinomusikblatt*), werden Erfahrungen ausgetauscht, Vorschläge für die Begleitung neuer Filme mitgeteilt und für eine gute und anspruchsvolle Filmmusik gestritten. Zweifellos: Filmmusiker verstehen sich als ein künstlerischer Berufsstand mit einem eigenen Berufsethos.

Um die Arbeit der Begleitmusiker zu erleichtern, werden systematische Sammlungen geeigneter Charakterstücke veröffentlicht[7], die - nach Stimmungen geordnet

7 Die erste Sammlung von Original-Kompositionen zur Filmbegleitung stammt von J. S. Zamecnik, dessen Bände 1 und 2 *Sam Fox Moving Picture Music* 1913 in den USA erschienen (vgl. Pauli 1981, S. 86).

- ein Repertoire von Hunderten von Musikwerken erschließen (→ Abb. S. 15). Verlage bieten Spezial-Notensammlungen für Filmbegleitung oder einen raschen Notenservice zu bestimmten Filmen an. Eine eigene kleine Filmmusikwirtschaft entsteht[8]. Diese Entwicklungen müssen im Kontext der Bemühungen der Filmwirtschaft um das Bürgertum gesehen werden (vgl. Pauli 1981), denn dieses Publikum erwartet ein gehobenes musikalisches Niveau der Filmbegleitung, das in Repertoire wie Interpretation mit den in dieser Gesellschaftsschicht etablierten bildungsbürgerlichen musikalischen Werten in Einklang steht.

Besonders anspruchsvoll und gut bezahlt ist die Arbeit der Kinomusikdirektoren an den ersten Häusern der Metropolen. In den repräsentativen Großkinos werden eigene Sinfonieorchester unterhalten, die neben der Filmbegleitung ggf. eigene Konzertbeiträge zu liefern haben. Der musikalische Leiter muß für jeden Film eine eigene Filmmusik aus dem Notenarchiv zusammenstellen, die Noten fallweise ergänzen oder transponieren und für jeden Musiker als Stimmensatz verfügbar machen. Für die Orchestermitglieder sind gute Blattspielfähigkeiten ebenso Voraussetzung wie schnelle Reaktionsfähigkeit, wenn auf ein Zeichen des Dirigenten sofort zum nächsten Musikstück auf dem Notenpult zu wechseln ist[9].

Zu bedenken ist jedoch wiederum, daß die Praxis in der sprichwörtlichen »Provinz« sicherlich um etliche Klassen niedriger rangierte als das, was von Spitzenkräften an Renommierhäusern geleistet wurde.

Der Filmtheoretiker Rudolf Arnheim kritisiert Anfang der 30er Jahre die selbstbewußt auftrumpfende Filmmusik der späten Stummfilmzeit: *In den letzten Jahren des stummen Films hatte man angefangen, eine Art Kultus mit ihr* [= der Begleitmusik] *zu treiben. Die Dirigenten der großen Kinotheater waren ebenso berühmte Leute wie die Regisseure, deren Filme sie »illustrierten«, und die Zeitungen bestellten eigne Filmmusikkritiker, die mit ernster Miene begutachteten, ob die Begleitung passend oder nicht und welcher Qualität die verwendete Musik gewesen sei. Man ging dazu über, anstelle der aus hundert Musikstücken zusammengestückelten Begleitung Originalmusiken zu verwenden; bekannte Musiker, wie Hindemith, komponierten ganze Filme, und an den Konservatorien und Hochschulen wurden eigne Klassen für Filmmusik gegründet. Eigentlich unnützerweise, denn die Filmmusik war immer nur dann gut, wenn man sie nicht bemerkte, und gute Musik ist zu schade zum Nicht-*

8 Mehrere Dokumente zur Professionalisierung der Filmmusikbegleitung sind faksimiliert in *Stummfilmmusik gestern und heute* (1979).

9 Ein Interview mit dem ehemaligen Kinoorchester-Dirigenten Werner Schmidt-Boelcke vermittelt ein lebhaftes Bild der damaligen Praxis; in: *Stummfilmmusik gestern und heute* (1979), S. 35ff.

10

Agitato No. 3

(Suitable for gruesome or infernal scenes, witches etc.)

Otto Langey

Rapées Sammlung für Kinopianisten und -organisten enthält eine Fülle von Charakterstücken, die nach praktischen Gesichtspunkten angeordnet sind. Die linke, alphabetische Liste zeigt in der Übersicht die weiteren thematischen Kapitel des Buches, so daß der Pianist während des Spielens oder beim Zusammenstellen der Musik möglichst schnell die nächste Kategorie auswählen und aufschlagen konnte. Das *Agitato* von Langey (1851–1922), einem deutschen Komponisten, der sich 1889 in den USA niederließ, ist ganz offensichtlich stark von Schuberts *Erlkönig* beeinflußt. Die gleichförmige Gestalt macht es dem Filmbegleiter besonders leicht, je nach Bedarf das Musikstück abzukürzen oder zu verlängern. Die Stimmung wird von Rapée angegeben als »passend für schaurige oder höllische Szenen, Hexen usw.«

Aus: Erno Rapée: *Motion picture moods for pianists and organists*, G. Schirmer Verlag, New York 1924, S. 10

bemerktwerden! Die Filmmusik war an sich kaum mehr als eine schlechte Angewohnheit.[10]

Wie von Arnheim angesprochen, werden seit 1906 in Einzelfällen zunächst in Italien, dann in Frankreich, Rußland und anderswo Orginalmusiken zu Filmen komponiert. Ein anderer Weg, die Koppelung von Musik und Film planvoll und im Sinne der Filmschaffenden zu gestalten, wird von Filmproduzenten mit Hilfe von Handzetteln beschritten, die eine Übersicht über die Filmszenen nebst Musikvorschlägen enthalten (Cue-sheets). In Deutschland werden solche Musiklisten von renommierten Kinoorchester-Dirigenten erstellt und verkauft - eine beliebte Einnahmequelle (→ Abb. S. 17). Alle diese Aktivitäten weisen darauf hin, daß Filmmusik als Gestaltungsmittel des Films in den Blickwinkel der Produzenten rückt.

Im angloamerikanischen Raum etabliert sich seit den frühen 10er Jahren mit der Kino-Orgel (vor allem der Firma Wurlitzer) ein eigenes Kinoinstrument, das neben zahlreichen Klangfarben auch über Geräuscheffekte (Pferdegetrappel, Wind etc.) verfügt. Auf mehreren Registern kann ein einziger Spieler so einen reichhaltigen Klangteppich zu einem Film produzieren. Die größte Kino-Orgel der Welt wird übrigens erst 1932, fünf Jahre nach der erfolgreichen Einführung des Tonfilms, in der Radio City Music Hall in New York installiert.

Hollywood: Kino zwischen Kommerz und Kunst

Auch wenn die Filmproduktion der frühen Stummfilmzeit zu wesentlichen Teilen in Europa stattfindet und im alten Erdteil bedeutende Filmkünstler das neue Medium weiterentwickeln, wird doch eine winzige Ortschaft in Kalifornien, am Rande von Los Angeles gelegen, zum Synonym für erfolgreiches Kino schlechthin: Hollywood[11].

Für den Film *The Swamp* (*Der Sumpf*, 1921) ließ die Produktionsfirma eine musikalische Filmbegleitung durch James C. Bradford kompilieren. Das Cue-sheet gibt jeweils die Länge des einheitlich zu vertonenden Filmabschnitts in Minuten an, nennt den Zwischentitel (T) oder beschreibt die entsprechende Handlung (D). Die zugehörige Musik wird durch Taktart und Tempo beschrieben, es folgen der Name des Musikstückes und der Komponist. Besonders auffällig die Verwendung von zwei Hauptthemen (Love Theme, Wang Theme) und einige hervorgehobene musikalische Effekte und Spielanweisungen (con sordino, pp, Harfenarpeggio). ▶

10 Rudolf Arnheim: *Film als Kunst,* München 1974, S. 304f.

11 Die Geschichte des Films in Hollywood wird plastisch dargestellt in dem opulenten Bildband von Dieter Prokop: *Hollywood, Hollywood*, Köln 1988.

Musical Synopsis
for
"The Swamp"
by
James C. Bradford

Love Theme	"WILL YOU REMEMBER" (Maytime)	Romberg
Wang Theme	"ALL OF THE WORLD IS MY DREAMING PLACE" (Lady of the Lamp)	Carroll

MUSICAL PROGRAMME

No.	Min.	(T)itle or (D)escription.	Tempo	Selection	
1.	¾	At Screening	3/4 Lento	Prelude Act 2nd "Iris"	Mascagni
2.	1	T—In the Lowest Quarters of Great Cities	3/4 Tempo di Valse	Old Timers	Lake
3.	2½	T—Mary	2/4 Semplice	A Shepherd's Tale	Nevin
				(Arcady Suite)	
4.	2½	T—But After an Enchanted Summer	4/4 Moderato	Romance	Tschaikowsky
5.	1¾	T—Buster	3/4 Tempo di Valse	Sidewalks of New York	Old Tune
				("PP")	
6.	3¾	T—Wanderers in the Swamp	2/4 Allegro	Captain Cupid	Bratton
				(Intermezzo)	
7.	3½	T—Come Upstairs	4/4 Andante	He Who Has Yearned Alone	Tschaikowsky
8.	1¾	D—Wang and Landlord on Street	3/4 Allegretto	Intermede Chinois	Barron
9.	2½	T—The Daily Problem	4/4 Moderato	Mighty Like a Rose	Nevin
10.	1¼	T—When the Hour of Dusk	4/4 Moderato	*Wang Theme*	
11.	1	D—Wang Opens Package	4/4 Allegretto	Japanese Lullaby	Thomas
12.	1	T—A Celebration	2/4 Allegro	Chinatown	Popular
13.	2	D—Flash Back—Mary	6/8 Andantino	Boy of Mine	Ball
14.	1¾	T—Under Wang's Careful Care	4/4 Lamentoso	Poeme Erotique	Macdowell
				(First Part Only)	
15.	2½	T—But the Firm of Wang	2/4 Allegro	Kosetzki	Katz
16.	2½	T—If You Don't Pay It All	4/4 Moderato	Old Pal	Jerome
17.	3	T—Too Hopeless to Struggle	4/8 Lento	Erotik	Greig
				(Con sordini "PP")	
18.	1	T—Far from the More	2/4 Presto	Czardas	Delibes
19.	2¼	T—When Mary's Spark of Life	4/4 Andantino	Hymn to the Sun	Korsakow
				(Le Coq d'Or)	
20.	1½	T—With the Return of Health	3/4 Valse Lente	*Love Theme*	
21.	3½	T—With Their Quick Wits	2/4 Allegretto	Japanese Lantern Dance	Bratton
22.	½	T—After the Lights	3/8 Andantino	Air de Ballet	Massenet
				(Scènes Pittoresques)	
23.	2½	D—Mary Finds Letter	4/4 Moderato	Romance	Grunfeld
24.	1	T—Spencer's Preparations for Marriage	4/4 Allegretto	Midsummer	MacQuarre
25.	1	T—The Formal Announcement	6/8 Allegretto	Serenade	Saint-Saens
				(Harp Effect)	
26.	2	D—Butler Strikes Gong	6/8 Allegretto	Oriental	Cui
27.	1¼	T—Take That Back	3/4 Andante	Appassionato	Borch
28.	3	D—Mary at Home—Wang Upstairs	4/4 Moderato	Melodie	Friml
29.	3¼	D—Wang Enters Mary's Room Carrying Buster	4/4 Moderato	*Wang Theme* (Con Sordini "PP")	
30.	1¼	T—Behind Him the Friendly Garden	3/4 Valse Lente	Good Bye, Good Luck	Ball

THE END

The timing is based on a speed of 12 minutes per reel of 1,000 ft.

The complete musical score for "The Swamp" includes arrangement from piano to orchestra of thirty pieces. It can be played by the piano or organ alone, as it is arranged as piano solo. It is timed accurately and effectively with the action of the picture, with suitable character themes throughout the score. For information regarding the score, ask nearest branch office. R-C Pictures assume no responsibility whatever for the use of music that is taxable.

Es sind zwei Qualitäten, die Hollywood zum Zentrum der Filmindustrie werden lassen: Zunächst bietet das beständige sonnige Wetter Kaliforniens den Filmteams ideale Arbeitsbedingungen in einer Zeit, in der die Kameras sehr viel Licht benötigen und deshalb Außenaufnahmen sehr beliebt sind[12]. Ferner liegt Hollywood weit weg von New York, von wo - so Prokop - die Filmpioniere kleinerer Produktionsfirmen »fliehen«, um Edisons Forderungen nach Lizenzgebühren für seine Filmpatente zu entgehen[13]. Seit den 10er Jahren zieht Hollywood immer mehr Filmproduzenten an; die junge Branche bringt große Karrieren hervor und gigantische Pleiten; alles scheint möglich. Das Geschäft ähnelt einem Glücksspiel, und manche Hoffnung auf die uramerikanische Karriere »vom Tellerwäscher zum Millionär« wird zerstört.

Aus den zunächst spontan gedrehten kurzen Filmen bilden sich die ersten Filmgenres heraus (Slapstick-Komödien, Kriminalfilme u. a.), indem Publikumserfolge kopiert werden. Die Filmproduktion wird professionalisiert, einzelne Schauspieler und Regisseure (z. T. in Personalunion) fördern den Film in künstlerischer Hinsicht. Persönlichkeiten wie Cecil B. DeMille, D. W. Griffith, Charles Spencer »Charlie« Chaplin, Buster Keaton stehen für Hollywoods Entwicklung zwischen Kunst und Kommerz, zwei nicht immer unvereinbare Pole.

Große Studios werden gegründet und verpflichten Exklusivstars, um sich durch deren Namen von der Konkurrenz abzugrenzen. Außerdem verfügen die Marktführer über eigene Kinoketten, so daß der gesamte Auswertungsprozeß der Filme kontrolliert und koordiniert werden kann: von den Studios bis in die Kinos.

Es geht um Geld, um riesige Summen, die mit dem Publikumsfilm zu verdienen sind, und die allgewaltigen Studiobosse - darunter so charismatische Gestalten wie die Gebrüder Warner (Warner Bros.), Jesse L. Lasky (Famous Players Lasky), Carl Laemmle (Universal) - sind bereit, riesige Beträge an Schauspieler zu zahlen, wenn deren Marktwert eine entsprechende Rendite der Investition erwarten läßt. Angeheuert wird, wer Gewinn verspricht und nicht bereits vertraglich anderweitig gebunden ist. Gerade das Reservoir europäischer Schauspieler und Regisseure gewinnt unter diesem Aspekt an Bedeutung, zahllose Europäer folgen dem Ruf Hollywoods, und die Großbanken der Wallstreet entdecken die Filmindustrie als Geldanlage.

12 Edison ließ seine frühen Filme in einem Studio, der legendären »Black Maria«, drehen. Um über ausreichende Beleuchtung zu verfügen, konnte das Dach aufgeklappt werden, so daß das Sonnenlicht einfiel.

13 Der Edison-Trust war 1908 begründet worden und verpflichtete alle Filmproduzenten und -vorführenden, Gebühren an Edison abzuführen. 1912 kontrollierte der Trust mehr als die Hälfte der amerikanischen Kinos (vgl. Prokop 1988, S. 17).

Um dem Diktat der Großstudios zu entgehen, gründen 1919 die Schauspieler Mary Pickford, Charles Chaplin, Douglas Fairbanks und der Regisseur D. W. Griffith die Firma United Artists Corporation, die immerhin bis Ende der 80er Jahre bestehen bleibt.

Abgesehen davon, daß Hollywood die Entwicklung der filmischen Erzähl- und Gestaltungsweisen maßgeblich prägt, scheinen auf den ersten Blick die Stummfilmjahre Hollywoods für die Filmmusik nicht besonders wesentlich. Dieser Eindruck trügt jedoch. Die sich in Hollywood etablierenden Strukturen der jungen Filmindustrie stellen den Nährboden für einige filmmusikalische Neuerungen dar, die nur vor dem Hintergrund kommerzieller Interessen der Großstudios zu verstehen sind. Die Konkurrenzsituation zwischen den Firmen zwingt sie, die Wünsche des bürgerlichen Publikums sehr genau zu befolgen, um keine Zuschauer an die Mitbewerber zu verlieren. Die Kinoräume müssen entsprechend attraktiv gestaltet sein, das musikalische Rahmenprogramm bzw. die Musikbegleitung des Films der Wichtigkeit und Rentabilität der Spielstätte angepaßt werden.

Ähnlich wie in Europa setzt sich auch in den USA die Tendenz zur professionellen Filmmusikbegleitung vor allem in den Metropolen durch. Auch in den USA werden gewichtige Notensammlungen und Handbücher für Kinomusik veröffentlicht[14]. Einige Filmproduzenten gehen aber noch weiter. 1909 erscheinen die ersten Cue-sheets (bei Edison), die den Filmen beigefügt werden und genaue Angaben darüber enthalten, welche Musik zu welcher Szene zu spielen ist. Diese praktischen Hilfen für die Begleitmusiker dürften weniger das Ziel einer künstlerischen Aufwertung der Filmmusik verfolgt haben, als vielmehr in der Absicht entstanden sein, die Filmwirkung durch möglichst optimal ausgewählte Musikuntermalung so zu steigern, daß die Filmvorführung für das Publikum zum Erlebnis wird. Außerdem können die Filmproduzenten mit den Cue-sheets ggf. Musik auswählen, deren Urheberrechte in ihren eigenen Händen liegen, so daß die Tantiemen in die eigene Tasche fließen.

Cue-sheets stellen eine wichtige Vorstufe zur Tonfilmmusik dar, da hier eine planvolle Verknüpfung der Musik mit der Filmhandlung durch die Filmproduzenten selbst eingeleitet und Musik zum Gestaltungsmittel des Films erhoben wird. Dies zeigt sich besonders in den Fällen, wo Musik eigens zu einem Film komponiert wird. Solche bereits in Europa erfolgten Versuche – einen frühen wenn auch nicht ersten Beitrag lieferte Camille Saint-Saëns mit der Musik zu *Die Ermordung des Herzogs von Guise* (1908) – gibt es auch in Hollywood. Vor allem der Film *Birth of a Nation* von

14 Zum Beispiel Zamecnik 1913, Rapée: *Motion picture moods for pianists and organists*, New York 1924

Griffith (1915, M: Joseph Carl Breil) sorgt durch seinen überwältigen kommerziellen Erfolg, der kaum ohne die Musik denkbar wäre, für einen Prestigezuwachs der Filmmusik.

Talkies: Der Film lernt sprechen

Im Rückblick ist es schwer zu verstehen, daß der Tonfilm von Hollywood nicht früher entdeckt wurde. Die technischen Voraussetzungen für eine synchrone Koppelung von Film und Ton sind bereits Anfang der 20er Jahre gegeben. Schon am 24.9.1923 wird ein deutscher Tonfilm nach dem sog. Triergonverfahren mit großem Erfolg in Berlin gestartet (*Das Leben auf dem Dorfe*), aber die deutsche Industrie zeigt kein Interesse an der technischen Neuerung.

Zwei Prinzipien der Tonaufzeichnung stehen sich gegenüber: Das Lichttonverfahren (Triergon bzw. Biophon), bei dem der Ton als mit bloßem Auge sichtbare Spur am Rand des Filmstreifens einkopiert wird, und das Nadeltonverfahren, bei dem der Filmprojektor mit einem Grammophon oder einem Phonographen gekoppelt wird (Vitaphone). Das Großstudio Warner hat sich 1925 die Rechte am Vitaphone-Patent gesichert, das Lichttonverfahren wird ein Jahr später von der Konkurrenzfirma Fox erworben. Erst als den Warner-Brüdern der endgültige wirtschaftliche Kollaps droht, spielen sie 1927 ihre Trumpfkarte des Tonfilms aus, die sie aus Furcht vor den immensen Investitionen in die neue Vorführausstattung ihrer Kinos bislang zurückgehalten haben.

Hinter der nüchternen Beschreibung der Einführung des Tonfilms durch Hollywood verbirgt sich ein spannender Wirtschaftskrimi, der sich detailliert bei Toeplitz nachlesen läßt[15]. Die eigentlichen Drahtzieher sind zwei Großbanken, die die Firmen Warner und Fox dazu gebrauchen, mittels der neuen Tonfilmtechnik in großem Stile in die Filmindustrie einzusteigen. Die Filmschaffenden stehen dagegen dem Tonfilm sehr reserviert gegenüber.

Der erste Filmhit des erneuerten Mediums, *The Jazz-Singer* mit dem Star Al Jolson, entwickelt sich zur Initialzündung für den Tonfilm. Neben Liedern aus dem Repertoire Jolsons enthielt der Film einen Monolog von etwa 250 Worten: *Die Worte des Schauspielers lösten im Zuschauerraum einen Beifallssturm aus. Ein Mensch sprach von der Leinwand herab! Die stummen Gestalten gewannen plötzlich Leben,*

15 Toeplitz 1987, S. 545ff.

wurden für die Zuschauer nah und wirklich. Die Erregung und Begeisterung, die Tag um Tag, Vorstellung um Vorstellung das New Yorker Publikum ergriffen, ließen sich wohl nur mit dem Erlebnis von Eltern vergleichen, die zum erstenmal ein Wort aus dem Munde ihres Kindes vernehmen.[16] Parallel zum Film erscheint übrigens eine Schallplatte mit Jolsons Filmlied *Mother of Mine*[17].

Neben den beliebten »tönenden Wochenschauen« von Fox werden mit Vorliebe abgefilmte Theaterstücke produziert oder musikalische Revuen. Der Grund für diese Repertoiregestaltung liegt in der Technik des Tonfilms begründet: Der Ton wird während der Filmaufnahme auf einer Schallplatte aufgezeichnet; zunächst ist es deshalb nicht möglich, die Tonspur genauso weiterzubearbeiten (zu schneiden und zu montieren) wie den Film. Folglich werden ununterbrochene Einstellungen gedreht, deren Länge von der Aufnahmedauer der Schallplatte bestimmt ist. Als Konsequenz müssen die frühen Tonfilme auf künstlerische Errungenschaften des Stummfilms – vor allem im Bereich der Montage – verzichten, aber auch auf nachträglich hinzugefügte Filmmusik. Die Produzenten setzen auf die Faszination der hörbaren Sprache (daher auch die Bezeichnung »Talkies« und nicht beispielsweise »Soundies«[18]).

Bei den Filmschaffenden sorgt die neue Technik nicht für ungeteilte Begeisterung. Stummfilmstars mit Akzent und Fistelstimme können in dem neuen Medium nicht eingesetzt werden, Regisseure befürchten einen Ausverkauf filmkünstlerischer Gestaltungstechniken, Kinomusiker haben Angst um ihre Arbeitsplätze. Chaplin verkündet 1928 in der *Los Angeles Times*: *Die Tonfilme? Sie können sagen, daß ich sie verabscheue. Sie kommen und zerstören die älteste Kunst der Welt, die Kunst der Pantomime. Sie zerstören das schöne große Schweigen.*[19] Und der französische Regisseur René Clair erklärt: *Der Ton ist der Tod des Films.*[20] Aber der überragende finanzielle Erfolg des Tonfilms übertönt alle Einwände: Innerhalb eines Jahres schnellt die Zahl der Tonfilmkinos in den USA von 500 (Juli 1928) auf 5251 (1. Juli 1929), jedes vierte US-Kino steht damit dem Tonfilm zur Verfügung[21].

16 Toeplitz 1987, S. 567
17 Vgl. Robertson 1988, S. 158
18 Der Begriff »Sound film« wird laut Toeplitz zur Zeit des frühen Tonfilms für Filme verwendet, die nachsynchronisiert sind. Solche Filme werden zunächst wie Stummfilme produziert und geschnitten, danach erst wird eine Tonbegleitung mit Musik, Kommentaren etc. aufgenommen (Toeplitz 1987, S. 576).
19 Zitiert nach Géza Mayer, *Schießt nicht auf den Pianisten*, München 1980, S. 47; Chaplin drehte auch nach Einführung des Tonfilms weitere Stummfilme, die jedoch die Tonspur zur musikalischen Untermalung nutzten. Chaplin, ein passabler Cellist, zeichnete selbst für die Musik verantwortlich.
20 Ebd.
21 Toeplitz 1987, S. 575

Die Entwicklung in Amerika hin zum Tonfilm wiederholt sich mit geringer Verzögerung in Europa. Da hilft auch der erbitterte Widerstand der Berufsverbände der Filmmusiker nichts. Die Internationale Artisten-Loge e.V. und der Deutsche Musiker-Verband lassen 1929 vor den Kinos Flugblätter verteilen: *Gegen den Tonfilm! Für lebende Künstler! Achtung! Gefahren des Tonfilms! Viele Kinos müssen wegen Einführung des Tonfilms und Mangel an vielseitigen Programmen schließen. Tonfilm ist Kitsch! Wer Kunst und Künstler liebt, lehnt den Tonfilm ab! Tonfilm ist Einseitigkeit! Hundert Prozent Tonfilm ist hundert Prozent Verflachung! Tonfilm ist wirtschaftlicher und geistiger Mord! Seine Konservenbüchsen-Apparatur klingt kellerhaft, quietscht, verdirbt das Gehör und ruiniert die Existenz der Musiker und Artisten! Tonfilm ist schlecht konserviertes Theater bei erhöhten Preisen! Darum: Fordert gute stumme Filme! Fordert Orchesterbegleitung durch Musiker! Fordert Bühnenschau mit Artisten! Lehnt den Tonfilm ab! Wo kein Kino mit Musikern oder Bühnenschau: Besucht die Varietés!*[22]

Der berühmteste künstlerische Einwand der alten Welt gegen den Tonfilm stammt aus der Sowjetunion. Es handelt sich um ein Manifest, das die Regisseure Eisenstein, Pudowkin und Alexandrow 1928 verfassen. Darin heißt es: *Der Traum vom Tonfilm ist Wirklichkeit geworden. Mit der Erschaffung eines brauchbaren Tonfilms haben die Amerikaner den ersten Schritt seiner substantiellen und schnellen Realisierung unternommen* [...]. *Wir, die wir in der UdSSR arbeiten, sind uns der Tatsache bewußt, daß wir uns in der näheren Zukunft mit unserem technischen Potential nicht auf eine praktische Verwendung des Tonfilms zubewegen. Zugleich sehen wir es als opportun an, auf eine Anzahl prinzipieller Prämissen theoretischer Natur hinzuweisen, zumal aus den Berichten über die Erfindung ersichtlich ist, daß dieser Fortschritt für den Film auf einem unrichtigen Kurs vorangetrieben wird. Eine falsche Auffassung von den Möglichkeiten innerhalb dieser neuen technischen Entdeckung könnte nicht nur die Entwicklung und Perfektionierung des Films als Kunst behindern, sondern sie droht auch alle seine gegenwärtigen formalen Leistungen zu zerstören.*[23] Die drei Autoren sehen die künstlerische Zukunft des Tons (und der Musik) im Film darin, innerhalb der filmischen Montage auf der auditiven Ebene einen Kontrapunkt zur visuellen Ebene zu gestalten. Trotz interessanter Versuche (z. B. Pudowkin *Desertir*, 1933) und vereinzelter Epigonen, vor allem im avantgardistischen

22 Zitiert nach Mayer 1980, S. 48

23 S. M. Eisenstein, W. I. Pudowkin, G. W. Alexandrow: *Manifest zum Tonfilm*, in: Dieter Prokop (Hrsg.): *Materialien zur Theorie des Films*, München 1971, S. 71

Film (z. B. Godard), setzt sich der Ton als akustische Ergänzung zum Bild durch, seltener als dessen widerspenstiger Kontrapunkt.

Entgegen allen kritischen Stimmen ist der Siegeszug des Tonfilms und damit letztendlich auch der Filmmusik nach 1927 nicht mehr aufzuhalten.

Musik im Tonfilm: Europäische Spätromantik made in Hollywood

Auch wenn es in Europa originelle und eigenständige Schöpfer neuer Filmmusik gibt, erinnert sei stellvertretend an Hanns Eisler, Ralph Vaughan Williams, Jean Auric, Jacques Ibert, Sergej Prokofieff, so setzt doch wiederum Hollywood die Maßstäbe, die einen internationalen Markt wie den des Films dominierend beeinflussen. Die Tonfilmtechnik bringt es mit sich, daß die Musiker nicht mehr in den Kinos, sondern nur noch zentral in den jeweiligen Studios benötigt werden. »Music departments«, von Kinokapellmeistern oder Broadway-erfahrenen Dirigenten geleitet, werden eingerichtet. Wird der Musik zunächst eher schlecht als recht eine Nische auf dem Produktionsgelände eingeräumt, sorgen doch bald herausragende Komponisten dafür, daß Filmmusik ernstgenommen wird und erstklassige Studioorchester für die »major companies« - die Großstudios - eine Prestigeangelegenheit werden. Wegbereiter der Ära großer Hollywoodsinfonik ist Max Steiner, ein eminent begabter und hervorragend ausgebildeter Wiener Komponist, der im Ersten Weltkrieg nach Amerika ging und nach Erfolgen am Broadway dem Tonfilm nach Hollywood folgt. Mit der Musik zu dem Film *King Kong* (vgl. UM 5) schafft er eine umfangreiche, effektvolle und subtil auf das Filmbild hin synchronisierte Musik, die in doppeltem Sinne aufhorchen läßt. Durch Filme wie *Vom Winde verweht*, *Casablanca*, *Der Verräter*, *Der Schatz der Sierra Madre*, *Der Malteser-Falke* ist Steiner auch heute noch allgegenwärtig in Fernseh- und Filmkunstprogrammen.

Steiner als Statthalter einer mitteleuropäischen Musiktradition, die in der Spätromantik wurzelt und der zeitgenössischen Tonsprache Richard Strauss' nahesteht, repräsentiert herausragend eine ganze Generation von Filmkomponisten. Sie begründet Standards der Filmmusik sowohl in ästhetischer als auch in funktionaler Hinsicht, die jedoch ohne die jahrzehntelange Praxis der Stummfilmbegleitung nicht denkbar sind. Arbeit mit Leitmotiven, Mickeymousing, Mood-Technik, Underscoring (vgl. Kapitel *Funktionen der Filmmusik*) sind Techniken, deren Anfänge von der erwähnten ersten Generation Filmkomponisten in Hollywood etabliert werden, deren Ursprünge aber viel weiter zurückliegen.

Als weitere Europäer in Hollywood sind vor allem zu nennen: Erich Wolfgang Korngold, das Wunderkind aus Wien, Schüler Zemlinskys, der wenige, aber dafür herausragende Filmmusiken für Warner schreibt, Hugo Friedhofer, Franz Waxman (früher: Wachsmann), der Ungar Miklós Rózsa, Dimitri Tiomkin, Bronislaw Kaper, Victor Young. Der Naziterror spült eine Welle europäischer Kulturschaffender an die sonnige kalifornische Küste ...

Es gibt allerdings auch gebürtige Amerikaner unter den renommierten Filmkomponisten. Der erfolgreichste ist zweifellos Alfred Newman, der nicht weniger als neun Oscars gewinnt. Aber auch diese Komponisten stehen durch ihre traditionelle musikalische Ausbildung in der Entwicklungslinie europäischer Musikgeschichte oder versuchen intuitiv deren Musik zu assimilieren. Versuche, eine eigenständige amerikanische Filmmusik zu begründen, sind vergleichsweise rar. Persönlichkeiten wie Gershwin und Copland sind hier prominente Ausnahmen.

Mit Breitwand und Farbe gegen das Fernsehen: Der Anfang vom Ende Hollywoods

Die 30er und 40er Jahre lassen »Tinseltown«, die »Glitzerstadt« Hollywood, besonders strahlend leuchten. Die Weltwirtschaftskrise und der Zweite Weltkrieg scheinen vergleichsweise geringe Eintrübungen des Glanzes zu bringen. Zwar sinken zwischenzeitlich die Produktionszahlen, die einzelnen Filme werden aber immer aufwendiger und teurer. 1946 ist Hollywoods erfolgreichstes Jahr: 1,7 Milliarden Dollar werden eingenommen, Woche für Woche strömen etwa 90 Millionen Besucher in die amerikanischen Kinos (1971 nur noch knapp 16 Millionen)[24]. Das Publikum wird durch Superstars, durch Farbfilme, üppige Ausstattung und Massenszenen in die Kinos gelockt. Bekanntestes Beispiel für derartige Monumentalfilme ist *Vom Winde verweht* (1939, M: Max Steiner), ein Film, der in vorher nicht gekanntem Ausmaß bereits die Besetzung der Hauptrollen und die Dreharbeiten als Aufhänger für publicityträchtige Werbeaktionen nutzt und einen materiellen wie zeitlichen Aufwand betreibt, der alles Bisherige in dieser Hinsicht in den Schatten stellt. Die Musik, innerhalb weniger Wochen komponiert, setzt diese Strategie fort: Ausladende sinfonische

24 Vgl. Robertson 1988, S. 182

Gemälde, durch charakteristische Leitmotive (eher: Charakterstücke) zu einer ideellen Einheit verbunden, geben den Bildern einen prachtvollen Rahmen. Schwer nachzuvollziehen, daß der Musik-Oscar in diesem Jahr nicht an Max Steiner fällt. Man munkelt in Hollywood von einer Intrige. Der Oscar, eigentlich »Academy Award« genannt, wird in der Kategorie »Beste Filmmusik« seit 1934 vergeben. Erst sieben Jahre nach der ersten Oscar-Verleihung wird damit die Filmmusik als professionell ernstzunehmender Gestaltungsbereich offiziell anerkannt!

Ebenfalls mit der Glanzzeit Hollywoods untrennbar verknüpft, ist ein in den Anfängen des Tonfilms entstandenes Genre: das Filmmusical. In ihm verbinden sich die Merkmale des amerikanischen Bühnenmusicals mit den filmtechnischen Gestaltungsmöglichkeiten. Gesang und Tanz, eine kurzweilig unterhaltende Handlung, farbenprächtige Kostüme und Kulissen sowie eine das Medium Film geschickt einsetzende Regie kennzeichnen die besten Vertreter dieser Gattung. Stars wie Fred Astaire, Ginger Rogers, Gene Kelly, Leslie Caron, der Choreograph Busby Berkeley, Regisseure wie Stanley Donen und Vincente Minnelli prägen das Filmmusical, das in der amerikanischen Fachliteratur bezeichnenderweise als »Hollywood-musical« tituliert wird.

Neben diesen Luxusprodukten Hollywoods dürfen jedoch nicht die wichtigen Arbeiten übersehen werden, die auf äußerlichen Glanz verzichten. Die Kriminalfilme der Schwarzen Serie thematisieren in kontrastreichem Schwarzweiß nüchtern und ungeschminkt das Leben in der amerikanischen Großstadt. Der Film ist selbst in Hollywood nicht mehr nur ein die Sinne betäubendes audiovisuelles Narkotikum, sondern gewinnt politisches Gewicht. Beispielhaft gilt dies für den Film *Citizen Kane* (1941, M: Bernard Herrmann), eine verschlüsselte Abrechnung mit dem allgewaltigen Zeitungsmagnaten Randolph Hearst.

Ein Blick auf Deutschland und Europa

In der jungen europäischen Geschichte des Tonfilms wirkt sich die Machtergreifung der Nazis auch auf die Entwicklung der Filmmusik verheerend aus. Ab 1933 wird die Filmindustrie gleichgeschaltet, ein Exodus der Filmschaffenden vor allem in Richtung USA setzt ein. Komponisten wie Hanns Eisler, Paul Dessau oder Kurt Weill, die mit neuen musikalischen Ideen Filmmusik schaffen wollten, werden als entartet gebrandmarkt und müssen emigrieren. Sie gehen nach Hollywood ebenso wie Friedrich Holländer, Franz Wachsmann und andere. Die politische Funktion des Films im

Dritten Reich weist der Filmmusik den Weg: affirmativ zum Bild und nicht entartet, sondern dem deutschen Wesen angemessen: *Der stilistische Rahmen der deutschen Filmmusik* [war] *recht eng abgesteckt* (Thiel 1981, S. 151). Fröhlich und anregend hat die Musik in den Komödien zu klingen, die nicht erst in den Kriegsjahren das Publikum von der Alltagswelt ablenken sollen. Kein Zufall, daß der Schlagerfilm ebenso wie die Filmoperette im Dritten Reich eine Blütezeit erlebt.

Politisch vereinnahmt wird der Film auch in der Sowjetunion Stalins. Mit Sergej Prokofieff und Dimitri Schostakowitsch engagieren sich kompetente Vertreter der musikalischen Avantgarde für den künstlerischen und parteiischen Film (z. B. *Alexander Newski*, 1938, M: Sergej Prokofieff).

Auch in anderen Ländern interessieren sich zeitgenössische Komponisten für den Film. Benjamin Britten komponiert ebenso Filmmusik wie Arthur Honegger, Jacques Ibert und William Walton. Das Medium stellt eine Herausforderung für diese Musiker dar, und es ist keinesfalls nur der schnöde Mammon, der solche Persönlichkeiten – zumindest versuchsweise – zum Film zieht.

Neue Klänge erobern die Leinwand

Die Zeit nach dem Zweiten Weltkrieg fügt dem Kino eine schwere Niederlage zu: Durch das Fernsehen und ein geändertes Freizeitverhalten geht der Kinobesuch so drastisch zurück, daß sich die gesamte Branche umorientieren muß. Durch das Breitwandverfahren (CinemaScope), mit 3D-Filmen[25] und aufwendigen Produktionen versucht der Film den kleinen schwarzweißen Fernsehbildschirm zu schlagen. Monumentalfilme wie *Quo vadis* oder *Ben Hur* (1951, 1959, beide Musiken: Miklós Rózsa) überwältigen durch Aufwand und Filmlänge. Das »Pantoffelkino« gewinnt dennoch in der Gunst des Publikums, das Kino entdeckt allerdings eine neue Zielgruppe: die Jugendlichen. Statt mit den Eltern zu Hause in die Röhre zu schauen, ziehen sie es vor, mit Gleichaltrigen ins Kino zu gehen. Die Sujets der Filme ändern sich entsprechend: *Der Wilde* (1953) zeigt den jungen Marlon Brando als Motorrad-Rocker, *Denn sie wissen nicht, was sie tun* (1955) beschreibt die gelangweilten amerikanischen Halbwüchsigen und macht James Dean zum Kultstar. In dieser Zeit fügt sich der Jazz in die Filmmusik Hollywoods ein: *Endstation Sehnsucht* (1951, M: Alex

[25] Filme, die bei Verwendung einer Spezialbrille dreidimensionale Bilder vortäuschen. Trotz vielversprechender Versuche setzte sich das Verfahren nicht durch.

North), *Die Faust im Nacken* (1954, M: Leonard Bernstein; vgl. UM 6), *Der Mann mit dem goldenen Arm* (1955, M: Elmer Bernstein), *Anatomie eines Mordes* (1959, M: Duke Ellington). Jazz steht als Synonym für soziale Problematik, hat nichts mehr mit der unterhaltsamen Jazzsinfonik eines George Gershwins gemein, die dieser in seinen beiden Filmmusiken verwendete.

Bedeutet der Jazz schon eine Abkehr von der Sinfonik der 30er und 40er Jahre, so kommt es noch drastischer: In dem Film *Die Saat der Gewalt* (1954) wird als Titelmusik und Symbol für die »verkommene« amerikanische Jugend Bill Haleys *Rock around the clock* gespielt: Der Rock 'n' Roll ist geboren, eine Musikmode erobert die Welt. Von nun an ist auch die neue Jugendmusik für Hollywood und andere westliche Nationen nicht mehr tabu. Eine Welle von Rock 'n' Roll-Filmen überschwemmt den Markt, Elvis Presley verfolgt eine Doppelkarriere als Sänger und singender Schauspieler. Nur wenige Filme des Genres überdauern ihre Entstehungsjahre, so z. B. die Filme der Beatles in den 60er Jahren. Die Soundtracks zu *Die Reifeprüfung* (1967, M: Simon & Garfunkel) oder *Easy Rider* (1969, M: Steppenwolf u. a.) werden zu großen Verkaufserfolgen.

Dem von Hollywood beherrschten internationalen Filmmarkt stellen sich nationale Filmbewegungen entgegen. In Italien macht der Neorealismus (De Sica, Rossellini, Visconti) auf sich aufmerksam, in Frankreich kreieren Godard, Truffaut, Chabrol, Rohmer, Rivette und Resnais die »Nouvelle Vague«, in der Bundesrepublik entsteht der »Neue Deutsche Film« (Kluge, Fassbinder, Schlöndorff, Herzog). Alle diese Bewegungen stellen die Normen Hollywoods in Frage. Erzählweisen, Montagetechniken, Einsatz von Musik und Geräuschen werden neu überdacht und verstören das Massenpublikum. Man spricht vom »Autorenfilm«, denn nicht mehr die Verkäuflichkeit des Produktes Film steht für die innovativen Europäer im Vordergrund, sondern der Film als Ergebnis persönlicher Gestaltung durch den Filmautor. Wie auch in anderen Kunstformen bleibt die filmkünstlerische Avantgarde weitenteils ein kleiner, sich intellektuell gerierender Zirkel. Dies wirkt sich auch auf die Filmmusik aus, die ebenfalls dem Massengeschmack keine Konzessionen macht: In der Bundesrepublik komponiert Hans Werner Henze avancierte Musik für Filme von Volker Schlöndorff, Rainer Werner Fassbinder arbeitet mit Peer Raben zusammen.

Insgesamt ist in der Filmmusik dieser Zeit alles möglich. Das Spektrum reicht vom durchkomponierten sinfonischen Klangteppich über freitonale Kammermusik bis hin zu Kompilationen aus gängigen Hitparadensongs. Mit diesem letzteren, auf die Publikumsgunst zielenden Verfahren, Filmmusik aus erfolgreichen Hits zu kompilieren, kehrt die Filmmusik zur Frühgeschichte der Stummfilm-Musikpraxis zurück.

Gleiches gilt auch für die kompilierten Filmmusiken, die sich der »E-Musik« bedienen. Besonders populär wurde diese Technik durch *2001 – Odyssee im Weltraum* (1968), wo Musik von Johann Strauß bis György Ligeti verwendet wird, am eindrucksvollsten der Anfang von Richard Strauss' *Also sprach Zarathustra.* [Ursprünglich sollte Alex North die Musik zu dem Film komponieren. Der Regisseur Stanley Kubrick unterlegte Szenen seines Films mit Beispielen klassischer Musik, um North zu verdeutlichen, welche musikalischen Stimmungen erwünscht waren. Letztlich gefielen Kubrick seine eigenen musikalischen Vorgaben besser als die Arbeit von North ... (vgl. K. Kalinak: *Settling the Score*, Madison, WI 1992, S. 192)] Hollywoods Filmmusikveteranen beklagen nicht zu Unrecht den Verlust an handwerklichem Ethos in der Filmmusik der jüngsten Zeit[26].

Stilistisch läßt sich Filmmusik nicht mehr festlegen. Auch innerhalb eines Films können unterschiedliche Musikstile verwendet werden, dabei lassen sich durchaus genretypische Konventionen entdecken: Avancierte »E-Musik« (Neue Musik) wird häufig mit Horror- oder Science-Fiction-Szenen verbunden. Entsprechend einseitig sind die Assoziationen von Schülern zu dieser Musik[27].

Ausblick

Wie wird die Zukunft der Filmmusik aussehen? Stilistisch wird wohl der Pluralismus der heutigen Ära fortgeführt. Die Verschmelzung der Medienmärkte und die internationale Mehrfachauswertung (Filme im Kino, dann als Kauf- oder Leihvideo, schließlich im Fernsehen; gleichzeitig die Vermarktung als Buch-zum-Film oder Verkauf von Souvenirartikeln etc.: Merchandising) werden auch vor der Musik nicht Halt machen. Der Tonträger zum Film ist seit dem Erstling, Steiners Musik zu *The Bird of Paradise* (1932), und dem Überraschungserfolg von Miklós Rózsas Musik zur *Dschungelbuch*-Verfilmung Alexander Kordas (1943)[28] ein rasant gewachsener Bereich auf dem Tonträgermarkt, der guten Umsatz verspricht. Vor allem die internationale Pop-/Rockmusik bietet sich hier für Filmproduzenten an, die auf den Massenmarkt zielen. Ein Paradebeispiel: der Film *Batman* mit der Musik von Superstar Prince. Daß derartige, von kommerziellen Interessen diktierte Besetzungsentschei-

26 Vgl. Elmer Bernstein: *What ever happened to great film music?*, in: *High Fidelity and Musical America* 22 (1972), H. 7, S. 55-58

27 Vgl. Bastian 1986, S. 112ff.

28 Von der Filmmusik wurden 14000 Schallplatten verkauft, eine bis dahin unvorstellbare Rekordzahl.

dungen für die filmmusikalische Betreuung eines Filmes zwangsläufig zu einem Verlust der filmmusikspezifischen Ästhetik und einem Wandel der Funktionen von Musik im Film führen, liegt auf der Hand.

Ein technischer Trend macht sich besonders im Fernsehen bemerkbar: die computergestützte, rein synthetische Filmmusik. Die Koppelung von Computern und digitalen Klangerzeugern bzw. -speichern erlaubt es, eine minutiös an die Filmvorlage angepaßte Musik bei minimalem personellen Aufwand zu erstellen. Vergleicht man diese Arbeitsweise mit dem arbeitsteiligen Prozeß zur Blütezeit von Hollywood (Komponist, Arrangeur, Kopist, Kapellmeister, Musiker, Tonmeister, Geräuschemacher, Tonmischer etc.), so ist der Kontrast ernüchternd: Heute kann ein einziger Spezialist sämtliche Klangquellen bei überwältigender Tonqualität durch einen Computer ansteuern und bearbeiten, ein Timecode ermöglicht die perfekte Synchronisation dieser akustischen Abläufe mit der Bildebene.

Vor diesem Hintergrund, der auch große wirtschaftliche Bedeutung gewinnt, erscheint eine sinfonische Filmmusik, die eigens für den Film komponiert wird, als Luxus, der sich nur noch für teure Kinoproduktionen rechnet.

Herausragender Repräsentant der neuen filmmusikalischen Sinfonik ist John Williams, Chef der Boston Pops und Komponist populärer Publikumsfilme wie *E.T.* (1982), *Krieg der Sterne* (1977), *Der weiße Hai* (1975). Zu sieben der zehn erfolgreichsten Spielfilme aller Zeiten komponierte er die Musik[29]. Mit mehr als drei Millionen verkauften Schallplatten der Filmmusik zu *Krieg der Sterne* hält Williams auch den Rekord für den meistverkauften Soundtrack[30].

In einem auf Umsatz und internationalen Erfolg fixierten Markt, der wegen der horrenden Produktionskosten das Risiko scheut, ist es um so erfreulicher, wenn es jenseits des Massenstroms noch individuelle Filmexperimente gibt, die auch der Filmmusik zugute kommen. In diesem Sinne darf die weitere Entwicklung der Filmmusik mit Spannung verfolgt werden.

G.M.

29 Nach der Übersicht in *Film-Jahrbuch 1990*, Hamburg 1989, S. 210
30 Vgl. Robertson 1988, S. 158

Funktionen der Filmmusik

Der Tonfilm benötigt Musik, und er benötigt sie dringend. Auf sich allein gestellt, ist die Filmleinwand eine recht kalte Angelegenheit. Ich sah in Hollywood lange Streifen von Filmen, noch ehe die Musik hinzugefügt worden war. Und ich gewann den Eindruck, daß die Musik gleich einer kleinen Flamme ist, die man unter die Bildfläche setzt, um sie erwärmen zu helfen.

Aaron Copland

Filmmusik ist funktionale Musik; ihren Sinn bezieht sie nicht aus musikimmanenten Beziehungen, sondern aus ihrem Beitrag zur Gestaltung eines Films. Wo in der traditionellen musikwissenschaftlichen Analyse einer autonomen Komposition auf der Grundlage seiner Materialbeschaffenheit argumentiert wird, muß die Analyse und Interpretation von Filmmusik die außermusikalischen Bezüge der Musik zur Filmhandlung, zur Textur des Films in den Mittelpunkt stellen. Die resultierende Diskussion um den Beitrag der Musik für den Film gehört zu den wesentlichen Bestandteilen der einschlägigen Literatur zur Filmmusik: Welche Funktionen kann und soll Musik überhaupt im Film übernehmen?

Ebenso, wie in der Musikanalyse die absichtsvolle Fügung des musikalischen Materials durch den Komponisten unterstellt wird und ebenso ggf. die Nachvollziehbarkeit der Faktur durch die Rezipienten, wird in der Analyse von Filmmusik implizit unterstellt, daß der Filmkomponist (bzw. Regisseur) die Zuordnung einer Musik zu einer Szene des Films in einer bestimmten Absicht vorgenommen hat, bzw. daß das Publikum in einer bestimmten Art und Weise auf die Musikbegleitung reagiert. So akademisch spitzfindig zunächst diese doppelte Blickrichtung auf Komponist und Publikum anmuten mag, so wichtig ist sie jedoch im Grundsätzlichen, denn es ist eben überhaupt nicht selbstverständlich, daß die Funktionen, die der Filmkomponist mit seiner Musik verbinden möchte, so auch vom Publikum rezipiert werden. So fügte beispielsweise Max Steiner die Leitmotive in *King Kong* auf höchst kunstvolle und tiefsinnige Weise zusammen (vgl. UM 5); das Filmpublikum wird aber hiervon so wenig mitbekommen wie ein Opernbesucher von den vielfältigen formalen und strukturalen Raffinessen in Bergs *Wozzeck*. Von Berg ist es bekannt, Steiner darf man es unterstellen, daß diese vergleichsweise oberflächliche Rezeption der jeweiligen Musik von deren Urhebern als selbstverständlich angenommen wurde. Und dennoch schufen sie eine derart ambitionierte Musik.

Die Frage nach Funktionen der Filmmusik muß drei Aspekte berücksichtigen, die leider nicht immer in dieser Deutlichkeit angesprochen werden:

1. Musik ist ein Gestaltungsbereich des Films und muß in ihrer Funktionalität in Relation zu den verschiedenen filmischen Gestaltungsebenen (Dramaturgie, Kameraarbeit, Farbgebung usw.) betrachtet werden.
2. Die Bestimmung von Funktionen der Filmmusik muß den Einzelfall als Bezugs- und Ausgangspunkt aller Überlegungen wahren; jede Systematik filmmusikalischer Funktionen, jede Klassifikation hat nur den Sinn, für den einzelnen Film Hinweise darauf zu liefern, warum hier gerade in der Szene die bestimmte Musik eingesetzt ist. Und jeder Film könnte potentiell neue Funktionen der Filmmusik »erfinden«.
3. Die Frage nach der Funktion einer bestimmten Filmmusik für eine bestimmte Filmszene bedeutet einen hypothetischen Interpretationsprozeß. Es kann nur vermutet werden, welchen Zweck Regisseur und Komponist durch die verwendete Musik erreichen wollten. Gewißheit kann es hier kaum geben.

Schließlich ist stets ins Kalkül zu ziehen, daß Musik wohl in den seltensten Fällen unmittelbar, quasi qua der Macht ihrer Töne auf alle Menschen in derselben Weise wirkt. Vielmehr beruhen die meisten Wirkungen auf kulturell bestimmten Lernprozessen, die vor allem auch durch die üblicherweise große Filmerfahrung und Filmmusikerfahrung des heutigen Publikums initiiert und geprägt werden. Wie dem barocken Musikpublikum die Vielfalt musikalischer Figuren und Affekte vertraut war, diese musikalischen Zeichen »verstanden« wurden, kennt das heutige Kinopublikum »seine« Filmmusik, weiß, daß schwelgende Geigen für Liebesaufwallungen stehen, tremolierende dissonante Bässe Furcht und Angst signalisieren. Aber gerade die tiefen Angstklänge verdeutlichen das Dilemma: Sie dürfen für sich in Anspruch nehmen, daß sie überkulturell als physiologische Angstauslöser fungieren können. Die Grenzen zwischen der erlernten Konvention in der Filmmusik und der unmittelbaren physiologischen Wirkung sind jedoch noch nicht ausreichend erforscht.

Das Nachdenken über Funktionen der Filmmusik zieht sich durch die gesamte Filmmusikliteratur, sei sie wissenschaftlich ambitioniert oder als Lehrbuch bzw. Handbuch für Praktiker entstanden. Der Diskussion gab Pauli eine Wende, indem er – terminologisch von Well (1976) inspiriert – eine Unterscheidung von Funktion und Metafunktion anregte (Pauli 1981, S. 195ff.). Er versteht unter Funktion das, *was die Musik je in Verbindung mit einem bestimmten Film konkret leistet, für diesen Film und für den Zuschauer, der diesen Film mit der Musik zusammen konsumiert; während un-*

ter die Metafunktionen die Aufgaben fielen, die die Musik losgelöst vom einzelnen Film, über ihn hinaus erfüllt (S. 195). Bezogen auf den Stummfilm, aber auch extrapoliert auf den Tonfilm zu übertragen, führt Pauli im einzelnen als Metafunktionen die ökonomische und die dramaturgisch/psychologisch/politische an. Ökonomisch nennt er die Metafunktion der Musik, wenn diese wie in der Stummfilmzeit seit etwa 1910 bemüht wird, um eine bestimmte Publikumsschicht für das Kino zu gewinnen. Evident wird diese Metafunktion beispielsweise, wenn in jüngerer Zeit Spielfilme mit Songs aktuell erfolgreicher Popkünstler unterlegt werden, um durch die Zugkraft der Musikstars jugendliches Publikum in die Kinos zu locken.

Der zweite von Pauli angeführte metafunktionale Komplex bezieht sich darauf, daß Musik grundsätzlich dabei helfen kann, das »illudierende« (Brecht) Potential des Films zu steigern. Sie unterstützt damit auch den Spielfilm als Medium des Eskapismus, als Illusionsprodukt, das der Alltagswelt des Publikums eine irreale Traumwelt gegenüberstellt. Daß in dieser Metafunktion nicht nur die filmische Gesamtdramaturgie und die Psychologie musikalischer Wirkungen eine Rolle spielen, sondern von Pauli auch die politische Bedeutung derartiger Filmkonzeptionen einbezogen wird, findet seine Rechtfertigung beispielhaft in dem Zitat von Hays in UM 5 (s. S. 166).

Die Diskussion filmmusikalischer Metafunktionen kann zwar Erkenntnisse zur grundsätzlichen Verwendung von Musik im Film erbringen, kann verdeutlichen, warum beispielsweise Hollywood in seiner goldenen Ära der großorchestralen Sinfonik huldigte, in den 50er Jahren jedoch Jazz, später Pop- und Rockmusik einbezog, oder begründen, warum Dokumentarfilme über nicht-musikalische Themen auf Filmmusik verzichten sollten, für die Analyse und Interpretation des Einzelfalls leistet sie jedoch nur mittelbar Hilfestellung.

Wie vielfältig die Funktionen von Musik im Film sein können, machte bereits Lissa durch ihre umfänglichen Differenzierungen deutlich (1965, S. 115ff.). Hier strengere und erhellendere Systematik walten zu lassen bewog Pauli (1977a,b), das Verhältnis von Musik und Bild (sic!) zu drei Kategorien zu bündeln, damit die Funktion der Musik für den Film implizierend[31]:

1. Paraphrasierung: Musik verdoppelt die bildliche (bzw. inhaltliche) Ebene, indem sie diese in Stimmungsgehalt, Dynamik etc. bestätigt.

31 Pauli bezieht sich stets auf den Bezug Bild/Musik. In Klammern ist die durch Bilder veranschaulichte Filmhandlung hinzugefügt, da sich die Kategorien in weitem Maße auch hierauf beziehen lassen.

2. Kontrapunktierung: Musik steht quer zum Bild (zur dramatisch-visuellen Ebene), bricht damit die Identifikation des Publikums mit dem Filmgeschehen auf, verstört.
3. Polarisierung: Einer neutralen oder ambivalenten Bildschicht wird durch die Musik ein eindeutiger Charakter zugewiesen.

So verblüffend zunächst die Prägnanz der Paulischen Systematik wirkt, so unbefriedigend blieb sie für den Urheber, der sie 1981 widerrief (S. 181ff.). Auch wenn das dreigegliederte Kategoriensystem geeignet ist, sehr akzentuiert die möglichen Bezüge von musikalischer und bildnerisch-dramatischer Schicht herauszustreichen, so verschleiert es doch den filmgestalterischen Grundsatz, daß Musik nicht dem einzelnen Bild, der singulären Einstellung zugeordnet ist, sondern der filmischen Handlung[32]. Es ist zu fragen, was die Musik im Rahmen einer Filmhandlung zu leisten in der Lage ist. Und hier bleibt Pauli mit nur drei Kategorien zu pauschal.

Es ist wohl kein Zufall, daß die überzeugendsten Beschreibungen möglicher Leistungen der Musik für den Film von filmerfahrenen Komponisten stammen. So formulierte Copland 1949 Aussagen über filmmusikalische Funktionen[33], die Prendergast (1977) seinen durchdachten Ausführungen zur Ästhetik der Filmmusik als Raster zugrundelegen konnte[34]:

1. *Musik kann eine überzeugendere Atmosphäre von Zeit und Ort* [der Handlung] *schaffen.*
2. *Musik kann benutzt werden, um psychologische Feinheiten zu begründen oder zu verdeutlichen – unausgesprochene Gedanken einer Person oder die nicht sichtbare Tragweite einer Situation.*
3. *Musik kann als eine Art neutraler Hintergrundfüller dienen.*
4. *Musik kann helfen, ein Gefühl von Kontinuität im Film aufzubauen.*
5. *Musik kann das Fundament liefern für den dramaturgischen Aufbau einer Szene und sie dann durch eine musikalische Schlußwirkung abrunden.*

(zitiert nach Prendergast* 1977, S. 201ff.)

32 Ein vergleichbarer Trugschluß bewog Eisenstein dazu, in seiner berühmten Lehrabbildung aus *Alexander Newski* den Bildern jeder einzelnen montierten Einstellung das Notenbild des Klavierauszugs (Musik: Sergej Prokofieff) zuzuweisen. Die auf diesem Weg vermeintlich nachgewiesene strukturelle Identität von Bildgestaltung und musikalischer Faktur beruht auf diesem Trugschluß. Eine Reproduktion ist u.a. abgedruckt bei Emons/de la Motte-Haber (1980); hier wird Eisensteins Vorgehen ebenso wie bei Prendergast (1977) ausführlich kritisiert.

33 *New York Times* 6.11.1949; vergleichbar die Äußerungen in Copland: *Unsere neue Musik*, München 1947, S. 177ff.

34 Kloppenburg (1986, S. 42) hebt die Ausführungen Prendergasts lobend hervor, übersieht jedoch, daß die ausgewählten Zitate nicht von Prendergast, sondern von Copland stammen.

Copland bietet keine in sich geschlossene und widerspruchsfreie Systematik an, sondern durch die Erfahrung des Filmmusikpraktikers bestimmte Aussagen zu typischen Funktionen. Vergleicht man die Thesen mit eigenen Erfahrungen, so zeigt sich, daß mit diesen wenigen Kategorien ein großes Spektrum des Musikeinsatzes in Filmen erfaßt wird. Problematisch erscheint allerdings der dritte Punkt, denn: Kann es Musik als »neutralen Hintergrundfüller« überhaupt geben? Heißt nicht »neutral«, daß solche Musik keine andere Funktion erfüllt, als quasi unhörbar – unbemerkt – das Publikum zu berieseln? Dann erscheint diese Funktion als obsolet; denn bleibt die Musik neutral-unmerkbar, dann kann auf sie verlustfrei verzichtet werden, wirkt sie in irgendeiner Art und Weise aber auf das Publikum ein, so ist sie nicht mehr neutral. (Daß Musik gerade im frühen Film als Metapher für die Stille verstanden wurde, steht auf einem anderen Blatt.) Copland meint jedoch, daß sich die Musik zwar äußerlich unbeteiligt unter die Handlung legen kann, eine stimmungsmäßige Beeinflussung des Publikums aber dennoch erreicht.

Vier Dekaden nach Copland beschreitet Norbert J. Schneider, ebenfalls durch praktische Arbeiten mit der Materie vertraut, einen ähnlichen Weg wie Copland: Er listet auf, was Musik für den Film leisten kann. Sein Katalog ist länger, da differenzierter:

Musik kann ...

1. *Atmosphären herstellen*
2. *Ausrufezeichen setzen*
3. *Bewegungen illustrieren*
4. *Bilder integrieren*
5. *Emotionen abbilden*
6. *Epische Bezüge herstellen*
7. *Formbildend wirken*
8. *Geräusche stilisieren*
9. *Gesellschaftlichen Kontext vermitteln*
10. *Gruppengefühl vermitteln*
11. *Historische Zeit evozieren*
12. *Irreal machen*
13. *Karikieren und Parodieren*
14. *Kommentieren*
15. *Nebensächlichkeiten hervorheben*
16. *Personen dimensionieren*
17. *Physiologisch konditionieren*

18. Rezeption kollektivieren
19. Raumgefühl herstellen
20. Zeitempfindungen relativieren
(N. J. Schneider 1986, S. 90f.)

So treffend die von Norbert J. Schneider zusammengetragenen und z. T. durch Filmbeispiele konkretisierten Funktionen sind, auch sie können nur Schlaglichter auf Filmmusik werfen. Die zusammengestellten Funktionen wirken zufällig gruppiert, ja beliebig. Daß die Liste nicht einander ausschließende Kategorien enthält, mithin keine »Checkliste« für die Filmmusikanalyse intendiert sein kann, wird deutlich, wenn mehrere Funktionen einander überlagern. Beispielsweise am Anfang von *Mord im Orient-Expreß* (1974, R: Sidney Lumet): Für die Abfahrt des Orient-Expresses wählt Richard Rodney Bennett einen die sich steigernde Bewegungsdynamik der Zugfahrt aufnehmenden Walzer. Zur Beantwortung der Frage, warum der Komponist gerade diese Musik komponierte und der Sequenz unterlegte, würden nach N. J. Schneider zumindest die Aspekte 3, 11 und 18 als plausibel heranzuziehen sein[35].

Ohne die Diskussion um Funktionen der Filmmusik ausufern lassen zu wollen, sei noch eine weitere Überlegung zu den oben stehenden Beschreibungen angefügt. Versuchte Pauli mit seiner dreigliedrigen Systematik ein strenges und umfassendes Kategoriengebilde zu etablieren, so beschränkten sich Copland/Prendergast und N. J. Schneider auf die mehr oder minder differenzierte Beschreibung typischer »Befunde« der Funktionen von Musik in Spielfilmen. Zu berücksichtigen ist, daß Musik e i n Bauelement des Spielfilms ist und die Funktionen der Musik auf unterschiedlichen Ebenen der filmischen Dramaturgie (Textur) angesiedelt sind. Vor diesem Hintergrund ließe sich überlegen, ob bestimmte Funktionen nach dem Kriterium ihrer konstruktiven Anteile am Filmbau zusammengefaßt werden können. Ein solches strukturalistisches Modell könnte folgendermaßen beschaffen sein[36]:

I. Tektonische Funktionen (Musik als Baustein zur äußeren Gestalt des Films; großstruktureller Bezug):
   - Titelmusik (main title)
   - Nachspannmusik (end title)
   - Musiknummer (als Teil der Handlung)

35 Warum es zu einer solchen Überlagerung von Funktionen bei N. J. Schneider kommen kann, vgl. S. 38.
36 Daß sich terminologische wie strukturelle Verwandtschaften mit Helga de la Motte-Haber (1980, S. 189ff.) feststellen lassen, deutet darauf hin, daß in einem derartigen Systematisierungsversuch doch eine gewisse Plausibilität stecken könnte. Pauli dagegen war schon die Differenzierung zwischen dramaturgischen und syntaktischen Funktionen zu spekulativ (1981, S. 197).

II. Syntaktische Funktionen (Musik als Element der Erzählstruktur; formaler Bezug)
- Akzentuierung von Szenenhöhepunkten (dramatischer Akzent)
- Verklammerung von Szenenfolgen (musikalische Klammer)
- Verklammerung zeitlich geraffter Vorgänge (Zeitraffer-Klammer)
- Trennung von Real- und Traumhandlung

III. Semantische Funktionen (Musik als Element der inhaltlichen Gestaltung; inhaltlicher Bezug)
a) konnotativ
- Stimmungsuntermalung (Mood-Technik)
- Bewegungsverdopplung (Mickeymousing)
- physiologische Stimulation (Sensurround u.a.)

b) denotativ
- Leitmotiv
- Inzidenzmusik (source music)
- historische/geographische Deskription
- gesellschaftliche Deskription
- musikalisches Zitat
- Denken/Unsichtbares durch Musik ausdrücken

c) reflexiv (authentisch)
- Musik als Handlungsgegenstand (verweist auf sich selbst)

IV. Mediatisierende Funktionen
- Zielgruppenspezifische Musikauswahl
- Erwartungshaltung des Publikums (Genrespezifik)

Das strukturalistische Modell unterscheidet verschiedene Ebenen der Filmerzählung, innerhalb derer Musik Funktionen übernehmen und ausfüllen kann. Die konkreteren stichwortartigen Beispiele sind als ebensolche zu lesen und erheben keinen Anspruch auf umfassende und erschöpfende Exemplifizierung der übergeordneten Funktionsebene.

Auf der obersten und am gröbsten strukturierten Ebene kann Musik innerhalb ganzer Abschnitte die Tonspur mehr oder weniger umfassend ausfüllen (t e k t o n i s c h e F u n k t i o n e n). Innerhalb der Konzeption des Filmablaufs kann Musik als Musiknummer ein eigenständiges Glied der Handlungskette darstellen oder aber den neben der eigentlichen Filmhandlung stehenden Vor- bzw. Nachspann begleiten. Ein ausdrücklicher Bezug der Musik zur Handlung oder zur filmischen Gestaltung muß dabei nicht gegeben sein. Musiknummern, die um ihrer selbst willen in die

Handlung eingebaut werden, finden sich häufig in Revue-Filmen oder Spielfilmen schauspielernder Musiker und Sänger, z. B. wenn Elvis Presley in seinen Filmen zur Gitarre greift, um einen Ohrwurm zu Gehör zu bringen.

Ausgehend von dem Film *Easy Rider* (USA 1969), der als Modell für Filme mit einer Filmmusik aus vorgegebenen Rockmusiktiteln angesehen wird, weist Prox treffend darauf hin, daß hier die kompilierte Filmmusik die Funktion der Arie in der Oper übernimmt. Markiert in der Oper der Wechsel von Rezitativ und Arie den Wechsel zwischen *aktions- und musikbestimmten Phasen*, so unterbrechen die Rocksongs in *Easy Rider* die Handlung zugunsten der Musik, in der sich – analog der Opernarie – die *emotionalen Höhepunkte des Dramas* spiegeln (Prox 1978, S. 234[37]). Die tektonische Funktion der Musik ist hier deutlich zu erkennen.

Für die filmische Erzählstruktur kann Musik syntaktische Funktionen übernehmen, indem sie Szenenhöhepunkte akzentuiert, Szenen musikalisch verknüpft, bei Handlungsraffung bewußt ausgesparte Zeiträume überbrückt. Typisch sind auch musikalische Umrahmungen von Trance-, Traum-, Halluzinationssequenzen oder Rückblenden. Hier separiert die Musik die Ebenen filmischer Realität und Fiktion. Beispiel einer Zeitraffer-Klammer: Arbeitssuchende fahren mit ihren Fahrrädern durch das Tor einer Fabrik; die Kamera schwenkt aufwärts bis zum Dach des Gebäudes, dann wieder abwärts bis zum Tor, durch das die Radfahrer gerade resigniert und weiterhin ohne Arbeit zurückkommen. Die fortlaufende Musik hat eine Überbrückungsfunktion bei der Zeitraffung, die der Film zwischen beiden Torpassagen vornimmt (aus: *Kuhle Wampe*).

Der wohl vielfältigste Aufgabenbereich der Musik liegt innerhalb semantischer Funktionen: Hier nimmt sie Bezug auf den filmischen Inhalt. Möglich ist dies entweder durch begriffslose, im weitesten Sinne stimmungsschaffende Musik (konnotativ) oder durch ausdrückliche musikalische Kommentare, durch begrifflich faßbare Verweise (denotativ). Konnotativ sind solche semantischen Funktionen zu nennen, die mit musikalischen Mitteln (mood music) oder mit ausschließlich physiologischen (z. B. Sensurround) die inhaltstragende visuelle Schicht der Filmhandlung ergänzen. Der schwelgerische Geigenteppich in Liebesszenen ist ein bekannter Topos hierfür. Auch bei der musikalischen Verdopplung von Bewegungsvorgängen (Mickeymousing) fungiert die Musik semantisch konnotativ: Der sichtbaren Bewegung wird ein musikalisches Ausdrucksäquivalent zugewiesen.

37 Der Gedanke von Prox wurde schon von Thomas für den Al Jolson-Film *The Singing Fool* (USA 1928) artikuliert: *Kennzeichnend für den Stil dieses Films waren die Schlager, welche die Handlung vollkommen stillstehen ließen* (Hans Alex Thomas: *Die deutsche Tonfilmmusik*, Gütersloh 1962, S. 18).

Denotativ wirkt Musik, wenn sie durch Leitmotive auf einzelne im Bild an- oder abwesende Charaktere hinweist, wenn sie musikalisch historisches oder geographisches Kolorit vermittelt und damit verdeutlicht, zu welcher Zeit und an welchem Ort die Handlung ihren Lauf nimmt, wenn sie gesellschaftliche Zustände musikalisch klarstellt, wenn sie Denken oder andere unsichtbare Handlungselemente akustisch symbolisiert. Beispiel: Ein Biologe öffnet einen Plastikumschlag, aus dem Mikroorganismen auf den Boden rieseln. Eine Synthesizerfigur »übersetzt« das unsichtbare Ausstreuen der Organismen in einen für das Publikum hörbaren Vorgang (aus: *Zucker – eine wirklich süße Katastrophe*, D 1989, R: Reiner Erler).

Etwas überraschend mag die dritte Untergruppe, reflexive Funktionen, anmuten. Gemeint ist solche Musik, die als Element der Handlung zwar semantisch fungiert, aber nur auf sich selbst als Musik verweist und nicht auf etwas außerhalb der Musik Liegendes. Beispielsweise spielt in dem Film *Verrat* (1946, M: Erich Wolfgang Korngold) ein uraufzuführendes Cellokonzert eine zentrale Rolle. Es wird nie zusammenhängend gespielt, sondern ist in verschiedenen Etappen der Erarbeitung in die Handlung eingewoben: klavierbegleitet vom »Komponisten« in der ersten Probenphase, mit Orchester in der Generalprobe und schließlich beim Konzert. Die Musik steht stets für sich selbst, auch wenn sie zu den inhaltstragenden Elementen des Films zählt so wie die Charaktere oder der Dialog.

Schließlich die mediatisierenden Funktionen: Sie sind vergleichbar den Metafunktionen bei Pauli, müssen folglich auch im Einzelfall der Analyse ins Kalkül gezogen werden, liefern aber für den einzelnen Film vergleichsweise wenig Aufklärung. Als mediatisierend werden die Funktionen bezeichnet, da sie vermittelnd zwischen Film und Publikum wirken.

Bei der Analyse konkreter Fallbeispiele wird sich zeigen, daß Filmmusik im selben Ausschnitt oft auf mehreren Ebenen zugleich wirkt. Und gerade das zeichnet raffinierte Filmmusik aus: Sie begnügt sich nicht damit, daß sie eine einzige Funktion erfüllt, sondern sie ist mehrschichtig angelegt. Oft ist man durch Filmerfahrung an diese Mehrschichtigkeit so gewöhnt, daß sie gar nicht mehr auffällt. Beispielsweise wird von einer guten Titelmusik erwartet, daß sie nicht nur als Titelmusik fungiert, sondern zugleich auch konnotativ das Publikum in die Stimmung des Films einführt. Ein anderes Beispiel: die vielgescholtenen Leitmotive Hollywoods. Zum Vorwurf wurde erhoben, daß sie wie ein Markenzeichen einzelnen Charakteren aufgeprägt sind, mit diesen auftauchen und wieder verschwinden, also in einem engen Rahmen denotativ fungieren. Ein »gutes« Leitmotiv kann aber mehr; es kann konnotativ seine Bezugsfigur charakterisieren (als mächtig, als liebenswürdig, als verträumt etc.) oder in vielfältiger Weise denotativ wirken, aber auch syntaktische Funktionen übernehmen.

Die hier vorgestellte Systematik ist kein perfektes Modell, markiert keinen kulminierenden Endpunkt der Diskussion um Funktionen der Filmmusik, sondern versteht sich nur als Versuch, eine Hilfe bzw. ein Instrument für die Untersuchung filmmusikalischer Funktionen bereitzustellen. Für die Arbeit im Unterricht, bei der zumindest in der Sekundarstufe I die Funktionen II, IIIa und IIIb im Vordergrund stehen, da sie der filmmusikalischen Erfahrungswelt der Schüler am ehesten entsprechen, sollte auf die formalisierte Systematik mit ihrer nicht kindgemäßen Terminologie verzichtet werden. Der Kerngedanke aber, daß Filmmusik sowohl erzähltechnische (syntaktische) Bezüge zum Film aufweist als auch inhaltliche (semantische), müßte dennoch vermittelt werden.

G.M.

Aspekte der Komposition

Es versetzt mich jedesmal in Angst und Schrecken, wenn ich eine neue Filmpartitur in Angriff nehme. Ich sitze da und starre das leere Notenblatt an, während ich über die unergründliche Tiefe meiner versiegten Quelle grüble. Schließlich, aus purer Verzweiflung, ehe ich fliehen und mich verstecken kann, strecke ich meine Hand aus und werfe eine Viertelnote aufs Papier. Nicht die Not ist die Mutter der Erfindung, sondern eher ist der Selbstzweifel der Vater der Tat.

Alfred Newman

Für den Filmkomponisten stellt sich das Problem, die Musik in einer solchen Art und Weise zu fügen, daß sie ihre Funktion erfüllen kann, dem zeitlich vorgegebenen Ablauf des Films angepaßt ist und schließlich - auch wenn dies häufig heute nicht beachtet wird - einen inneren Zusammenhang zur musikalischen Gesamtkonzeption aufweist.

Vor allem mit Beginn der Tonfilmära entwickelten Hollywoods Filmkomponisten Kompositionstechniken[38], die als typische Verfahren Eingang in zahllose Filmkompositionen bis in die 50er Jahre hinein fanden. Begründet lagen einige der Techniken bereits in der Stummfilmzeit, so z. B. die Arbeit mit Leitmotiven. Hinter den sich etablierenden Kompositionstechniken stand vor allem der Wunsch, die Beziehung zwischen Bildebene und Musik sinnvoll und effektiv zu gestalten, aber auch die Notwendigkeit, rationell zu arbeiten.

Üblicherweise wird ein Filmkomponist erst dann tätig werden, wenn die Dreharbeiten und der Rohschnitt abgeschlossen sind. Die vorläufige Endfassung des Films erlaubt sowohl die genaue Festlegung der mit Musik zu begleitenden Szenen als auch die exakte zeitliche Planung der Musikabschnitte. Von den zu vertonenden Abschnitten werden ggf. tabellarische Inhaltsangaben angefertigt, wobei - je nach Notwendigkeit - die Handlung, Kameraeinstellungen und die Laufzeit jeder Einstellung (auf Bruchteile von Sekunden genau) notiert werden. Diese Notizen (»Cue-sheets«)

38 Der Terminus »Technik« ist im darzustellenden Kontext nicht unproblematisch, da er »kunsthandwerkliche Produktionsweise« zu meinen scheint. Vermutlich wäre es angemessener, von »Kompositionsstrategie« oder »Modellen der Musik/Bild-Zuordnung« zu sprechen. Da in der Fachliteratur jedoch der Technik-Begriff eingeführt ist, wird er auch hier beibehalten.

dienen dem Komponisten als Grundlage, erinnern ihn zugleich daran, daß sich die Musik dem Film anzupassen hat und nicht umgekehrt.

In der Literatur werden meist drei Haupttechniken der kompositorischen Zuordnung der Musik zum Film unterschieden, die von Hollywood ausgehend, weltweite Ausbreitung erfuhren:

- deskriptive Technik (Underscoring),
- Leitmotiv-Technik,
- Mood-Technik.

Max Steiner (und mit ihm viele seiner Kollegen des klassischen Hollywoods) sah seine Aufgabe als Filmkomponist im »Underscoring«, in der extensiven Unterlegung des Films mit Musik. Die Musikspur wird dabei so angelegt, daß sie exakt in die anderen akustischen Elemente (Dialoge, Geräusche) eingreift und sich der sichtbaren Bildhandlung synchron anpaßt: Ein großflächiger musikalischer Teppich wird für den Film ausgerollt.

Im Rahmen einer ausführlichen Darstellung seiner Arbeit beschreibt Steiner, wie er die musikalische Untermalung einer Szenenfolge konzipiert[39]:

Ein Beispiel: Die ersten zwei Minuten auf meinem imaginären Cue-sheet bestehen in der Ankunft eines Zuges in irgendeiner kleinen Stadt. Ich würde Musik verwenden [sic!], *die dem Stampfen der Lokomotive entspricht, einer Zugpfeife oder dem Quietschen der Bremsen und vielleicht eine fröhliche Musik, um die Begrüßungen der Leute, die aus dem Zug aus- und einsteigen, zuzudecken. Nach diesen zwei Minuten schneidet das Bild direkt auf das Sterbebett des Vaters in eine kleine Dachstube in einem abseits gelegenen Farmhaus, eine Szene von insgesamt drei Minuten Dauer. Ich muß deshalb einen Weg ersinnen, schnell und unauffällig von der fröhlichen Musik im Bahnhof zur Stille und Tragik des Sterbezimmers zu modulieren. Diese zwei Szenen würden fünf Minuten von der zehnminütigen Filmrolle beanspruchen, und zum Zeitpunkt des Todes des Vaters könnten wir direkt zu einem Kabarett in New York schneiden, wo die Tochter singt und nicht weiß, daß ihr Vater tot ist. Hier ist ein Übergang, den ich überhaupt nicht modulieren würde. Stattdessen wäre es sehr effektvoll, eine Hot Jazz Band direkt auf den Schnitt hereinknallen zu lassen oder nach Abschluß einer kurzen Überblendung* (Steiner* 1937, S. 224).

39 In der deutschsprachigen Literatur wird gerne auf die französische Wiedergabe des Beispiels durch Henri Colpi (*Défense et illustration de la musique dans le film*, Lyon 1961) zurückgegriffen, was durch die doppelte Übersetzung fehlerhafte und irreführende Formulierungen zur Folge hat.

Interessant an Steiners Terminologie ist die Bezeichnung »Modulation« für musikalische Übergänge zwischen Szenen unterschiedlichen Charakters. Sind für den autonomen Komponisten Wechsel zwischen Tonarten Herausforderungen an seine musikalische Phantasie und Kunst, so verwendet Steiner diesen Terminus für die aus seiner Sicht des Filmkomponisten zentrale Herausforderung (neben der Ausarbeitung motivischer und thematischer Gestalten): für den organischen Wechsel musikalischer Stimmungen. Die Wortwahl enthüllt das zentrale Mißverständnis autonom denkender Musiker bezüglich Filmmusik. Pointiert formuliert: Während sich in autonomer Musik der Sinn aus musikimmanenten Quellen speist, dominiert in Hollywoods Sinfonik der Sinn des Filmbildes, dem sich die Musik fügt. Beim Filmkomponisten sind deshalb eine andere Form musikalischer Genialität und des Kunsthandwerks als beim Konzertsaalkomponisten angebracht. Von hehrer Kunst hie und plattem Kunsthandwerk dort zu reden, ist jedoch Ausdruck mangelnder Kenntnis der Materie.

Einen extremen Sonderfall deskriptiver Technik stellt das sog. »Mickeymousing« dar. Der Name verweist auf die Herkunft aus der Disneyschen Trickfilmmusik und bezeichnet die Abbildung von Bewegungsabläufen in der Musik. Mickeymousing wird üblicherweise im Rahmen des Underscoring angewendet. Die Analogien zwischen sichtbaren Bewegungsvorgängen und deren Musikalisierung sind weitgehend konventionalisiert: Bewegungen in der Vertikalen (Sprung ins Wasser, Erklimmen einer Treppe) werden musikalisch im Parameter Tonhöhe umgesetzt (hoch/tief), horizontale Abläufe (fahrende Eisenbahn, Reiter) rhythmisch. Das Aufeinandertreffen von Objekten (Degen im Duell, einschlagende Kugeln im Gemäuer, eine Ohrfeige) werden durch Akzente oder Orchesterschläge musikalisiert. Geschicktes Mickeymousing verknüpft die Bewegungsdarstellung mit Charakterisierung, läßt die Bewegung heroisch, lächerlich oder tragisch erscheinen, je nach Vorgabe der Handlung. Die Akribie, mit der ein Filmkomponist wie Steiner z. T. diese Technik anwandte, erscheint heute beinahe rührend. Das Verfahren ist inzwischen fast völlig verschwunden; überlebt hat es in Zeichentrickfilmen und in Komödien, wo es zu parodistischen Zwecken eingesetzt wird.

Ein sehr altes, nämlich aus Stummfilmzeiten stammendes Verfahren ist die Arbeit mit »Leitmotiven«. Der Terminus knüpft an Richard Wagners musikdramatische Konzeption an. Eisler (1977, S. 36ff.) und ungezählte Epigonen wiesen obstinat auf die Unangemessenheit der Wagnerschen Ideen für den Film oder deren Verflachung durch die Filmkomponisten hin, die die symbolische Sphäre der Leitmotive bei Wagner zu einem trivialen akustischen Markenzeichen für die Charaktere verkommen ließen und die großflächige Ausarbeitung leitmotivischer Gedanken wie bei Wagner nicht erlaubten. In der Tat finden sich unter den auf Leitmotiven basierenden Filmmusiken viele, die auf sehr vordergründige Art verfahren. Den handlungstragenden Personen, Dingen, Ideen oder Lokalitäten werden Leitmotive zugeordnet, die immer dann zitiert werden, wenn das durch sie Bezeichnete in die Handlung tritt. Der Vorzug des Verfahrens: Die Notwendigkeit musikalischen Einfalls wird durch handwerkliches Zitieren der Leitmotive ersetzt (vgl. Emons/de la Motte-Haber 1980, S. 178); für das Filmpublikum bestenfalls ein musikalisches Aha-Erlebnis, für den autonomen Komponisten das kompositorische Armutszeugnis schlechthin.

Leitmotiv-Technik läßt sich aber auch als Versuch deuten, die Musik ausdrücklich und in völliger Abhängigkeit an die Semantik des Filmbilds zu koppeln. Äußerlich betrachtet ist das Resultat eine inhaltliche Verdoppelung der Handlung durch die Begleitmusik. Allerdings kann durch ein gut gesetztes Leitmotiv eine Charakterisierung der mit dem Motiv verbundenen Person (o. ä.) erfolgen, die die visuelle Darstellung transzendiert. Max Steiner, herausragender Vertreter der in den USA als »Leitmotif-school« bezeichneten Tradition Hollywoods, steigerte seine Leitmotive regelrecht ins Metaphysische, wenn er in diese biographische Elemente (die irische Herkunft der O'Haras in *Vom Winde verweht*) oder subtile psychologische Abhängigkeiten der Charaktere (King Kong und Ann Darow in *King Kong*, vgl. UM 5) einwebte. Ob irgend jemand im Publikum dem Komponisten musikalisch folgen konnte, mag aus einsichtigen Gründen bezweifelt werden. Die große Zahl unterschiedlicher Leitmotive innerhalb einer Filmmusik – für *Vom Winde verweht* entwarf Steiner beispielsweise ein Dutzend Hauptmotive – überfordern die Wahrnehmung in einem Medium, das die Aufmerksamkeit auf die von Bild und Sprache vermittelte Handlung lenkt. Es überrascht deshalb kaum, daß extensive Leitmotiv-Technik aus heutiger Filmmusik verschwunden ist. Falls in jüngerer Zeit überhaupt Leitmotive verwendet werden, beispielsweise in Filmmusiken Ennio Morricones *(Spiel mir das Lied vom Tod)* oder Henry Mancinis *(Die Dornenvögel)*, so werden nur wenige, charakterlich deutlich voneinander abgesetzte Motive eingeführt.

Eine modifizierte Form des Leitmotivgedankens lebt dagegen in zahlreichen Soundtracks auch gegenwärtiger Filmproduktionen fort: die Arbeit mit einem Leitthema. Diese Kompositionsstrategie bezeichnet Prendergast (1977, S. 221) als *entwickelnde Filmmusik (developmental score).* Statt mehrerer Motive findet sich nur noch ein größerer musikalischer Gedanke, der in der Regel in der Titelmusik ausladend exponiert wird. Hierdurch prägt er sich beim Publikum ein und wird zu späterer Zeit wiedererkannt. Das Leitthema kann im Verlauf der Filmhandlung in der Szene angemessener Form wiederkehren, ohne daß eine regelrecht sklavische Abhängigkeit zwischen Bildebene und thematischem Material intendiert ist. Der Nachspann greift dann üblicherweise die Titelmusik wieder auf. Die Anlage – Exposition in der Titelmusik, verarbeitende Durchführung während der Filmhandlung, Nachspann als Reprise – veranlaßte Prendergast, vorsichtig an die Sonatenhauptsatzform zu erinnern (a.a.O., S. 221f.).

Vor allem in Filmen, die um eine Einzelperson aufgebaut sind, deren Widerfährnisse Gegenstand des Films sind (analog dem literarischen Bildungsroman), kann die leitthematische Musik zum Spiegelbild der Situation des Protagonisten gemacht werden. Beispiele für solche Filmmusiken sind Bill Contis Musik zu *Rocky* (USA 1976) oder Elmer Bernsteins Soundtrack zu dem John Wayne-Film *The Comancheros* (USA 1961).

Alfred Newman gilt als Begründer der sog. »Mood-Technik«[40]. Mit diesem Terminus ist nicht, wie Helga de la Motte-Haber ausführt, das aus der Oper übernommene *Prinzip komponierter Affektstationen* gemeint (Emons/de la Motte-Haber 1981, S. 173), dessen Übertragung auf die Filmmusik durchaus Korngold zugeschrieben werden darf, sondern die stimmungsmäßige Kolorierung einer Szene durch Musik. Dabei kann die musikalische Stimmung grundsätzlich zwei Perspektiven einnehmen: Sie kann die Stimmung der filmischen Protagonisten ausdrücken (so das Anliegen A. Newmans) oder beim Publikum einen bestimmten Eindruck erwecken (so beispielsweise bei B. Herrmann). Damit wird der Bezug zwischen Bildebene und Musik anders begründet als bei Deskription oder Leitmotivik, auch wenn bei diesen ansatzweise und punktuell ebenfalls stimmungsmäßige Bezüge zwischen Bild und Musik intendiert werden; die Mood-Technik fügt den gegenständlichen und begrifflichen Elementen des Bildes eine emotionale Tiefendimension hinzu: *Die Mood-(Stimmungs-)Technik stellt ein Psychologikum dar. Sie vermittelt keine überpointierte Begriffsdeutlichkeit, sondern will unterschwellig wirken, atmosphärisch ohne eigenen melodischen Gehalt, wie Copland sagt* (Goslich 1971, S. 219).

Prox (1977, zitiert nach Schmidt 1980, S. 102f.) stellt der *expressiven Filmmusik* Alfred Newmans, der vor allem die Stimmungen der Protagonisten musikalisch zum Ausdruck bringt, die *sensorische Filmmusik* eines Bernard Herrmanns gegenüber,

40 Helga de la Motte-Haber widerspricht dieser in der Literatur mehrfach genannten Ansicht und nennt Korngold als deren Urheber; in: Emons/de la Motte-Haber 1980, S. 173

der mit musikalischen Mitteln regelrecht den direkten physiologischen Weg zu den Nerven des Publikums suchte. Man denke etwa an die »entnervenden« Streicherklänge in *Psycho* (USA 1960).

Im Gegensatz zu deskriptiver Technik und Leitmotiv-Technik wird die Mood-Technik auch heute noch häufig angewandt, wenngleich sich auch das musikalische Material insgesamt merklich von dem der Hollywoodsinfonik unterscheidet und auch die Kompositionsweise kaum dem filigranen Kunsthandwerk und der künstlerischen Invention eines Newmans nahekommt.

Eine wesentliche Frage für den Filmkomponisten ist die nach dem Zusammenhang von musikalischem Material und Wirkung beim Publikum. Grundsätzlich kann man unterstellen, daß es Wirkungen gibt, die auf Konventionen beruhen oder anderem Vorwissen des Publikums. Werden musikalische Zitate verwendet (z. B. bei Kompilationen), so müssen diese erkannt werden, um ihre Wirkung zu entfalten. Wenn in der *Blechtrommel* (BRD 1979) zum Krieg um die polnische Post in Danzig eine Mazurka erklingt, so spielt diese für sachkundige Ohren auf die nationale polnische Identität an, für Uneingeweihte wirkt sie deplaziert oder melancholisch. Oft reicht aber schon der Gestus, der Anklang an etwas Bekanntes, um die Wirkung sicherzustellen. Einfachere musikalische Topoi wirken fast von selbst: Orgelmusik verbreitet weihevolle, sakrale Stimmung, ein Trauermarsch wirkt, wie sein Name schon sagt, als Ausdruck von Trauer und gedrückter Stimmung. Anklänge an nationale Musikstile reichen aus, um chinesischen, spanischen, irischen oder jamaikanischen Kulissen Authentizität zu verleihen. Nicht musikethnologische Richtigkeit ist für die Musik gefragt, sondern der Griff zu dem Publikum vertrauten Charakteristika der fraglichen Musik (z. B. parallele Quinten und Quarten als Zeichen für chinesische oder japanische Musik). Dieser kompositorische Taschenspielertrick wurde bereits in den Musiksammlungen der Stummfilmzeit hinlänglich praktiziert und dem Publikum eingeübt.

So heikel der Komplex ist, so lassen sich doch in engen Grenzen physiologische Wirkungen musikalischer Parameter benennen. Vor allem Bezüge zwischen extrem tiefen Tonfrequenzen und Angstgefühlen sind bekannt und der stimulierende Einfluß des Rhythmus. Tiefe Frequenzen werden auch in Oper und Programmusik zur Darstellung von Bedrohung und Gefahr verwendet. Die Wirkung beruht möglicherweise darauf, daß sich tiefe Frequenzen – im Gegensatz zu hohen – nahezu kugelförmig ausbreiten, sich also nicht von den Ohren orten lassen, und daß sie für den Körper noch spürbar sind, wenn das Ohr wegen seines begrenzten Frequenzspektrums keine Wahrnehmung mehr zuläßt. In der Filmmusik wurde diese Erkenntnis weiterentwickelt zu speziellen Techniken der Verstärkung tiefster Frequenzen, vornehmlich im unhörbaren Infraschallbereich. In der Blütezeit des Stummfilms war dies durch spezielle Register der Kinoorgel möglich, in den 70er und 80er Jahren wurden besondere technische Verstärkungsverfahren angewendet z. B. Sensurround in den Filmen *Erdbeben* (USA 1974) oder *Achterbahn* (USA 1976). An besonders spannenden Stellen wurden innerhalb der Tonspur Infraschallereignisse eingebettet, die das Publikum in Angstzustände versetzen. Aber hiermit ist ein Extrem geschildert, das nur noch mittelbar mit der Filmmusik in Verbindung steht.

Zurück zur Aufgabe der Komposition von Filmmusik. Da der Komponist sich nach der Filmspur richten muß, liegt die Annahme nahe, daß die formale Anlage der Musik amorph sein wird, denn sie fügt sich der Form der visuellen Ebene und füllt diese quasi mit Klängen; Hanslicks Diktum von der Musik als tönend bewegte Form erfährt so eine Verfremdung. Unverbindlich anmutende Reihungen musikalischen Materials oder sich nicht entwickelnde Klangtupfer bzw. -felder könnten das Ergebnis sein. In der Tat wird man nicht selten Sequenzierungen oder entwicklungslose »parataktische« Fügungen kleiner musikalischer Einheiten in Filmmusiken finden. Sie belegen das Dilemma der Komponisten, die Musik der Filmhandlung anzupassen und sie zugleich zu einer musikalisch befriedigenden Form zu bringen. Beispiele belegen aber, daß musikalische Form nicht grundsätzlich der Filmmusik vorenthalten bleiben muß. Form kann beispielsweise durch die dramaturgische Anlage einer zu vertonenden Filmsequenz impliziert sein, so beispielsweise in der berühmten Frühstücksmontage aus *Citizen Kane* (USA 1941, M: Bernard Herrmann). Der Verfall einer Ehe wird in zeitrafferartiger Verkürzung als Folge von Frühstücksszenen dargestellt, zwischen denen jeweils eine längere Zeitspanne von mehreren Jahren liegt. Der Bildmontage liegt also das Prinzip von Wiederholung (Frühstück) und Variation (die Veränderungen im Umgang der Ehepartner miteinander) zugrunde. Musikalisch findet es sein Pendant in einem Walzerthema mit Variationen.

Die Form kann jedoch auch quasi musikimmanent dem Film absichtlich zur Seite gestellt werden, ohne sich explizit aus der filmischen Montage herzuleiten. So etwa in *Kuhle Wampe* (D 1932, M: Hanns Eisler), wenn Eisler die täglich sich wiederholende Suche nach Arbeit durch ein Rondo musikalisch kommentiert, ohne zeitliche Übereinstimmung zwischen Handlung und Musik anzustreben. Der Bezug von Musik und Film ist ein ideeller, kein formaler.

Weitere prominente Beispiele für die Einbeziehung von Formen autonomer Musik in Filmmusikwerke sind u. a. die Passacaglia in *Amber, die große Kurtisane* (USA 1947, M: David Raksin) oder in *Der Blaue Max* (USA 1966, M: Jerry Goldsmith) sowie die Fuge in *The Quiet Man* (USA 1952, M: Victor Young).

Ein Aspekt kompositorischer Arbeit soll nicht unerwähnt bleiben, auch wenn wenige Stichworte genügen müssen: die Instrumentierung. Orientierte sich die Stummfilmmusik zunächst am Salonorchester, so näherte sie sich mit der Hinwendung zum gehobenen Bürgertum dem Sinfonieorchester der Spätromantik an. Dieses blieb auch für die goldene Zeit Hollywoods klangfarblicher Orientierungspunkt. Allerdings begrenzte die Aufnahmetechnik die Möglichkeiten sinnvollen Instrumentierens, denn Mittelstimmen von zweiten Geigen und Bratschen tauchten völlig im Klangbild unter, waren folglich überflüssig. Mit fortschreitender Entwicklung auf dem Gebiet der Aufnahmetechnik entfielen solche Beschränkungen. Mehr noch: Die Aufnahmetechnik bot nun die Möglichkeit, durch gezielt eingesetzte Solistenmikrofone, Klangproportionen zwischen den Instrumenten zu schaffen, die jeder Realität spotteten. Zarteste Harfenklänge über einem grollenden Orchesterfortissimo? Kein Problem!

Mit dem Jazz kamen auch die Bigband, später die kammermusikalischen Ensembles etwa des Cool-Jazz' oder des Bebop zur Filmmusik, der Rock 'n' Roll brachte elektrisch verstärkte Gitarren und (später) Baßgitarren. Solche Klänge entsprachen entweder den musikalischen Vorlieben des Zielgruppenpublikums, oder sie dienten als Insignum der im Film dargestellten sozialen Gruppe. Wenn in *Saat der Gewalt* (USA 1955) als Titelmusik Bill Haleys *Rock around the clock* erklingt, steht dies für die Rebellion bzw. Verwahrlosung der im Film gezeigten Jugendlichen.

Mit der Abkehr von der großorchestralen Sinfonik Hollywoods wurden kleinere und unkonventionelle Besetzungen, wie sie beispielsweise Eisler in *Kuhle Wampe* schon 1932 verwendet hatte, für Filmmusikkomponisten interessant. Regelrecht als Anspielung muß man es bezeichnen, wenn Ennio Morricone mit der Titelmusik zu *Via mala* (BRD 1985) sehr genau Klangbild und Gestus der Musik Eislers von 1932 aufgreift und somit eine symbolische Einheit der sozialen Problematik beider Filme stiftet. Die Instrumentierung wird dadurch zu einem eigenständigen Bedeutungsträger.

Unkonventionelle Vorstellungen der Komponisten oder Vorgaben der Regisseure konnten zu bemerkenswerten Einschränkungen in der Wahl der Instrumente führen. Bernard Herrmann beispielsweise wählte für die Musik zu *Psycho* (USA 1960) ein reines Streichorchester, und Dimitri Tiomkin verlor seine Arbeit für den Film *Hatari!* (USA 1962), da er dem Wunsch Howard Hawks, auf Geigen, Celli und Holzbläser völlig zu verzichten, nicht nachkam. Henry Mancini übernahm dann gewissenhaft diesen Auftrag[41].

Sonderfälle der Instrumentation sind sicherlich die Zither in *Der dritte Mann* (USA 1949, M: Anton Karas) oder das Trautonium Oskar Salas, das vor allem in der Filmmusik zu Hitchcocks *Die Vögel* (USA 1963, M: Bernard Herrmann) zu Ruhm gelangte, ebenso wie das Theremin in der Musik zu *Spellbound* (USA 1945, M: Miklós Rózsa) und anderen Filmmusiken Rózsas.

Etwa seit den 70er Jahren begann der Synthesizer seinen Siegeszug in der Filmmusik. Die Handhabung durch nur einen Spieler, seine schier unendlichen Klangmöglichkeiten und die Kopplungsmöglichkeiten mit Schallaufzeichnungs- und Steuergeräten machen ihn zu einem flexiblen und preiswerten Ersatz für natürliche Klangkörper. Neben der Imitation bekannter Klänge sind avantgardistische Klangbilder realisierbar, wie sie für Science Fiction-Filme gewünscht werden.

Verknüpfungen unterschiedlicher Klangkörper innerhalb einer Filmmusik stellen heute für viele Filmmusikschaffende kein Problem dar. So koppelte der Synthesizerspezialist Vangelis in *Die Stunde des Siegers* (GB 1980) seine Synthesizerklänge mit Chormusik, oder die amerikanische Rockgruppe Toto wünschte die Mitarbeit der Wiener Sinfoniker für ihre Musik zu *Dune, der Wüstenplanet* (USA 1984).

Wie auch für andere Aspekte der Filmmusik läßt sich heute für die Instrumentation feststellen: Alles ist erlaubt.

G.M.

41 Joseph McBride: *Hawks on Hawks*, Berkeley 1982, S. 126

Zur Sprache des Films: Einführung in die Filmanalyse

Wir wissen sehr wohl, daß wir lernen müssen zu lesen, bevor wir versuchen können, Literatur zu genießen oder zu verstehen; aber wir neigen dazu zu glauben, daß jeder einen Film lesen kann. Es ist wahr, jeder kann einen Film sehen, sogar Katzen. Aber einige Leute haben es gelernt, visuelle Bilder zu verstehen – physiologisch, ethnografisch und psychologisch – und dies weitaus besser als andere.

James Monaco, Filmtheoretiker

Wenn der Film auch – quasi als Gesamtkunstwerk – seine Informationen über mehrere Ebenen zugleich vermittelt, die Ebenen der Bilder, der Sprache und der Musik, so werden als die filmtypischen Gestaltungsmittel, als die spezifische Sprache des Films, jene der Bildebene angesehen. Dabei spielt das eigentliche Filmbild (Kader) aufgrund seiner kurzen Wahrnehmungzeit keine Rolle: Bei einer Projektionsgeschwindigkeit von 25 Bildern pro Sekunde kann es bei der Analyse getrost vernachlässigt werden, da es von dem trägen menschlichen Auge nicht einzeln wahrgenommen werden kann. Als kleinste »sprachliche« Einheit des Films gilt daher die Einstellung. Sie wird definiert als das ununterbrochene Laufen der Kamera bis zum Schnitt. Je nachdem, wie lange der Finger auf der Aufnahmetaste bleibt, bzw. wieviel Zeit zwischen Starten und Stoppen der Aufnahme verstreicht, kann eine Einstellung zwischen wenigen Sekunden und einigen Minuten dauern. Die einzelnen Einstellungen werden schließlich zu Handlungseinheiten (Szenen bzw. Sequenzen) zusammengeschnitten (montiert), was beim Kinofilm noch direkt per Hand und Klebstoff erfolgt, beim Videofilm durch entsprechendes Überspielen wie beim Kassettenrecorder. Die Abfolge der Szenen bzw. Sequenzen schließlich bildet den fertigen Film.

Ein Beispiel soll dies verdeutlichen: Ein Film über den typischen Vormittag eines Schülers etwa könnte bestehen aus den Szenen/Sequenzen: »morgendliches Aufstehen und Frühstück – Fahrt zur Schule – ausgewählte Schulstunde – große Pause – ausgewählte Schulstunde – Fahrt nach Hause«. Die Darstellung einer Schulstunde wird dabei zusammengeschnitten aus Gesamtaufnahmen (Totalen) der

Klasse, Nahaufnahmen des Lehrers und des Schülers, vielleicht einer Großaufnahme der Hand des Schülers, der zunehmend genervt auf den Tisch trommelt.

Neben der unterschiedlichen Länge der Einstellungen, von dem das »Tempo« eines Films abhängt, unterscheiden sich diese noch in mehreren anderen Punkten, die im folgenden erläutert werden:

Entscheidendes Gestaltungmittel überhaupt ist die Einstellungsgröße, die dem Abstand des Betrachters (der Kamera) vom betrachteten Gegenstand entspricht. Üblich ist dabei etwa folgende Differenzierung:

- Die Panoramaeinstellung zeigt die Weite der Landschaft, ohne Details hervorzuheben. Ihren Sinn erhält diese Einstellung im Breitwandfilm.
- Die Totale zeigt eine Person (klein) inmitten ihrer Umgebung und wird daher meist zur Einführung in eine neue Situation verwendet.
- Die Halbtotale lenkt die Aufmerksamkeit mehr auf die Person, die ganz, jedoch noch innerhalb ihrer Umgebung zu sehen ist.
- Die amerikanische Einstellung entstammt dem amerikanischsten aller Filmgenres, dem Western. Sie zeigt eine Person von den Oberschenkeln bis einschließlich des Kopfes (und damit alles Wesentliche: die Hand am Colt u n d die Augen der Person).
- Die halbnahe Einstellung ermöglicht es, die Aufmerksamkeit des Betrachters auf das Zusammenspiel mehrerer Personen zu richten. Sie zeigt diese etwa vom Kopf bis zum Gürtel.
- Die Nahaufnahme zeigt Brust und Kopf eines Menschen, eine typische Einstellung, um eine einzige Person darzustellen.
- Bei der Großaufnahme sieht der Betrachter lediglich etwa den Kopf der dargestellten Person, auf den die volle Aufmerksamkeit gelenkt ist.
- Die Detailaufnahme schließlich integriert den Betrachter auf fast intime Weise ins Bild. Sie beschränkt den Blick (der Kamera) auf nur ein wichtiges Detail, etwa die geöffneten Lippen vor dem Kuß oder ein angstvoll geweitetes Auge.

Ein zweites filmisches Gestaltungsmittel ist die Einstellungsperspektive, die der (Höhen-) Blickrichtung des Betrachters entspricht. Sie läßt sich unterscheiden in:

- Normalsicht, bei der die Kamera etwa in Augenhöhe gehalten wird;
- Untersicht (Froschperspektive), bei der die Kamera von unten nach oben filmt, was dem gefilmten Objekt etwas Mächtiges, Drohendes verleiht (in unserem Beispiel könnte etwa der Mathematiklehrer immer in Untersicht gezeigt werden);

- Aufsicht (Obersicht, im Extremfall Vogelperspektive), bei der das Objekt von oben gefilmt wird, was ihm etwas Schwaches, Unterlegenes verleihen kann. (Wenn man unser Beispiel zu Ende führen wollte, würde etwa der Schüler in Aufsicht gezeigt werden: eine Darstellung, die der Wirklichkeit jedoch sicher widerspricht.)

Die Einstellungen können nicht nur variiert werden, wenn sich das ganze Filmteam auf die Aufnahme der nächsten Einstellung vorbereitet, sondern auch während der Aufnahme durch entsprechende Kamerabewegungen. Die häufigsten Möglichkeiten sind hier:

- die (Kamera-) Fahrt, bei der die Kamera selbst ihren Standpunkt verändert und beispielsweise parallel zu einem sich bewegenden Objekt geführt wird, es verfolgt (in beiden Fällen bleibt die Einstellungsgröße weitgehend gleich) oder auf das Objekt zufährt (wobei sich die Einstellungsgröße natürlich ändert);
- der (Kamera-)Schwenk, bei dem die Position der Kamera selbst zwar unverändert bleibt, diese jedoch auf dem Stativ in horizontaler Richtung gedreht wird (ein Stilmittel etwa, um nacheinander alle Personen eines Raumes zu erfassen, ohne sie in der Totale untergehen zu lassen);
- die subjektive Kamera, die die Illusion erweckt, als sei sie unmittelbar im Auge einer beteiligten Person untergebracht: so etwa eine Handkamera, die einschließlich aller zwangsläufig entstehenden Verwacklungen den Verdächtigen in der Menge verfolgt;
- eine Sonderform ist schließlich das Zoom, das von Videoamateuren immer gerne eingesetzt wird, obwohl es sowohl der professionellen Filmproduktion als auch der regulären menschlichen Wahrnehmung eher widerspricht. Beim Zoom bleibt die Position der Kamera erhalten. Durch stufenloses Verändern der Brennweite wird jedoch der Abstand der Kamera (und damit des Betrachters) zum Objekt in der Optik verkleinert bzw. vergrößert.

Neben Kamerabewegungen können schließlich auch Objektbewegungen vorkommen, die die Distanz des Objektes zum Betrachter (und damit die Einstellungsgröße) natürlich ändern.

Zusammengefaßt können sich Einstellungen als kleinste wahrnehmbare Einheiten des Films in bezug auf ihre Dauer, ihre Größe (den Bildausschnitt), ihre Perspektive und die Art einer möglichen Kamerabewegung unterscheiden. Dazu kommen noch zahlreiche weitere Gestaltungsmittel wie Beleuchtung, Besetzung, Ausstattung (Kostüme und Dekoration), Schauspielerführung (z. B. Vorder-, Seiten- und Rückenansicht der Schauspieler, wobei die Vorderansicht eine direktere Beziehung zwischen dem Betrachter und dem ihm praktisch gegenüberstehenden Objekt vermittelt als die Seitenansicht, die ihn eher zum außenstehenden Beobachter macht).

Wichtigstes und typisches erzählerisches Mittel des Films ist der Schnitt (die Montage), der die Einstellungen zu größeren Einheiten zusammenfaßt und dabei etwa Zeitdarstellung rafft oder dehnt. Neben dem direkten, unvermittelten Schnitt ist dabei auch noch die weichere Überblendung (bzw. Ab- und Aufblende) möglich, die im Zeitalter der Videotechnik jedoch immer weniger eingesetzt wird.

Das Medium Film vermittelt den Eindruck, Wirklichkeit abzubilden. Die ersten Filmzuschauer der Lumière-Filme erlagen dieser Täuschung und brachen in Panik aus, als eine heranbrausende Lokomotive auf die Leinwand projiziert wurde. Der scheinbaren Realität der Bilder steht jedoch die Künstlichkeit der Filmgestaltung entgegen. Dies gilt vor allem für den (narrativen) Spielfilm. Zeigt ein Film beispielsweise ein Gespräch, so sind Erzählzeit und erzählte Zeit zwar möglicherweise identisch; die Montage der einzelnen Einstellungen, der Wechsel der Standpunkte der Kamera widerspricht jedoch der Situation, wie das Publikum sie erlebt hätte, wäre es tatsächlich im Filmstudio bei den Dreharbeiten anwesend gewesen: Die Filmszene zeigt die Vorgänge als durch Schnitte zerstückelte Abbildungen der Wirklichkeit. Der Film ersetzt mithin nicht die Augen durch die Kamera, sondern er »vermittelt« die Vorgänge, erzählt sie mit den ihm eigenen Mitteln. Diese hat der Film im Verlauf von über hundert Jahren entwickelt, und sie sind den heutigen Zuschauern, die mit dem Medium aufgewachsen sind und mit ihm leben, so vertraut wie die Muttersprache und deren Grammatik. (Für die erste Generation des Kinopublikums galt dies im übrigen nicht!)

Durch die Filmanalyse in der hier vorgestellten, sicher nur oberflächlichen und nur strukturelle Elemente berücksichtigenden Form, wird die vielschichtige Erscheinung des Films zurückgeführt auf dessen Gestaltungsmittel – analog beispielsweise der traditionellen Musikanalyse[42].

42 Ebenso, wie die Reduktion musikalischer Analyse auf musikimmanente Sachverhalte eine unnötige und potentiell erkenntnishemmende Beschränkung bedeutet, muß auch für die Filmanalyse eine prinzipielle Offenheit gefordert werden. Auch wenn Ausgangs- und Bezugspunkt der Analyse hier die filmischen Gestaltungsmittel sind, so ist doch deren soziokulturelle, ökonomische, politische etc. Bedingtheit mitzudenken. Letztlich wird erst ein hermeneutischer Zugriff der Komplexität eines Filmes wie jedes anderen zu analysierenden »Textes« gerecht werden können. Auch müssen Aspekte wie Figurenkonstellation, Spannungsdramaturgie, Informationslenkung oder die Schaffung von Identifikationsangeboten an den Rezipienten thematisiert werden. Zur vertiefenden Lektüre seien hier folgende Bücher empfohlen: Thomas Kuchenbuch: *Filmanalyse. Theorien Modelle Kritik*, Köln 1978; Werner Faulstich: *Die Filminterpretation*, Göttingen 1988. Die direkte Verbindung von Film- und Filmmusikanalyse wird im einzelnen erläutert und exemplarisch durchgeführt in: Achim Schudack: *Filmmusik in der Schule. Studien zu Kazan/Bernsteins »On the Waterfront« als Beispiel interdisziplinärer Filmanalyse und integrativen Musikunterrichtes*. Dissertation Universität GH Essen 1994.

Filmanalyse ist ein aufwendiges Unterfangen. Im Kontext der Filmmusik richtet sich ihre Genauigkeit nach der Genauigkeit der Bild/Musik-Zuordnung. So kann die Musik einer ganzen Sequenz grob zugeordnet sein (was eine detailgenaue Analyse überflüssig macht), einer speziellen Einstellung oder einem Element (z. B. Verdoppelung einer Bewegung im Bild durch den Tonhöhenverlauf). Im letzteren Fall reicht der Begriff der Einstellung als filmanalytischer Bezugsrahmen nicht mehr aus, muß doch auf den (eigentlich unkorrekten) Begriff des Bildes zurückgegriffen werden, dem dann eine spezielle musikalische Gestaltung zugeordnet ist.

A.S.

Filmarbeit im Unterricht: Technische und organisatorische Aspekte

Den Leuten das vergnügliche, aber ordinäre Kino nehmen und statt dessen nichts als trockne Belehrung zu wollen, ist pädagogischer Wahn und zeigt einen kindlich verkümmerten Wirklichkeitssinn.
Berthold Viertel (1912)

Technische Voraussetzung jeder Behandlung von Filmmusik im Unterricht ist eine verfügbare Videoanlage. Ein Verzicht auf den Film und die Beschränkung des Unterrichts auf Tonträgereinspielungen von Filmmusik[43] muß in der Regel abgelehnt werden, da die funktionale Seite der Filmmusik nun einmal an die visuelle Schicht gebunden ist. Von Schmalfilmprojektoren ist aus Gründen der unpraktischeren Handhabung abzuraten.

Der Videorecorder als Abspielgerät

Was in jeder Art von textgebundenem Unterricht als selbstverständlich gilt - Seiten, Zeilen und Abbildungen zu numerieren, um das zu untersuchende Material jederzeit für alle Teilnehmer benennen zu können -, ist bei Film- wie Filmmusikanalyse nur eingeschränkt möglich. Ohne ein schriftliches Filmprotokoll, das nur selten vorliegt und sehr aufwendig anzufertigen ist (der vorliegende Band soll hier Abhilfe schaffen), ist der Lehrer auf das Videoband selbst als einzige Materialquelle angewiesen. Hierfür reichen Abspielgeräte der einfachsten, weil billigsten Art nicht aus. Notwendig ist ein Gerät, das über ein Zählwerk und einen schnellen Bildsuchlauf verfügt. Erst das Zählwerk ermöglicht es, bestimmte Stellen gezielt aufzusuchen, mit Hilfe des Suchlaufs kann unter Bildkontrolle langsam an die gewünschte Stelle herangefahren werden. Der Einsatz von Video im Unterricht, gerade im Musikunterricht, zu dem meist eine fahrbare Anlage extra herbeigeschafft werden muß, ist aufwendig genug; sich hier zum Gespött der Schüler zu machen, wenn man eine wichtige Stelle des Films auf dem Videoband trotz hektischen Hin- und Herspulens nicht findet, sollte tunlichst vermieden werden. Besonders nützlich ist es

[43] Vgl. z. B. Schmidt 1976, der allerdings im Rahmen seiner Unterrichtsreihe den Verzicht auf das Filmbild - aus der Not eine Tugend machend - für einen Gewinn hielt.

natürlich, wenn die zu bearbeitenden Filmstellen auf einem extra Arbeitsband zusammengeschnitten sind, was den Suchprozess im Unterricht erübrigt.

Der Filmschnitt: Erstellung eines Arbeitsbands

Eine auch nur halbwegs genaue Analyse in der Schule setzt eine Beschränkung des zu analysierenden Materials voraus. Dies schließt in bezug auf Film und Filmmusik die Arbeit an einem Film als Ganzem oft aus. Eine Betrachtung des kompletten Films ist lediglich für wenige übergreifende Fragestellungen erforderlich, zur Befriedigung der Neugierde der Schüler und zum Verständnis der Gesamthandlung. Ausgewähltes Material zusammenzustellen - das tägliche Brot des Lehrers, der fertigem Material nicht traut und Schere, Kleber und Fotokopierer zu seinem Hauptarbeitsgerät macht - ist bei Filmarbeit, ob produktiv oder rezeptiv-analytisch, jedoch weit aufwendiger. Grundsätzlich funktioniert der Videofilmschnitt sowohl im Film selbst als auch bei einem Arbeitsband entsprechend der Arbeitsweise eines Kassettenrecorders: durch Überspielung der einzelnen Szenen und Szenenausschnitte auf ein Schnittband in der entsprechenden Reihenfolge. Hierfür bietet sich folgende Vorgehensweise an:

1. Verkabelung des zuspielenden Recorders mit dem Aufnahmegerät (Schnittgerät), Verkabelung des Aufnahmegerätes mit dem Fernseher. Dabei muß der Fernseher auf das Aufnahmegerät eingestellt werden. Hierzu wird am besten eine Kassette mit bekanntem Filmmaterial abgespielt und der Sendersuchlauf des Fernsehers betätigt, bis dieser Film auf dem Monitor erscheint. Danach wird das Aufnahmegerät auf den Zuspieler eingestellt. (Diesmal wird die Kassette auf dem Zuspieler abgespielt und der Programmeinstellknopf des Aufnahmegerätes gedrückt, bis auf dem auf das Aufnahmegerät eingestellten Fernseher wieder der Film erscheint.)
2. Bereitstellung des zu überspielenden Materials in entsprechender Reihenfolge, Einlegen eines möglichst unbespielten Schnittbandes, Überspielen von etwas Schwarzfilm auf den Bandanfang, um einen sauberen Beginn zu ermöglichen. Schwarzfilm läßt sich auf dem Schnittband beispielsweise dadurch produzieren, daß bei der Aufnahme der Eingangswahlschalter des Recorders auf »Kamera« steht, ohne daß eine Kamera angeschlossen ist.
3. Die eigentliche Aufnahme erfolgt, indem der Schnittrecorder in die Position »Aufnahme/Pause« gebracht und dort belassen wird, bis nach einem ausreichend langen Vorlauf des Zuspielers das gewünschte Bild auf dem Bildschirm erscheint und die Pausentaste gelöscht, bzw. die Aufnahmetaste erneut betätigt wird, um die Auf-

nahme zu starten. Am Ende der gewünschten Aufnahme drückt man lediglich erneut die Pausentaste, so daß die Aufnahme unterbrochen wird, bis (etwa nach einem Bandwechsel des Zuspielers) die Pause schließlich wieder gelöscht wird und die nächste Einstellung oder Szene angeschlossen werden kann. Unverzichtbare Bedingung für einen fehlerfreien (Assemble-) Schnitt ist hierbei, daß der Zuspieler mindestens fünf Sekunden vor der Aufnahme läuft, damit sich das Bild bis zum Beginn der Aufnahme stabilisiert hat. Jeder zugespielte Ausschnitt muß daher auch einige Sekunden vor dem eigentlich beabsichtigten Einstieg gestartet werden, um diesen Vorlauf für den späteren Schnitt zu gewährleisten[44].

Filmpraktische Arbeit mit Videokamera und -recorder

Die im nachhinein mit Musik zu versehende Filmszene wird üblicherweise aus vorhandenem Filmmaterial ausgewählt, kann bei entsprechend größerem Aufwand jedoch auch selbst gedreht werden. Hierbei bieten sich Möglichkeiten der Zusammenarbeit zwischen den verschiedenen Unterrichtsfächern – eine Chance, die oft nicht genutzt wird. So können beispielsweise die Musikkurse ihren eigenständigen Beitrag zu Filmproduktionen eines Kunst- oder Literaturkurses liefern, die mangels Angebot oft genug laienhaft mit fertigem Tonmaterial unterlegt werden.

Fehlen derartige Gelegenheiten, muß die Musikgruppe sich ihr Bildmaterial selbst zusammenstellen. Hierbei kann die hohe Motivation, die das Medium Film bei den Schülern meist hervorruft, auch zu Problemen führen – mit 24 Kameramännern und -frauen ist einer Produktion nur selten gedient. Als Obergrenze eines Filmteams gelten schon sechs Beteiligte: zwei Leute für Kamera und Videorecorder, einer für den Ton, zwei für Beleuchtung und einer für Regiearbeit bzw. Drehplan, Storyboard usw. Der Einsatz eines modernen, einfach zu handhabenden Camcorders reduziert eine solche Kleingruppe noch weiter.

Der Lehrer muß daher eine Gruppenarbeit organisieren, bei der sich nach einer gemeinsamen Planungsphase etwa eine Gruppe mit der Filmproduktion, die anderen Gruppen mit den Vorüberlegungen und ersten Proben zur musikalischen Gestaltung beschäftigen. Soll (oder will) jede Gruppe eine eigene Filmszene drehen, muß ein Wechsel von Planungs- und Produktionsphasen erfolgen, bei dem jedes Team, das gerade nicht dreht, auch wirklich etwas Sinnvolles zu tun hat und nicht nur

44 Genauere Informationen über die Technik des Videofilmschnitts sind in der überaus lesenswerten Broschüre *Nachträglicher Schnitt mit Heimvideogeräten* von Kai Boeck und Claude Bonnet, Redaktion Medienerziehung im Schulfernsehen des Westdeutschen Rundfunks Köln, enthalten.

auf die Kamera wartet. Dabei muß die eigentliche Aufnahmezeit durch entsprechend genaue Vorbereitung auf ein notwendiges Minimum reduziert werden.

Sinnvoll ist auch die Erarbeitung eines gezeichneten »Storyboards«, das die Gestaltung einer jeden Einstellung genau festlegt, so daß die eigentliche Filmproduktion lediglich in dem »Abfilmen« der in Szene gesetzten Zeichnungsvorgaben besteht. Empfehlenswert sind ebenfalls Proben der Darsteller ohne Kamera, da die unumgänglichen Diskussionen über Handlung und bildliche Gestaltung möglichst abgeschlossen sein sollten, wenn die Dreharbeiten selbst beginnen. Im Idealfall, um den Aufwand eines nachträglichen Filmschnittes mit zwei Videorecordern zu vermeiden, gehen Planung und Proben so weit, daß die eigentliche Aufnahme mit dem Kameraschnitt vollzogen werden kann: Wechsel der Einstellungsgrößen, Umbauten etc. erfolgen, während die Kamera auf Aufnahmepause gestellt ist, die Dreharbeiten gehen nach Betätigen der Aufnahmetaste unmittelbar weiter. Nachteil dieses Verfahrens ist es, daß Fehler bei der Aufnahme nicht im Nachhinein über den Filmschnitt und die Verwendung korrigierter Fassungen zu reparieren sind.

Auch die verwendete Filmausrüstung sollte schließlich einige Bedingungen erfüllen: So bietet ein Mikrofoneingang an Kamera oder Recorder die Möglichkeit, ein externes Mikrofon zu verwenden, das über Kabel mit der Kamera verbunden wird und verdeckt in unmittelbarer Nähe der Akteure angebracht ist. Dies erleichert eine akzeptable Tonaufnahme wesentlich. Die Verwendung eines Stativs sollte selbstverständlich sein, externe Beleuchtungsquellen in Form von Videoleuchten sind ein wesentlicher filmischer Gestaltungsfaktor und auch durch die hohe Lichtempfindlichkeit moderner Videokameras nicht zu ersetzen. Die Verwendung des weitverbreiteten VHS-Standards (oder C-VHS) schließlich ermöglicht es, außerschulische Schnittmöglichkeiten etwa in Universitäten oder kommunalen Medienstellen zu nutzen, ohne das Material erst z. B. von Video8 ins Normalformat zu überspielen, was immer einen Qualitätsverlust zur Folge hat.

Technische Tips zur Produktion von Filmmusik

Beste technische Voraussetzung für die Erstellung von Filmmusik ist sicherlich der Einsatz eines HIFI-Videorecorders mit Nachvertonungsmöglichkeit. Hierbei werden die Originaltonsignale gleichzeitig auf den Audio-Spuren und den HIFI-Tonspuren aufgezeichnet. Bei einer Nachvertonung werden über Mikrofon oder eine andere angeschlossene Tonquelle lediglich die Audio-Tonspuren überspielt, der Originalton auf den HIFI-Spuren bleibt erhalten. Das Lautstärkeverhältnis zwischen Audio- und HIFI-Spuren ist dabei am Gerät selbst zu regeln, so daß etwa Originalsprache und nachträglich aufgenommene Musik mit einigen Einschränkungen gemischt werden können.

Aber auch ohne ein solches Verfahren, das eine kostspieligere Ausstattung voraussetzt, lassen sich Nachvertonungen durchführen, indem man die Musik auf einem separaten Tonträger (Tonband, MC) aufnimmt und jeweils bei Vorführung und Kontrolle dem Film zuspielt. Das Synchronisierungsproblem kann dabei gelöst werden, indem man während der Aufnahme das Videoband bei einem festgelegten Bild auf Standbild stellt (ermöglicht das unmittelbare Weiterspielen), dann die Tonaufnahme startet, drei Impulse (z. B. Zählen) gibt und bei der (gedachten) Vier das Videoband weiterspielt. Bei der Wiedergabe sind die drei Impulse vom Tonband zu hören, bei der »Vier« wird das Standbild beendet und das Videoband freigegeben. Der technische Aufwand ist hierbei durch die gleichzeitige Verwendung von Videorecorder und Kassettenrecorder oder Tonband zwar größer, die Aufnahmequalität jedoch meist besser. Darüber hinaus lassen sich problemlos Musikvertonungsvorschläge von mehreren Schülergruppen auf verschiedenen Tonkassetten oder Tonbändern erstellen, die dann jeweils synchron zum Videoband abgespielt werden.

Besonders elegant und flexibel ist die Erstellung von Filmmusik mit Hilfe eines Computers. Benötigt werden neben einer Videoanlage mit Nachvertonungsmöglichkeit ein Computer mit MIDI-Interface (zur Synchronisierung tauglich) und ein geeignetes Sequencer-Programm. Auf das zu vertonende Videoband wird zunächst ein Timecode (üblicherweise SMPTE) aufgespielt, der im folgenden die mittels Sequencer-Programm aufgenommenen Filmmusikabschnitte - über MIDI - mit dem Film synchronisiert. Der Vorteil: Es kann sehr gut experimentiert werden; beispielsweise können Musikabschnitte umgestellt, zeitlich verschoben, dynamisch verändert und im Tempo variiert werden, wobei das jeweilige Ergebnis stets unmittelbar und synchron zu überprüfen ist. Der Nachteil: Der technische Aufwand und das notwendige Know-how fordern die Lehrperson.

A.S.

II. DIDAKTISCH-METHODISCHER TEIL

Hinweise zu den Unterrichtsmodellen 1-6

Der didaktisch-methodische Teil stellt Unterrichtsmodelle für die Sekundarstufen I und II vor, die Anregungen zur unterrichtspraktischen Erschließung des Themenkomplexes Filmmusik geben wollen. Es liegt in der Natur der Sache, daß solche Modelle nur Vorlagen sein können für die tatsächliche Unterrichtsplanung, welche für eine bestimmte Klasse in einer spezifischen Situation durchzuführen ist: Nur die verantwortliche Lehrperson kennt die Schüler, was Voraussetzung jeder erfolgreichen Unterrichtsplanung ist. Folglich können diese Modelle zwar bei der Konzeption von Unterrichtsreihen und beim Zusammenstellen von Materialien Hilfestellung leisten, die Planung ersetzen können sie jedoch nicht.

Ein Problem jeder Filmarbeit im Unterricht ist die Verfügbarkeit der Filmbeispiele. Um sicherzustellen, daß die Unterrichtsmodelle tatsächlich realisierbar sind, wurden folgende Aspekte bei der Auswahl der Filmausschnitte berücksichtigt:

1. Es werden nur wenige Filme angeführt, die zudem in der Regel preiswert als Kaufvideos im Handel erhältlich sind, bzw. von Landes- und Stadtbildstellen oder anderen nicht kommerziellen Verleihern kostenlos angeboten werden (z. B. *Kuhle Wampe*).
2. Einige der Filmbeispiele können ggf. durch gleichwertige, aber leichter zugängliche ausgetauscht werden, was jedoch eine gewisse Vertrautheit mit der Materie voraussetzt.
3. Detailanalysen von Filmausschnitten wurden auf das notwendige Minimum beschränkt. Zur Lokalisierung des Filmausschnitts wurden, wo es nötig war, die genaue Filmlaufzeit vom Filmanfang bis zum betreffenden Ausschnitt angegeben.

Auf lange Sicht ist es empfehlenswert, einerseits das eigene filmmusikalische Repertoire durch Fernsehen und Kino gezielt zu erweitern, um Alternativen zu den hier gemachten Filmvorschlägen kennenzulernen, und andererseits durch Erwerb von Video-Kaufkassetten eine kleine schulische Filmothek von ca. einem Dutzend bedeutender und unterrichtstauglicher Filme aufzubauen.

Die Unterrichtsmodelle (UM) verstehen sich als offen geplante Materialien zur Unterrichtsgestaltung. In einer Vorbemerkung werden generelle Sachinformationen zum Gegenstand des Unterrichtsmodells sowie zu dessen didaktischer Relevanz gegeben. Der didaktische Stellenwert des entsprechenden UMs wird durch die Angabe ausgewählter Lehrziele verdeutlicht[45]. Diese erheben keinen Anspruch auf Vollständigkeit, sondern wollen nur die in dem UM gesetzten didaktischen Schwerpunkte andeuten.

Die eigentlichen Materialien sind sachlich sinnvoll gruppiert und ggf. zu Sequenzen zusammengefaßt. Vorschläge zum Ablauf der Unterrichtsreihe schließen sich an und präzisieren den Verlauf, zeigen Alternativen oder weisen auf mögliche Klausurthemen hin. Sie werden ggf. ergänzt um unterrichtliche Anknüpfungsmöglichkeiten zu weiteren musikalischen oder außermusikalischen Themenkomplexen.

Abschluß jeden Unterrichtsmodells bildet eine Auswahlbibliographie, in der alle in dem UM genannten Quellen enthalten sind, z. T. auch weiterführende Literatur zum Thema. Diese wird vor allem dann nachgewiesen, wenn sie nicht in die Auswahlbibliographie am Ende des Buches aufgenommen ist.

Die Unterrichtsmaterialien umfassen unterschiedliche Arten von Texten:

T-L (Text-Lehrerinformation) sind Texte, die als Sach- und Hintergrundinformation in erster Linie für die Lehrperson gedacht sind. Bei entsprechender Unterrichtssituation können solche Texte auch miteinbezogen werden, z. B. für Schülerreferate.

T-S (Text-Schülerinformation) sind Texte, die den Schülern Informationen vermitteln, ohne daß eine eingehende Textarbeit notwendig ist.

T-A (Text-Arbeit) werden solche Texte genannt, die den Schülern als Vorlage zur Textarbeit dienen. Zu diesen Texten finden sich Aufgaben oder Arbeitsaufträge (**A**), die andeuten, unter welchen Gesichtspunkten die Texte erarbeitet werden können. Die

[45] Wir wählen den Terminus Lehrziel anstelle von Lernziel, da dies dem Diskussionsstand in der allgemeinen Erziehungswissenschaft entspricht. Hinter der Wortwahl steht die Überlegung, daß die Ebenen von Lehren und von Lernen im Unterricht unterschieden werden müssen, und daß sich unterrichtliche Planungen des Lehrers stets auf das Lehren beziehen, das seinerseits auf die Lernprozesse auf Seiten der Schüler zielt. Die Formulierung von Zielen für die angestrebten unterrichtlichen Lernprozesse gehören der Sphäre des Lehrens an, da sie – als vom Lehrer gesetzte Vorgaben – Ziele der Lehrbemühungen sind. Folglich ist die Benennung als Lehrziel nur konsequent. Dies zeigt sich auch darin, daß Schüler möglicherweise ganz andere Ziele mit Lernen verfolgen als die durch den Lehrer intendierten.

stichwortartigen Kommentare (**K**) bzw. Lösungen sind ebenfalls nur als Anregungen zu verstehen.

AB steht für Arbeitsblatt, **NB** bezeichnet Notenbeispiele, bei denen analog den Arbeitstexten (vgl. **T-A**) verfahren wird.

FA bedeutet Filmanalyse; hier sollen bestimmte Filmausschnitte eingesetzt und analysiert werden. Aufgaben und Lösungsvorschläge sind angegeben.

Kopiererlaubnis: **T-S** / **T-A** / **AB** und **NB** dürfen für Unterrichtszwecke in der benötigten Anzahl kopiert werden.

Manche Texte wurden speziell für dieses Buch aus dem Amerikanischen, Englischen oder Französischen ins Deutsche übertragen (*). Bei der Übersetzung wurde versucht, einen akzeptablen Weg zwischen Texttreue und Lesbarkeit zu finden. Falls einzelne Wörter nicht angemessen ins Deutsche zu übertragen waren, wurde die Wortwahl der Textquelle in { } zusätzlich angegeben. Alle Hinzufügungen sind durch [ ] vom Originaltext abgehoben. Dies gilt auch für Texte, die nicht übersetzt wurden.

Unterrichtsmodell 1 Sekundarstufe I/II

Zur Frühgeschichte der Filmmusik

Übersicht

Während der Kinematograph die stille Häuslichkeit im Hause des Ingenieurs auf die Leinwand zaubert, greift ein Klavierspieler mit verzücktem Augenaufschlag in die Tasten und entlockt dem verstimmten Instrument das Lied des siebenmal verwünschten Trompeters von Säckingen. Jetzt tritt der Sterbeengel an das Bett des Kindes, und schon intoniert der Pianist (nach einer Überleitung, neben deren Kühnheit selbst die Unbekümmertheit Arnold Schönbergs verblaßt): ›Es ist bestimmt in Gottes Rat ...‹ Der Versuch, den Tod des Gatten durch den Chopinschen Trauermarsch zu unterstreichen, wird beinahe zu einer Leichenschändung, und selbst die Bemühungen um das Weserlied leiden an der technischen Unzulänglichkeit des ›Kapellmeisters‹ kläglich Schiffbruch.

Mannheimer Tageblatt zu einer
Aufführung des Films *Frauenleid* (1914)

In der Musik ist alles Laute und Harte zu meiden und Streicherklang zu bevorzugen; eine gute Solovioline ist nützlich.

Musikempfehlung zum deutschen Verleih
des Films *A Woman of Paris* (1923)

Vorbemerkung

Die Geschichte der Filmmusik ist vielschichtig und fordert detaillierte Darstellung. Im entsprechenden Kapitel des Sachteils (S. 9ff.) wurde eine Skizzierung versucht, weshalb hier die sachbezogene Einleitung des Unterrichtsmodells vergleichsweise knapp gehalten werden kann.

Der Aspekt geschichtlichen Wandels der Filmmusik klingt sowohl in UM 2 (Funktionen und Wirkungsweisen) als auch in historischen »Momentaufnahmen« in den Unterrichtsmodellen 5 (Hanns Eisler und Max Steiner) bzw. 6 (*On the Waterfront*) an. Eine Verknüpfung der geschichtlichen Betrachtung von Filmmusik im Unterricht mit Materialien und Sequenzen dieser korrespondierenden Modelle bietet sich deshalb an. Aus diesem Grund ist in UM 1 die Stummfilmmusik relativ stark gewichtet, denn diese Phase der Filmmusikgeschichte wird in keiner anderen UM angemessen thematisiert.

Die Geschichte der Filmmusik läßt sich für die unterrichtliche Vermittlung simplifizierend in folgende Phasen einteilen:

I. Stummfilm (1895-1927)
   - ungeordnete und spontane Musikbegleitung zum Film (1895-1910)
   - konventionalisierte und professionalisierte Kompilationspraxis (1910-1927)

II. Tonfilm (ab 1927)
   - technische und künstlerische Explorationsphase (1927-1932)
   - Blütezeit der sinfonischen Filmmusik (1932-1950)
   - Publikumsverluste der Filmindustrie und Einzug von Jazz und Jugendmusik (Rock 'n' Roll, Twist, Beat) in die Filmmusik (1950-1967)
   - 2. Stufe der Publikumsverluste, fortschreitender Pluralismus in der Filmmusik (1967-1980)
   - Regeneration der Filmbranche und Renaissance der Sinfonik (seit 1980)

So bedenklich das Verfahren der Epochengliederung grundsätzlich ist, so sinnvoll ist es dennoch, das zeitliche Kontinuum und die Vielschichtigkeit der darin eingebetteten Entwicklungen und Prozesse für Schüler zu quasi greifbaren Abschnitten zu verdichten. Vor allem die durch Jahreszahlen markierten Grenzen, die auch zeitlich nahe beieinander Liegendes oder einander überlagernde Entwicklungslinien kategorisch separaten Epochen zuweisen, bleiben unbefriedigend und fordern zur Kritik heraus. Zurecht!

Ebenso wie in anderen geschichtlichen Längsschnitten ist bei der Geschichte der Filmmusik zu bedenken, daß die Faktoren, die eben diese Geschichte prägen, sehr vielfältig sind: technische Entwicklungen und Erfindungen des Mediums, volks- und betriebswirtschaftliche Einflüsse, Politik, filmkünstlerische Errungenschaften, innovative Persönlichkeiten – die Liste ließe sich differenzieren und beliebig fortsetzen. Hier einzelne Beziehungen für Schüler offenzulegen, ist eine schwierige Aufgabe, die Anliegen dieses Unterrichtsmodells ist.

Wird die Geschichte der Filmmusik zum Gegenstand des Musikunterrichts in der Sekundarstufe I, so erfordert der Unterricht eine weitgehende Konzentration des Gegenstandes. Hier können vor allem die Fragen nach musikalischem Material und Ausdrucksgehalt von Musik sowie der Zuordnung bestehender Musikstücke zu einem Film im Sinne der kompilierenden Filmillustration der Stummfilmzeit im Vordergrund stehen. Weiterführende Materialien zur Thematisierung der Filmmusikgeschichte in der Sekundarstufe II sind entsprechend gekennzeichnet.

Lehrziele

- Die Geschichte der Filmmusik ausschnittsweise kennenlernen;
- den Ausdrucksgehalt von Musik beschreiben und ihn in Beziehung setzen zur Beschaffenheit des musikalischen Materials;
- die Frage der Korrespondenz von Bild und Musik im Kontext der Kompilationspraxis und vor dem Hintergrund der zeitgenössischen Diskussion erörtern;
- Erfahrungen sammeln über den Einfluß von Musik auf die Filmwahrnehmung;
- Kompilation von Illustrationsmusik zu einem Film erproben;
- Wechselwirkungen zwischen technischen, künstlerischen und wirtschaftlichen Einflüssen auf die Filmmusik erkennen.

Materialien

Stummfilm: Von den Anfängen der Filmmusik zur professionalisierten Kompilationspraxis

T-S Musik im Stummfilm [Sek. I]

Seit die Gebrüder Lumière 1895 in Paris ihre ersten kurzen Filme für Geld vorführten, werden Filme mit Musik begleitet. Meist waren es Pianisten oder Harmoniumspieler, später auch kleine Instrumentalensembles, die die Musik beisteuerten. Zunächst war es nicht von Bedeutung, welche Musik zu welchem Film vorgetragen wurde: Die Musiker spielten, was sie kannten und Tagesschlager, die das Publikum gerne hörte. Derartige Musik paßte auch gut zu den Sängern und Artisten, die zwischen den Filmen auftraten.

Erst später begann man darüber nachzudenken, wie die Musik den Filmbildern zugeordnet werden könnte. Es entstanden Notensammlungen mit ausgewählten Musikstücken, die zu bestimmten Filmszenen paßten, z. B. Musiken für Liebesszenen, für Verfolgungsjagden, für Unwetterszenen usw. Die Kinomusiker mußten dann nur noch für den zu begleitenden Film die entsprechenden Musikstücke auswählen, und schon war die Musikbegleitung fertig. Schwierig war allerdings, daß die Musiker beim Spielen die Leinwand immer genau zu beobachten hatten, denn wenn eine neue Szene mit einer anderen Stimmung begann, mußten sie schnell zum nächsten Musikstück wechseln.

Bei einigen Filmen wurde passende Musik extra von einem Komponisten geschrieben und zur Filmvorführung von einem Orchester gespielt. Da dies aber sehr teuer war, lohnte es sich nur für besonders aufwendige Filme und große Kinos. Solche Großkinos, wegen ihrer prächtigen Ausstattung Kinopaläste genannt, unterhielten bis zum Ende der Stummfilmzeit 1927 große Sinfonieorchester, die zusätzlich zur Filmmusik auch vor und nach dem Film bekannte Musikstücke spielten.

FA Musikalisch illustrierter Stummfilm

K Der Vergleich des vorangegangenen Informationstextes mit einem Stummfilmbeispiel aus dem aktuellen Fernsehprogramm oder einer Videokassette kann veranschaulichen, in welchem Maße die frühere Praxis der Stummfilmillustration auch heute noch praktiziert wird. Schwerpunkte der Analyse sind von dem speziellen Filmbeispiel abhängig zu machen. Welche Instrumente sind zu hören? Wie ist die Musik stilistisch zu beschreiben? Werden bekannte Musikstücke gespielt, handelt es sich um Stilkopien oder wird improvisiert? Wo lassen sich Zäsuren in der Musik feststellen? Lassen sich Gründe hierfür in der Handlung finden? Gibt es Unterschiede der Präsentation im Filmbeispiel zu der oben dargestellten Praxis?

In bezug auf diesen letzten Punkt ist gerade bei Fernsehbearbeitungen oft das Fortfallen der Zwischentitel und die Hinzunahme eines Sprechers als Kommentator der Handlung zu bemerken.

T-A Filmbegleitung als funktionale Musik [Sek. II]

In der Fachliteratur zur Geschichte der Filmmusik werden unterschiedliche Vermutungen geäußert, warum Musik schon während der frühesten Stummfilmvorführungen gespielt wurde. Stellvertretend seien die beiden folgenden Zitate aus der ersten Jahrhunderthälfte wiedergegeben:

> *Filmmusik kam nicht als Folge künstlerischer Ambitionen auf, sondern entsprang dem dringenden Bedarf nach etwas, was den Projektorenlärm ersticken könnte. Denn damals befanden sich, anders als heute, keine schallschluckenden Wände zwischen Projektor und Publikum. Dieser schmerzhafte Lärm störte das optische Vergnügen in nicht unerheblichem Maße. Instinktiv griffen Kinobesitzer zur Musik, und es war der richtige Weg, durch ein angenehmes Geräusch ein unangenehmes zu neutralisieren.*

(Kurt London* *Film music*, London 1936, S. 27f.)

> *Warum wird während der Filmvorführungen immer Musik gespielt? Warum wirkt ein Film ohne Musikbegleitung peinlich? Vielleicht ist die Musik dazu da, um den luftleeren Raum zwischen den Gestalten, den sonst der Dialog überbrückt, zu füllen. Auch wirkt jede Bewegung, die vollkommen lautlos ist, unheimlich. Noch unheimlicher wäre es aber, wenn einige hundert Menschen in einem Saal beisammen säßen, stundenlang schweigend, in absoluter Stille.*

(Béla Balázs [1924], in: ders.: *Schriften zum Film*, Bd. 1, München 1982, S. 130)

A Überlegen Sie, welche Gründe Ihrer Meinung nach Musik und Film zusammengeführt haben könnten. Stellen Sie Ihre Ansichten den Thesen von London und Balázs gegenüber. Vergleichen Sie die Rolle der Musik bei der Untermalung eines Stummfilms mit Musik in der Oper und Musik im Kaufhaus.

K Zur Behandlung der Aufgabe sollte möglichst ein Stumm- oder Schmalfilm ohne Ton im abgedunkelten (!) Klassenraum vorgeführt werden. (Wie erleben die Schüler die

Vorführung?) Der Aufgabenkomplex zielt auf die Funktionalisierung der Musik. Sehr vielfältige Gründe können ins Feld geführt werden für die Verbindung von Film und Musik: Unterschiedliche Sinne werden (komplementär) angesprochen; sowohl Film als auch Musik laufen innerhalb der Zeit ab; Filmbilder sind gegenständlich, Musik ist nicht gegenständlich oder ergänzt die Bilder durch passende »musikalisierte Geräusche«; durch Musik kann Geborgenheit vermittelt werden; das Fehlen der Geräusche zu den realistischen Filmbildern wird verschleiert. Einige der hier aufgeführten Punkte treffen auch für Opern- und Kaufhausmusik zu.

T-A Grundsätze der Koppelung von Film und Musik bei Hans Erdmann [Sek. II]

Seit etwa 1910 wurde die Forderung nach einer durchdachten und »anspruchsvollen« Musikbegleitung der Stummfilme immer nachdrücklicher erhoben. Diese Entwicklung verlief parallel zu den Bemühungen der Filmproduzenten in den USA wie in Europa, das zahlungskräftige Bürgertum als Publikum für die Kinos zu gewinnen. Die Musikauswahl zur Filmbegleitung richtete sich deshalb fortan nach den musikalischen Konventionen dieser Schicht. Charakterstücke des 19. Jahrhunderts, Opernmelodien, sinfonische Musik, Ballette sowie eigens für die Filmillustration erstellte Musik wurden dem Filmablauf folgend aneinandergefügt (Kompilation). Seltener komponierte man für besonders ambitionierte Projekte eine spezielle Begleitmusik zu einem Film.

Die größere Beachtung, die die Musik jetzt bei Filmproduzenten wie Kinobesitzern und -pächtern fand, schlug sich u. a. in speziellen Musiksammlungen für Kinomusiker, in Fachzeitschriften für musikalische Filmillustration und in anderer Fachliteratur nieder. Zum Ende der Stummfilmzeit erschien 1927 in Deutschland das großformatige, zweibändige *Allgemeine Handbuch der Film-Musik* von Hans Erdmann und dem berühmten Kinokapellmeister Giuseppe Becce. Im ersten Band erörtert Erdmann die vielfältigen Aspekte von Film und Musik, im zweiten sind mehr als 3000 Musikstücke aufgelistet und so angeordnet, daß jeder Kinomusiker nach verschiedenen Kriterien die passenden Musiknummern für die zu illustrierenden Filmszenen heraussuchen konnte.

Die wesentliche Unterscheidung im Verhältnis zwischen Musik und Film trifft Erdmann zwischen *Expression* und *Incidenz*:

In welcher Weise können die Zusammenhänge zwischen Musik und szenischem Vorgang ganz allgemein lebendig werden? Zwei Gesichtspunkte ergeben sich, zum einen die Übereinstimmung des szenischen und musikalischen Gefühlsausdrucks, zum anderen die nämliche zwischen szenischer Umwelt oder Gelegenheit und der Musik.

Für die Musik als Sprache des Gefühlslebens ist die Lyrik das eigentliche Element: Freude und Schmerz in aller verschiedenster Form, in allen verschiedenen Graden und Schattierungen.

Insofern nun der musikalische Ausdruck mehr einem ruhigen heiter gefaßten oder passiv leidenden, also im Ganzen einem in sich selbst beruhenden Seelenzustand entspricht, reden wir vom eigentlich lyrischen Ausdruck. Insofern aber der Seelenzustand reicher an Spannungen wird, in freudiger oder schmerzlicher Regung zur aktiven Bewegtheit drängt, und schließlich im Tatausbruch kulminiert, sprechen wir vom dramatischen Ausdruck. Insgesamt wollen wir für diese musikalischen Zustandsformen den Begriff »Expression« einführen, und dabei die dramatische von der lyrischen Expression unterscheiden, welche ihrerseits wiederum im Verhältnis zur Szene verschiedene Intensitätsgrade darstellen: lyrisch bedeutet schwächer, dramatisch stärker gespannt. [...]

Vergegenwärtigen wir uns, wie das vielgestaltige Leben, die fortschreitende kulturelle Entwicklung in verschiedenartigster Weise bei kulthaften, staatlichen und privaten Anlässen die Musik vermittels solcher [gesellschaftlich geprägter musikalischer Erscheinungs-] *Formen zum Ausdruck der Massengefühle machte, und wie in dieser Hinsicht ganz bestimmte Gebrauchsweisen auftraten, so gelangen wir zu der übertragenen Tatsache, daß die bestimmte Musikform, erfahrungsgemäß bekannt, nun rückwärtig auf assoziativem Wege mehr oder weniger begrenzte Vorstellungen von Ort, Zeit und Gelegenheit zu erwekken berufen war.* [...] *Wir wollen im Folgenden diese gesamte Musikart – Musikverwendungsart – hauptsächlich unter solchem Gesichtspunkte brauchbarer Musik »Incidenzmusik« nennen. Dabei wird klar sein, daß beide Begriffe, Expression wie Incidenz nicht schlechthin eindeutig in der Musik selbst begründet, vielmehr fließend sind, und daß es sich grundlegend dabei um eine methodische, hier vor allem musikdramaturgische Betrachtungsweise handelt.*

(Hans Erdmann, in: Giuseppe Becce/Hans Erdmann: *Allgemeines Handbuch der Film-Musik*, Bd. 1, Berlin 1927, S. 40f.; Hervorhebungen dort)

A Erklären Sie mit eigenen Worten den Unterschied zwischen Expression und Inzidenz.

K Expression greift den Stimmungscharakter der Szene auf, während Inzidenz auf lokale, historische oder soziale bzw. musikfunktionale Merkmale der Filmrealität durch Musik hinweist (z. B. Szene in einer Kirche → Kirchenmusik; Fest in einem italienischen Dorf → italienische Volksmusik; marschierende Soldaten → Marschmusik).

A Wählen Sie ein kurzes Musikstück (z. B. Klavierstück des 19. Jahrhunderts), und überlegen Sie, welchen expressiven Gehalt Erdmann wohl zuordnen würde. Könnte dasselbe Stück auch als Inzidenzmusik Verwendung finden? Begründen Sie Ihre Meinung.

K Ein Beispiel läßt sich im Kopfsatz der *Mondscheinsonate* von Beethoven (op. 27,2) finden, der im Sinne Erdmanns der *lyrischen Expression* zuzuordnen ist. Als Inzidenzmusik wäre die Sonate »brauchbar« für eine nächtliche Liebesszene, in der ein Pianist der Geliebten ein intimes Ständchen bringt. Zahllose Alternativen sind denkbar.

A Erdmann fordert an anderer Stelle von den Filmillustratoren, daß die zu einem Film zusammengestellte Musik stilistisch zusammenpassen soll. Stellen Sie einige romantische Klavierkompositionen mit unterschiedlichen Ausdruckscharakteren zusammen, und »kompilieren« Sie daraus eine Tonbandcollage zu einem fiktiven Film.

K Die Aufgabe läßt sich am besten mit auf Tonband überspielten und dann zerschnittenen und neu zusammengeklebten Musikbeispielen realisieren. Der Phantasie sind keine Grenzen gesetzt, Parodie oder Groteske dankbare Ziele. Vor der Realisierung kann ein »Drehbuch« erstellt werden, gesprochene Zwischentitel können zwischen den musikalischen Charakteren vermitteln.

Schönberg komponierte eine Filmmusik zu einer imaginären Stummfilmszene mit seiner *Begleitmusik zu einer Lichtspielscene (Drohende Gefahr, Angst, Katastrophe)* op. 34. Das Werk kann mit der Collage verglichen oder ohne diese Gegenüberstellung in die Thematik einbezogen werden.

T-S/T-A Musikverzeichnisse/Cue-sheets [Sek. II]

Die Filmbegleitung zum Stummfilm wurde üblicherweise durch Kompilation geschaffen. Gab es keine Liste passender Musikwerke zu einem neuen Film, sog. Cue-sheets, die minutiös angaben, zu welchem Zwischentitel, zu welcher Handlung welche Musik gespielt werden sollte, so mußten die Musiker selbst die Musikauswahl besorgen. Als Hilfsmittel standen Sammelwerke und Kataloge zur Verfügung, in denen sich Musikbeispiele für viele Filmstereotype fanden. In dem *Allgemeinen Hand-*

395
Axt 15, Capit. Photopl. Ser. Nr. 50
Moderato.

396
Becce 1, Kinothek I, 1, S. 1
Largo. Quasi largo. Andante calmo
S. 1 ➛ S. 2, Z. 4. - S. 2 ➛ Buchst. B

397
Borch 3, Hawkes Serie Nr. 21
Andante.

398
Charpentier 1, Louise (Casadesus) S. 41
Poco largo e con grandezza. (Lento. Presto.)
Mit Fanfaren.

399
Kawan 2, Preis-Kino-Bibl. Nr. 38 S. 1
Mod. And. Mod. And. Grandioso. Mod. And. Grand.
S. 5 ➛ S. 8, letzt. Takt.

400
Kienzl 2, Evangelimann (Baumann) S. 8
Andantino. Breit.
<Sehr ruhig>.

401
Ponchielli 10, Marion Delorme (Mattioli) S. 10
Poco piu mosso. Meno

402
Rapée u. Axt 15, Capit. Photopl. Ser. Nr. 15, S. 1
Moderato.

403
Savino 12, Dramat. Ser. Nr. 14, S. 2
Mosso.
S. 3 ➛ S. 6

404
Tschaikowski 21, Romeo und Julia Ouv. S. 3
Allegro giusto.
Anf: S. 14, Buchst. Q. - Schl. etwa S. 17, Z. 1. - Gleiches Thema: Buchst. G, vgl. Nr. 797.
dasselbe 22, (Bergé) Berg Ser. Nr. 74
(Moderato). Allegro giusto.

e

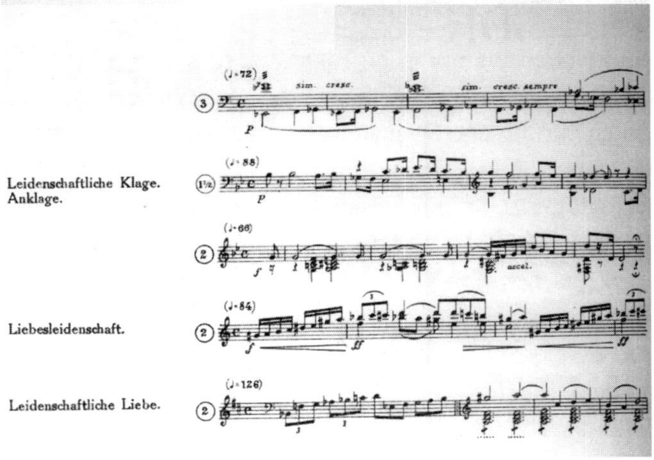

e

Die Zitattechnik ist sehr knapp und stark formalisiert ebenso wie die Charakterisierung der Musikbeispiele; Becce/Erdmann verwenden eine Reihe abstrakter Abkürzungen. Das kleine e im Quadrat bedeutet »ernst«, das Quadrat steht für »ruhig bewegt«. Die eingekreiste Zahl vor dem Incipit gibt die ungefähre Dauer des fraglichen Opus an, Vorschläge zur Kürzung sind in der linken Spalte durch Pfeile markiert.

Aus: Giuseppe Becce/Hans Erdmann: *Allgemeines Handbuch der Film-Musik*, Bd. II, Berlin/Leipzig 1927, S. 29f., Nr. 395-404. Mit freundlicher Genehmigung des Lienau-Verlags.

buch der Film-Musik von Becce/Erdmann sind über 3000 Musiktitel nachgewiesen. Der hier abgedruckte Auszug ist nur ein winziges Bruchstück der Rubrik *Dramatische Expression – Appassionato, Leidenschaftliche Erregung, ernst – ruhig bewegt* (→ Abb. S. 71).

K Der Ausschnitt aus dem *Allgemeinen Handbuch der Film-Musik* von Becce/Erdmann soll einen Eindruck über das Vorgehen der Kinomusiker bei der Illustration von Filmen vermitteln. Eine vertiefende Arbeit anhand der Notenbeispiele kann sinnvoll sein. Für diesen Fall sind die folgenden Aufgaben gedacht.

A Nachdem Sie sich mit dem Inhalt des kleinen Ausschnitts vertraut gemacht haben, gehen Sie die Liste der angegebenen Komponisten durch: Welche Namen sind Ihnen bekannt? Versuchen Sie die Lebensdaten zu möglichst vielen der genannten Komponisten zusammenzutragen.

K Zahlreiche biographische Fakten zu den angeführten Komponisten finden sich in den bekannten Nachschlagewerken, vor allem im Riemann Musiklexikon. Über Axt, Borch, Kawan und Savino ist es jedoch schwierig Informationen zu erhalten: William L. Axt (1888-1959): amerikanischer Komponist und Dirigent, Studium u.a. in Berlin, zahlreiche Stummfilmmusiken auch für komplette Filme (*The Big Parade*, USA 1925; *Don Juan*, USA 1926). Tonfilmmusiken für MGM. Gaston Borch (1871-1926): französischer Komponist und Dirigent, wechselte 1899 in die USA, komponierte Opern, Sinfonien und Sinfonische Dichtungen. Kawan: konnte nicht eindeutig nachgewiesen werden, möglicherweise handelt es sich um François Kaván. Domenico Savino (1884-1973): italienischer Komponist und Dirigent, ging früh nach Amerika und war musikalischer Leiter des CBS-Sinfonieorchesters.

A Welche der Werke sind wohl ausdrücklich als Filmmusik komponiert worden? Beachten Sie hierbei die Quellenangaben.

K Um Filmmusiken handelt es sich bei den Werken von Axt, Becce, Borch, Kawan, Rapée/Axt, Savino.

A Charakterisieren Sie das repräsentierte, nicht extra für den Kinoeinsatz bestimmte musikalische Material hinsichtlich Gattungszugehörigkeit und Epoche. Versuchen Sie, einen der kurzen Notenausschnitte allein oder im Kursverband zu musizieren und weiterzuführen.

K Romantik, Oper und Ballett sind wesentliche Reservoirs, aus denen Becce und Erdmann ebenso wie ihre Kollegen schöpfen. - Die Gestaltungsaufgabe läßt sich vermutlich nur in einem versierten Leistungskurs durchführen.

T-S Aus einem Interview mit dem Kinoorchester-Dirigenten Werner Schmidt-Boelcke (1979)

Gero Gandert: Ich wüßte gern, wie Ihre praktische Arbeit als Kinokapellmeister aussah. Wie lange hatten Sie Zeit, um sich auf eine musikalische Illustration vorzubereiten? Haben Sie sich den Film zunächst in einem Vorführraum angesehen oder nachts im Kino, wie ging das vor sich?
Werner Schmidt-Boelcke: Es war sehr unterschiedlich. Es gab Fälle, in denen die Kopie sehr spät kam, am letzten Abend. Aber nehmen wir mal den Normalfall. Im allgemeinen hatte man zwei oder drei Tage Zeit, manchmal auch länger. Ich sah mir den Film immer in seiner Gesamtheit auf der großen Leinwand im Theater an, nachts, nach elf, nach der letzten Vorstellung, und machte mir kurze Notizen, den Stimmungsgehalt des Films betreffend, weil ich es gern hatte, den Film in einem bestimmten musikalischen Stil zu erarbeiten. »Sturm über Asien« habe ich z.B. nur mit russischen Komponisten begleitet, andere Filme nur mit modernen Franzosen. Einen möglichst einwandfreien Stil herauszubekommen, war nicht immer einfach. Dazu diente mir eben diese Gesamtvorführung des Films auf der großen Leinwand, weil der Eindruck eben doch ganz anders ist, als wenn man ihn auf einer kleinen Leinwand sieht. Dann ging ich normalerweise am nächsten Morgen – wenn es sehr eilig war, auch nachts – mit meinem Privatvorführer, der mir von der Firma zur Verfügung gestellt worden war, in mein Büro in der Friedrichstraße, wo ja auch die ganze Filmbranche ihre Büros hatte. Dort hatte ich mein ganzes Notenrepertoire, etwa 4000 verschiedene Stücke für großes Orchester, nach »Stimmungen« katalogisiert. Dieses Repertoire reichte von Bach bis Honegger oder Strawinsky, die ganze sinfonische Musik, die ganze Unterhaltungsmusik, die gängigen Schlager, die mußte man ja auch einbauen in irgendwelche komischen Filme. Dieses Repertoire war so umfangreich, daß ich später in meiner Rundfunkzeit niemals erlebt habe, daß mir ein unbekanntes Stück aufs Pult kam. Es kam natürlich vor, daß man für bestimmte Szenen etwas Bestimmtes sich vorgestellt hatte, was nicht im Repertoire war. Da rief man den Sortimenter an, und der schickte einem innerhalb von wenigen Stunden das Orchestermaterial, das man haben wollte.

In meinem Büro stand ein Projektor. Der Vorführer führte mir die erste Szene vor, ich suchte eine passende Musik raus, inzwischen drehte er den Film zurück, dann wurde diese Musik am Klavier zu der Szene ausprobiert; wenn sie nicht paßte, wieder zurück, eine andere Musik, und so wurde Stück für Stück der ganze Film illustriert. Übrigens ohne Stoppuhr.

Die Stücke mußten zueinander auch in der Tonart passen, damit man nicht zu große Stufen zwischen den einzelnen Motiven hatte.

G: Haben Sie notfalls auch in andere Tonarten transponiert?

SB: Nein [...]: *Ich habe sehr oft Überleitungen komponiert. Es sollte ja ineinander gehen, man sollte den Eindruck haben, daß das eine Musik aus einem Guß ist. Ich machte eine Klavierskizze, neben mir saß der Arrangeur, der instrumentierte das, dahinter saßen die Notenschreiber, und die schrieben das dann gleich fürs Orchester aus. Während ich am Klavier probierte, suchte ein Archivar die Orchesterstimmen heraus und legte sie in Mappen, so daß am Ende unserer Arbeit jeder Orchestermusiker seine fertige Notenmappe mit 40 bis 80 verschiedenen Stücken bekam. Das war alles etwas fabrikmäßig angelegt.*

G: Spielten Ihre Musiker dann vom Blatt, oder hatten Sie ein paar Stunden, um eine Partitur einzustudieren?

SB: Im allgemeinen waren die Musiker so versiert, so qualifiziert, daß sie alles vom Blatt spielten. Es ist ganz selten vorgekommen, daß ich mal ein schwieriges Stück nach der üblichen einmaligen Probe nachprobieren mußte.

G: Sie haben einmal gesagt, die Kinomusiker in den großen Orchestern hätten mehr Gehalt bezogen als die Berliner Philharmoniker. Ist das eine rhetorische Übertreibung, oder waren die Gagen wirklich so hoch?

SB: Die Gagen in den Spitzenkinos waren tatsächlich höher als die der Staatsoper oder Berliner Philharmoniker. Das lag natürlich auch daran, daß ein Musiker in einem Kinoorchester mehr arbeiten mußte. [...]

G: [...] *Wie stark waren Ihre Orchester normalerweise und wie stark bei besonderem Anlaß?*

SB: [...] *Im Capitol spielten in der Regel 60 Mann, bei Premieren bis zu 70, einige Musiker holte ich mir aus dem Marmorhaus, die restlichen von der freien Börse, und wenn was Großes passierte, engagierten wir noch einen Chor dazu. Im Marmorhaus war es einfacher. Dort gab es ein 20-Mann-Orchester. Bei Premieren holte ich mir aus dem Capitol 10 Mann dazu.*

(aus: *Stummfilmmusik gestern und heute*, Berlin 1979, S. 44-46)

FA Eigene Gestaltungsversuche mit Musikkompilationen [Sek. I]

A Versucht zu einem kurzen Film eine Musik zu kompilieren, d. h. aus fertigen Musikaufnahmen von Tonträgern zusammenzustellen. Ergänzt eure »Filmmusik« ggf. um Geräusche (Schlaginstrumente o. ä.).

K Hinweise zur Filmmusikkompilation finden sich in UM 4. Bei dem Filmbeispiel sollte es sich um einen Stummfilm handeln, um die Gestaltungsaufgabe so »stilgerecht« wie möglich zu halten. Bei den Musikvorgaben muß vermutlich die helfende Hand des Lehrers eingreifen. So können beispielsweise der Klasse verschiedene Musikausschnitte vorgegeben und im Experiment passende oder unpassende Zuordnungen dieser Musikbeispiele zu Filmabschnitten erprobt werden.

Werden mehrere verschiedene Musiktitel miteinander verbunden, da sich innerhalb des Films die Stimmung wandelt, so sollte auf die musikalische »Verträglichkeit« benachbarter Musiktitel geachtet werden. Anschlußprobleme lassen sich vermeiden, wenn Zwischentitel im Film vorhanden sind, die Anlaß zum Wechsel der Begleitmusik geben.

Technisch läßt sich folgendermaßen verfahren: Die verwendeten Musiktitel werden jeweils auf MC überspielt und über einzelne Kassettenrecorder mit eingebautem Lautsprecher zugespielt. Jeder Recorder wird von einer Schülergruppe bedient, die für das richtige »Timing« verantwortlich ist.

Perkussionsinstrumente und Geräuschinstrumente können – wie auch in der Stummfilmzeit alltägliche Praxis – die Musikillustration ergänzen.

Wirtschaftliche Aspekte [Sek. II]

T-S Veranstaltungsprogramm einer Stummfilmaufführung in Berlin

UFA-PALAST AM ZOO

PROGRAMM

Wochentags 3 Vorstellungen: 5, 7, 9 Uhr
Sonn- und Feiertags 4 Vorstellungen: 3, 5, 7, 9 Uhr

1) Ouvertüre zu „Orpheus in der Unterwelt" . Offenbach
Neue Geigenkadenz von B. KROYT
Ufa-Symphonie-Orchester: Dirigent: Ernö Rapee, zweiter Dirigent: Franco Fideli, Konzertmeister: B. Kroyt, Solo-Cellist: Juri Schorr

2) „Kikeriki" . . . . Kulturfilm der Ufa
Eine Geschichte vom Hühnerhof

3) Ufa-Wochenschau . . . . Sonder-Abt. der Ufa

4) Ufa-Ballett
Choreographie: Alexander Oumansky
a) Frühlingsstimmen . . . . Joh. Strauß
(Ufa-Ballett-Corps)
b) Pizzicato-Polka aus „Sylvia" . . . . L. Dèlibes
(Valentina Belowa)
c) 6. Ungarischer Tanz . . . . J. Brahms
(A. Oumansky, Peggy White, Ufa-Ballett-Corps)

5) Eine Fabel Aesops . . . . Pathé Film der Ufa

6) „Carmen" à la Jazz
Ein musikalischer Scherz
Ufa-Symphonie-Orchester

Musik-Aufwand eines Vorprogramms im Ufa-Palast am Zoo, 1925, Hauptfilm: die Harold Lloyd-Komödie *1000:1*

T-A Statistik zur Filmmusik in Berlin und in der Provinz

Tabelle 2: Musik-Etat in den Ufa-Theatern Berlins

Jahr	Gesamt- Einnahmen (in Mio. RM)	Gesamt- Ausgaben (in Mio. RM)	Anteil der Ausgaben für MUSIK %	dgl. für Varieté %	Anteil der Ausgaben für Filmleihe Gesamt %	Ufa %	Parufamet %	fremde %
1926/1927	8,703	9,721	16,4	3,6	19,6	5,3	10,2	4,1
1927/1928	7,609	8,008	13,7	2,9	19,4	6,5	8,4	4,5
1928/1929	8,093	8,391	14,6	5,6	19,5	6,3	6,2	7
1929/1930	9,982	9,378	9,3	1,8	29,8	11,5	2,9	15,4
1930/1931	9,084	8,616	1,4	0,7	34,6	15,3	2,4	16,9

Tabelle 3: Musik-Etat in den Ufa-Theatern in der Provinz

Jahr	Gesamt- Einnahmen (in Mio. RM)	Gesamt- Ausgaben (in Mio. RM)	Anteil der Ausgaben für MUSIK %	dgl. für Varieté %	Anteil der Ausgaben für Filmleihe Gesamt %	Ufa %	Parufamet %	fremde %
1926/1927	16,946	15,372	15,4	0,2	27,2	7,7	11	8,5
1927/1928	18,550	17,221	14,8	0,5	25,7	7,5	8,7	9,5
1928/1929	18,624	18,057	14,8	2,8	23,3	7	6,2	10,1
1929/1930	21,262	20,614	10,9	2,3	28,2	12,7	2,9	12,6
1930/1931	20,332	20,096	2,3	2,3	33,5	16,5	0,8	16,2

A Klären Sie zunächst die Bedeutung der einzelnen Spalten und ihre Beziehungen untereinander. Setzen Sie sie ggf. in Bezug zu dem Programmzettel von 1925.

K Einnahmen und Ausgaben sind jeweils in Millionen Reichsmark angegeben; die Ausgaben für Musik dürften neben den Personalkosten auch Tantiemenabgaben enthalten; »Varieté« bezieht sich auf sonstige Darbietungen (im Programmbeispiel das Tanzpaar); die Filmleihgebühren sind aufgeschlüsselt nach den Filmverleihern UFA (= Kino-Eigner), Parufamet (= Tochterunternehmen für internationale Produktionen von Paramount und Metro) und konzernfremde Anbieter.

A Überlegen Sie, an welcher Position der Spalte »Ausgaben für Musik« die Umstellung von Stummfilm- auf Tonfilmproduktionen stattgefunden haben dürfte, und erörtern Sie, wie sich dieser Wechsel auf die Entwicklung der in den anderen Spalten angeführten Bereiche ausgewirkt haben könnte. Vergleichen Sie die Situation in Berlin und in der Provinz.

K Die Umstellung in Berlin fand zwischen den Geschäftsjahren 1928/29 und 1929/30 statt, was sich an dem deutlichen Einbruch der Ausgaben für »Musik« bzw. »Varieté« ablesen läßt. In der Provinz verzögerte sich der Wechsel um ein Jahr. Gleichzeitig stieg der Anteil der Filmleihgebühren, da das gesamte Programm nun nicht mehr musikalisch umrahmt wurde, sondern statt dessen nur noch Filme (Vorfilm, Kulturfilm, Wochenschau etc.) Verwendung fanden. Außerdem wurden erhebliche Lizenzgebühren für Tonfilme erhoben (vgl. Thomas 1962, S. 12). Der größere Anteil UFA-fremder Produktionen läßt darauf schließen, daß der Konzern seine Tonfilmproduktion noch nicht so weit intensiviert hatte, daß er aus eigenen Produkten den Filmbedarf seiner Spielstätten umfassend befriedigen konnte.

Vorschläge zum Ablauf der Unterrichtsreihe

Thematische Sequenzierungen:

Sek. I: Ausgehend von dem Informationstext *Musik im Stummfilm* kann eine Stummfilmszene musikalisch analysiert werden. Aus einer anschließenden Untersuchung musikalischer Stimmungsgehalte ausgewählter Musikbeispiele können eigene Gestaltungsversuche mit kompilierter Filmmusik hergeleitet werden. Das Interview läßt den Vergleich zwischen den eigenen Arbeitsschritten und den professionellen Arbeitsbedingungen zur Blütezeit der Stummfilmmusik zu.

Sek. II: Auf der Basis der Überlegungen zur Funktionalisierung von Musik in der Stummfilmbegleitung kann die Praxis der Stummfilmillustration und deren Selbstverständnis analysiert werden. Die Beispiele aus dem *Handbuch der Film-Musik* regen zur Erörterung des Zusammenhangs von ästhetischen Gestaltungsmerkmalen und Wirkungen an. Ein meist übersehener Aspekt unseres Musiklebens, Musik als Wirtschaftsfaktor, kann exemplarisch untersucht werden und thematisiert zugleich das Ende der Stummfilm-Ära.

Anknüpfungsmöglichkeiten (Musik):

- Musikalischer Ausdruck, Stimmung, Charakterstück
- Funktionale Musik
- Moderne und zeitgenössische Musik der Stummfilm-Ära
- Schönbergs *Begleitmusik zu einer Lichspielscene,* op. 34
- Beethovens Schauspielmusik zu *Egmont* (op. 84) als »Vorläufer« illustrativer Filmmusik
- Komponisten autonomer Kunstmusik als Filmmusikillustratoren (z. B. Eisler, Hindemith, Walton)

Anknüpfungsmöglichkeiten (fächerübergreifend):

- Die Rolle von Film und Filmmusik im Dritten Reich (Geschichte)
- Theaterverfilmungen und Bildungsbürgertum (Deutsch, Literatur)
- Die »film d'art«-Bewegung in Frankreich zu Beginn der 10er Jahre (Französisch)

Literatur

Adorno, Theodor W./Eisler, Hanns: *Komposition für den Film*, Leipzig 1977

Balázs, Béla: Schriften zum Film, Bd. 1: *Der sichtbare Mensch*, München 1982

Becce, Giuseppe/Erdmann, Hans: *Allgemeines Handbuch der Film-Musik* (2 Bde.), Berlin 1927

Fabich, Rainer: *Musik für den Stummfilm. Analysierende Beschreibung originaler Filmkompositionen*, Frankfurt a. M. 1993 [Analyse von Saint-Saëns' Musik zu *Die Ermordung des Herzogs von Guise* und anderer bekannter Originalkompositionen für Stummfilme.]

Gandert, Gero: *Ein Kinoorchester-Dirigent erinnert sich : Gero Gandert im Gespräch mit Werner Schmidt-Boelcke*, in: *Stummfilmmusik gestern und heute*, Berlin 1979, S. 35–50

Güttinger, Fritz: *Der Stummfilm im Zitat der Zeit*, Frankfurt a. M. 1984 [Für die Begleitmusik sind vor allem die Kapitel S. 149–175 von Interesse.]

Hofmann, Charles: *Sounds for Silents*, New York 1970

Kahlenberg, Friedrich P.: *Der wirtschaftliche Faktor »Musik« im Theaterbetrieb der Ufa in den Jahren 1927 bis 1930*, in: *Stummfilmmusik gestern und heute*, Berlin 1979, S. 51–71

London, Kurt: *Film music*, Reprint der Ausgabe von 1936, New York 1970

Pauli, Hansjörg: *Filmmusik: Stummfilm*, Stuttgart 1981

Prox, Lothar: *Im Stadium der Kindheit. Skizzen zur Filmmusik*, in: *Musica* 32 (1978), S. 229–235 [Eine knappe und sehr prägnante Darstellung historischer Fixpunkte der Filmmusikgeschichte (1900-1930-1960).]

Rapée, Ernö: *Encyclopaedia of Music for Pictures*, Reprint der Ausgabe von 1925, New York 1970

Schmidt, Hans-Christian: *Filmmusik*, Kassel 1982

Siebert, Ulrich Eberhard: *Filmmusik in Theorie und Praxis : eine Untersuchung der 20er und frühen 30er Jahre anhand des Werkes von Hans Erdmann*, Frankfurt a. M. 1990 [Materialreiche Dissertation.]

Stummfilmmusik gestern und heute, Berlin 1979

Thiel, Wolfgang: *Filmmusik in Geschichte und Gegenwart*, Berlin 1981

Thomas, Hans Alex: *Die deutsche Tonfilmmusik von den Anfängen bis 1956*, Gütersloh 1962

G.M.

Unterrichtsmodell 2 Sekundarstufe I

Funktionen und Wirkungsweisen der Musik im populären Film

Übersicht

Ein Film ohne Musik ist ein bißchen wie ein Flugzeug ohne Treibstoff.

Audrey Hepburn

Vorbemerkung

Daß Partituren von Filmmusik nur in den seltensten Fällen vorliegen, hat jeder Musiklehrer schon gemerkt, der Filmmusik zum Thema seines Unterrichts machen wollte. Die Folgerung ist damit klar: Entweder man verzichtet auf diesen interessanten Unterrichtsgegenstand, oder es werden »Partituren« selbst erarbeitet, am besten mit Hilfe der Schüler. Die folgende Unterrichtsreihe versucht, weitgehend konsequent, den zweiten Weg zu beschreiten: Schüler die Filmmusik vom Videoband heraushören und in graphischer Notation festhalten zu lassen. Die Vorteile dieser Methode liegen auf der Hand:

- Das Ziel, die Musik zu notieren, führt zum Hinhören und vermittelt automatisch eine recht genaue Kenntnis der Musik, was wiederum die Analyse erleichtert;
- die Notwendigkeit, die Musik graphisch auf einem mit dem Bildraster des Films vorbereiteten Arbeitsblatt einzutragen, schärft den Sinn und die Aufmerksamkeit für die genaue Bild/Musik-Zuordnung;
- das fertige Produkt schließlich bildet ein analysier- und interpretierbares Abbild der Funktionen und musikalischen Mittel der Musik in der entsprechenden Filmszene.

Der Unterrichtsreihe liegt damit folgende methodische Konzeption zugrunde:

- Die Schüler erhalten ein Arbeitsblatt zu einer Filmszene, deren Bild- und damit Handlungsebene bereits in Stichworten skizziert, deren Musikebene jedoch nicht notiert ist. (Die Erarbeitung der Bildebene durch die Schüler selbst ist zwar möglich und dem Filmverständnis durch die Anleitung zum Erkennen von Einstellungen etc. sicher förderlich, zeitlich jedoch recht aufwendig.)
- Sie notieren bei mehrmaligem Betrachten der Filmszene die Musik mit vorher vereinbarten Zeichen in der offengelassenen Musikspalte des Arbeitsblattes und ordnen Bild und Musik dabei einander zu.
- Sie analysieren und interpretieren die fertige Übersicht in bezug auf die graphische Partitur (Zusammenhang filmmusikalischer Mittel und Wirkungsweisen) und auf die Zuordnung von Bild und Musik (filmmusikalische Funktionen). Erst das ausgefüllte Arbeitsblatt ermöglicht eine Kommunikation über die Filmszene,

bei der präzise auf bestimmte Stellen verwiesen werden kann – das Reden über den Film wird ersetzt durch das Arbeiten an ihm. Die graphische Partitur bietet dabei noch den Vorteil, daß filmmusikalisch relevante Mittel wie Crescendi oder unvorbereitete Musikeinsätze anschaulich darstellbar sind und sich bei der Bild/Musik-Zuordnung in ihrer Funktion auf den ersten Blick erschließen. Die dargestellte Vorgehensweise eignet sich für Filmszenen, in denen die Bild/Musik-Zuordnung entsprechend genau und damit der Analyse wert ist und die verwendeten musikalischen Mittel überschaubar sind (z. B. Tonrepetitionen bei Spannungsszenen). Ungeeignet ist die Methode dagegen bei Szenen, denen lediglich durchgehend eine Musik zur Schaffung einer bestimmten Atmosphäre zugeordnet ist, bzw. deren musikalische Mittel für die graphische Darstellung zu komplex sind. Erstere bedürfen keiner ausführlicheren Analyse, da der Bild/Musik-Zusammenhang schon bei der reinen Filmrezeption erschlossen werden kann, letztere sind für den Musikunterricht der Sekundarstufe I nur bedingt brauchbar.

Zur Analyse geeignetes Bild/Musik-Material findet sich für den Musiklehrer in vielfältiger Form. Am praktikabelsten und rechtlich abgesichert ist der Weg, lohnenswerte Filmszenen bei der Filmbetrachtung im Fernsehen und mit Hilfe von Leihvideos kennenzulernen und den gewünschten Film anschließend als Kaufvideo zu erwerben. (Der Preis übersteigt heute kaum den einer CD.) Neben den beiden genannten Kriterien »Genauigkeit der Bild/Musik-Zuordnung« und »Überschaubarkeit der musikalischen Mittel« sollte die zu analysierende Szene als dritte Bedingung filmmusikalisch möglichst vielschichtig gestaltet sein. Die Erarbeitung der Partitur und die Analyse der Filmszene ist für Schüler wie Lehrer in dem Maße befriedigender und lohnender, wie die Untersuchung Aufschluß gibt über die Komplexität von Filmmusik überhaupt.

Die im folgenden skizzierte Unterrichtsreihe arbeitet schwerpunktmäßig mit zwei Szenen – aus dem James-Bond-Film *Goldfinger* (GB 1964) und dem Western *Der Schwarze Falke* (*The Searchers*, USA 1956). Ihr Ziel ist die Erarbeitung filmmusikalischer Funktionen und Wirkungsweisen der Musik im populären Film: Vermittelt werden soll der filmmusikalische Standard Hollywoods, nicht die künstlerische Ausnahme.

Eine Einschränkung muß dabei gemacht werden: Seit den 60er Jahren zunehmend üblich ist die Verwendung der Mood-Technik, die atmosphärische Färbung längerer Sequenzen mittels Musik, vor allem Popmusik. Aufgrund dieser Machart verschließt sich eine solche Filmmusik natürlich weitgehend einer differenzierenden filmmusikalischen Analyse (die über die in der Sekundarstufe I recht schwierige harmonische Analyse hinausgeht) und damit auch einer Unterrichtsreihe zur Musik im populären Film. Sie wird daher nur kurz behandelt (siehe den Kommentar zur Vorgehensweise). Der Schwerpunkt liegt auf differenzierteren Techniken, die als ehemals filmmusikalischer Standard der »Goldenen Zeit« Hollywoods, vor allem durch die Filmmusiken John Williams' zu *Der weiße Hai* (USA 1975) und der *Indiana Jones*-Reihe (USA 1981, 1984, 1989), wieder stark an Popularität gewannen. Die Beschränkung auf zwei Filme der 50er und 60er Jahre, die sicher nach den oben genannten Bedingungen durch neuere Filme ergänzt oder ersetzt werden können, hat dabei den entscheidenden Vorteil – bei aller Attraktivität für die Schüler –, durch den zeitlichen Abstand eine zur objektiven Analyse notwendige kritische Distanz zu ermöglichen.

Lehrziele

- Die wichtigsten Funktionen der Filmmusik kennenlernen;
- an ausgewählten Beispielen erkennen, wie Musik diese Funktionen erfüllen kann;
- am Beispiel der Filmmusik erfahren, wie Musik gezielt unterschiedlichen Verwendungszwecken angepaßt werden kann;
- ein kritisches Verständnis gegenüber den Möglichkeiten der Beeinflussung durch Musik entwickeln;
- Hörfähigkeiten in bezug auf Filmmusik und damit auf Musik allgemein fördern.

Materialien

Grundlegende Funktionen der Filmmusik

T-L Zur Filmszene aus *Goldfinger*

Der Gegenstand, an dem in der ersten Phase der Unterrichtsreihe gearbeitet werden soll, ist die 23. Szene aus *Goldfinger* (GB 1964), dem dritten Film der James-Bond-Serie, zu dem Oscar-Preisträger John Barry die Musik schrieb. Generell sollte eine Szene genommen werden, deren Grundstimmung »Spannung« ist. Daß die Musik in Kriminalfilmen spannungssteigernd wirkt, ist den Schülern meist am besten bekannt. Somit kann direkt an Vorkenntnisse und -erfahrungen der Schüler angeknüpft werden.

Die *Goldfinger*-Szene wurde darüber hinaus aus folgenden Gründen ausgewählt:

- Sie enthält neben dem Grundelement der Spannung und damit der Aufgabe der Intensivierung des Bildinhalts die wichtigsten anderen filmmusikalischen Funktionen: Vorbereitung, Unterstreichung, »musikalisches Ausrufezeichen«. Sie geht damit über das den Schülern schon Bekannte hinaus und deutet die Vielfalt der musikalischen Wirkungsweisen im Film an. Grundsätzlich stellt sich natürlich die Frage, ob für jede filmmusikalische Aufgabe eine eigene Szene ausgesucht werden soll oder die Behandlung von Szenen, die mehrere Funktionen verdeutlichen, vorzuziehen ist. Wenn die erste Lösung von der Materialsuche her auch einfacher ist, so kann die Komplexität der filmmusikalischen Wirkungsweisen eher bei der zweiten Möglichkeit aufgezeigt werden. Zudem würde die Verwendung allzu vieler, umso kürzerer Filmbeispiele zu einem Unterricht führen, in dem sich Präsentation des neuen Beispiels und Lösung der Arbeitsaufgaben durch die Schüler ständig wiederholen und die Funktionen und musikalischen Mittel quasi »abgehakt« würden.
- Die verwendete Musik bedient sich relativ überschaubarer Elemente. Dies ist sowohl für die graphische Darstellung und die damit verbundene Analyse des musikalischen Materials von Vorteil als auch für eine mögliche spätere Verwendung dieser Elemente in eigenen Produktionsversuchen der Schüler.

Zum Inhalt der Szene: James Bond (Sean Connery) ist auf den Spuren des geheimnisvollen Goldfinger (Gert Fröbe). Eines Abends schleicht er sich zu einer Fabrik, zu der er Goldfinger gefolgt ist. Bond beobachtet durch ein Fenster Goldfinger und mehrere Chinesen, die Gold zu Autoteilen schmelzen und an Goldfingers Wagen anbringen. Als Bond die Fabrik verläßt, sieht er eine vermummte Frauengestalt mit einem Gewehr, die sich an die Fabrik anschleicht und das Gewehr in Stellung bringt. Er stürzt sich auf sie, das Gewehr berührt einen Draht: Alarm wird ausgelöst.

Musikalisch/funktional ist die Szene wie folgt gestaltet:

- Vertiefung der Spannung (Intensivierung des Bildinhalts) erfolgt vor allem durch Monotonie (stehende Klänge und Tonwiederholungen).
- Die Einstellungen 1–8 sind mit einem unveränderten, leicht tremolierenden Violinton unterlegt, der nur gelegentlich, in unregelmäßigen Abständen, von einem Bläserakzent unterbrochen wird.
- Dieser hohe Ton wird in den Einstellungen 8–16 von einem leiser erklingenden, tiefen Streicherton abgelöst, der anfangs ebenfalls durch einzelne Akzente in den Streichern selbst unterbrochen wird. (In den Einstellungen 8–16 finden die einzigen Gespräche der Szene statt.)
- In den Einstellungen 16–19 schließlich erklingt wieder der hohe, mit Bläserakzenten versehene Violinton.
- Während dieser 19 Einstellungen tritt ein von einem tiefen Stabinstrument und einer Pauke im Piano unisono gespieltes siebentöniges Motiv insgesamt achteinhalbmal auf.
- In den Einstellungen 20–27 ist lediglich ein tiefes, nicht näher zu bestimmendes und völlig unverändertes Klangband zu hören, über das ein Stabinstrument monoton eine große Sekunde im ständigen Wechsel spielt.

Diese Gleichförmigkeit auf der musikalischen Ebene bewirkt eine gesteigerte Spannung beim Zuhörer in bezug auf die (überfällige) Veränderung der musikalischen Ebene, die sich mit der visuell/inhaltlichen Erwartungshaltung (»Was wird Bond in der Fabrik sehen?/Was erwartet ihn danach?«) verbindet. Daß diese Gleichförmigkeit als angenehm, als schön und beruhigend empfunden wird, verhindern der unangenehm schrille Violinklang und die unregelmäßigen Abstände von Bläserakzent und Siebentonmotiv, auf die sich das Gehör nicht einstellen kann.

Vorbereitung und Ankündigung von Kommendem leistet die Musik hier durch ein stufenweises Crescendo in dissonanten Bläserakkorden. Diese Abstufung erfolgt synchron mit dem Bildwechsel in den Einstellungen 28–30, wodurch jede Einstellung extra hervorgehoben wird. Die Bild- und Geräuschebene – eine Frau zielt mit einem Gewehr auf die Fabrik, Bond stürzt sich auf sie, wobei das Gewehr hochschnellt und einen Alarmdraht berührt – mündet in eine Großaufnahme der schellenden Alarmglocke, die unmittelbar vorher durch einen sofort abbrechenden Bläserakzent vorbereitet wird. Die Bedeutung des berührten Alarmdrahts – Bond ist entdeckt – wird dabei zuerst durch ein »musikalisches Ausrufezeichen« hervorgehoben, das unmittelbar anschließend durch das eigentliche Schellen der Alarmglocke bestätigt wird.

Auch in *Goldfinger*, dem dritten Film der James Bond-Reihe, muß der britische Superagent mit der Lizenz zum Töten die Welt vor dem Untergang retten. Sein Gegenspieler ist der äußerlich eher harmlos wirkende Goldfinger (Gert Fröbe), der vor keiner Gemeinheit zurückschreckt und einen Überfall auf die Goldvorräte der USA in Fort Knox vorbereitet. Die friedliche Fassade des Gesprächs täuscht darüber hinweg, daß Bond (Sean Connery) und Goldfinger einen gnadenlosen Kampf gegeneinander führen, den nur einer von beiden überleben wird: James Bond.

FA/AB Filmszene aus *Goldfinger*

Die folgenden Aufgabenstellungen beziehen sich auf das Arbeitsblatt *Goldfinger* S. 89ff.

A Eure Aufgabe ist es, die Musik der Filmszene in der entsprechenden Spalte des Arbeitsblattes graphisch festzuhalten. Vereinbart hierfür gemeinsame Zeichen.

K Hierbei wird Rückbezug genommen auf vorher im Musikunterricht erarbeitete Zeichen oder ein neues Zeichensystem vereinbart. Ggf. wird die Aufgabe eingegrenzt durch Vorgabe der folgenden Übersicht. Ein anderer Weg kann darin bestehen, daß die Schüler zunächst die Filmszene ohne Bild rezipieren, die gehörten musikalischen Elemente sammeln und hierfür Zeichen vereinbaren. Dies muß in der dritten Phase des Unterrichtsmodells für die Musik von *The Searchers* dann jedoch wiederholt werden.

Graphische Notation – Mögliche Zeichen und ihre Bedeutung

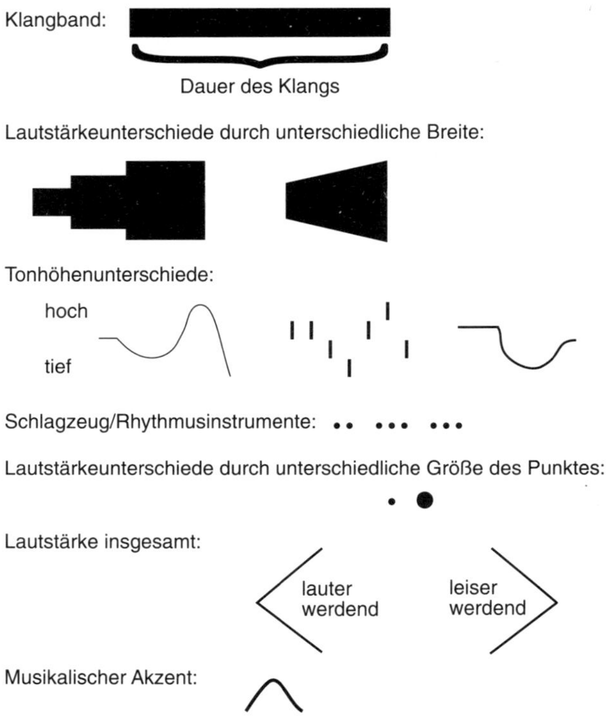

A Vergewissert euch, daß ihr den Aufbau des Arbeitsblattes verstanden habt (Abfolge der Einstellungen, Dauer der Einstellungen = Länge der Abschnitte auf dem Blatt etc.). Vergleicht bei der Betrachtung der Filmszene Film und Arbeitsblatt, um euch jederzeit orientieren zu können. Fertigt anschließend eine graphische Partitur der Filmmusik dieser Szene an, und tragt sie in der entsprechenden Spalte der Übersicht ein. Achtet dabei auf die zeitliche Zuordnung von Musik- und Bildebene.

K Mögliche Hilfen enthalten die »Vorschläge zum Ablauf der Unterrichtsreihe«. Eine Musterlösung ist auf S. 91f. wiedergegeben.

38-39'

Arbeitsblatt: »Goldfinger«, Szene 23, Dauer: 142 Sek.

Einstellungs-nummer	1	2	3	4	5	6	7
Zeit (in Sek.)	3	4	9	6	7	3	7
Bildinhalt	Bond (B)	B. auf Hügel vor Fabrik	B. läuft zur Fabrik	B. vor Mauer	B. versteckt sich hinter Ecke	Wachleu-te	B. auf Leiter
Graphische Darstellung der Musik							

Einstellungs-nummer	8	9	10	11	12	13	14
Zeit (in Sek.)	7	3	2	8	6	2	10
Bildinhalt	B. vor Leiter	Blick in Halle	Bond	Goldfinger mit Chinese	Chinese an Goldschmelze	Bond	Goldfinger mit Chinese
Graphische Darstellung der Musik							

Arbeitsblatt: »Goldfinger«, Szene 23, Dauer: 142 Sek.

Einstellungsnummer	15	16	17	18	19	20	21	22
Zeit (in Sek.)	3	9	4	5	7	3	4	5
Bildinhalt	Bond	Goldfinger und Chinese verlassen Fabrik	Bond	B. schleicht an Fabrik entlang	Bond rennt in den Wald	Bond im Wald	Bewegung im Wald	Bond kriecht weg
Graphische Darstellung der Musik								

Einstellungsnummer	23	24	25	26	27	28	29	30	31
Zeit (in Sek.)	3	2	3	4	1	6	2	3	2
Bildinhalt	Bond	Bewegung im Wald	Bond	Frau mit Gewehr	Bond	Frau mit Gewehr legt sich hin, nimmt Gewehr in Anschlag	Bond stürzt auf Frau	Gewehr berührt Alarmdraht	Alarmglocke
Graphische Darstellung der Musik									

≈ 39,14

Arbeitsblatt: »Goldfinger«, Szene 23, Dauer: 142 Sek.

Einstellungs-nummer	1	2	3	4	5	6	7
Zeit (in Sek.)	3	4	9	6	7	3	7
Bildinhalt	Bond (B)	B. auf Hügel vor Fabrik	B. läuft zur Fabrik	B. vor Mauer	B. versteckt sich hinter Ecke	Wach-leute	B. auf Leiter
Graphische Darstellung der Musik	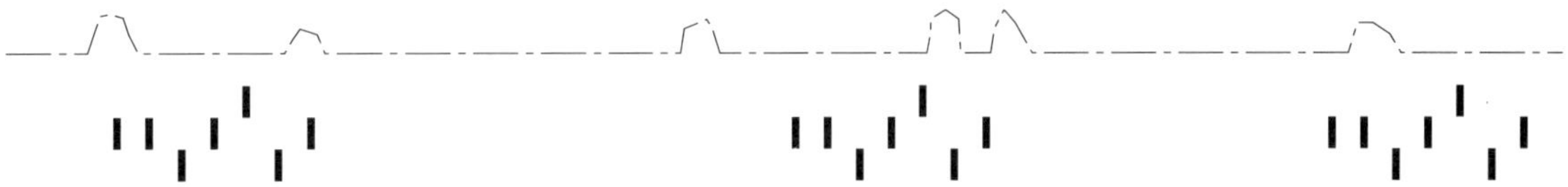						

Einstellungs-nummer	8	9	10	11	12	13	14
Zeit (in Sek.)	7	3	2	8	6	2	10
Bildinhalt	B. vor Leiter	Blick in Halle	Bond	Goldfinger mit Chinese	Chinese an Goldschmelze	Bond	Goldfinger mit Chinese
Graphische Darstellung der Musik							

Arbeitsblatt: »Goldfinger«, Szene 23, Dauer: 142 Sek.

Einstellungsnummer	15	16	17	18	19	20	21	22
Zeit (in Sek.)	3	9	4	5	7	3	4	5
Bildinhalt	Bond	Goldfinger und Chinese verlassen Fabrik	Bond	B. schleicht an Fabrik entlang	Bond rennt in den Wald	Bond im Wald	Bewegung im Wald	Bond kriecht weg

Graphische Darstellung der Musik

Einstellungsnummer	23	24	25	26	27	28	29	30	31
Zeit (in Sek.)	3	2	3	4	1	6	2	3	2
Bildinhalt	Bond	Bewegung im Wald	Bond	Frau mit Gewehr	Bond	Frau mit Gewehr legt sich hin, nimmt Gewehr in Anschlag	Bond stürzt auf Frau	Gewehr berührt Alarmdraht	Alarmglocke

Graphische Darstellung der Musik

A Vergleicht die Bild-/Handlungsebene der Szene mit der von euch auf dem Arbeitsblatt festgehaltenen musikalischen Ebene. Zieht dabei eure Eindrücke aus der Filmbetrachtung mit hinzu. Welche Funktionen (Aufgaben) erfüllt die Musik in dieser Szene bzw. in den einzelnen Einstellungen? Betrachtet eure Partitur. Mit welchen musikalischen Mitteln werden diese Funktionen jeweils erfüllt?

K Zu den Ergebnissen vgl. T-L S. 85ff. Bei Unklarheiten sollten die fraglichen Abschnitte gemeinsam erneut betrachtet werden.

Filmmusik vermittelt Stimmungen

T-L Die Mood-Technik

Die pauschale Zuordnung einer Musik zu einer Filmszene ist heute sicher die gebräuchlichste Form des Einsatzes von Filmmusik. Für den Musikunterricht wird sie interessant, wenn man der Frage nachgeht, mit welchen musikalischen Mitteln im einzelnen welcher emotionale Ausdruck erzeugt wird. Daß hierbei im Unterricht nur grob vereinfachend gearbeitet werden kann, korrespondiert durchaus mit dem oft recht plakativen und wenig differenzierten Einsatz von Musik im Film, wenn beispielsweise ein populärer Hit ausgewählt wird, eine Szene musikalisch einzufärben.

Beispiele für den Unterricht bieten sich bei Kaufvideos wie bei aufgenommenen Fernsehsendungen[46] in Hülle und Fülle. Die nachfolgenden vier Filmszenen erfüllen die Kriterien »relative Eindeutigkeit des Ausdrucks« sowie »überschaubare musikalische Mittel«. Die musikalischen Mittel zum Ausdruck des Gefühls der Liebe/Romantik, des Unheimlichen, der Melancholie/Einsamkeit und des Triumphes lassen sich bei diesen Beispielen überzeugend erarbeiten; problemlos können die Filmausschnitte durch andere Beispiele ersetzt werden.

Die für diese Unterrichtsphase vorgeschlagenen Filmszenen sind Ausschnitte aus *Blade Runner* (USA 1982), *Klute* (USA 1971) und *Rocky I* (USA 1976).

Der Verdeutlichung des Ausdrucks von Liebe/Romantik dient die Szene aus *Blade Runner* (M: Vangelis). Diese Szene bietet für die Unterrichtsphase zwei Vorteile: Sie verwendet differenzierte musikalische Mittel, die von den Schülern sowohl analysiert als auch reproduziert werden können, und sie ist »zeitgemäß« in Klangbild und Entstehungszeit. (Trotz der erwähnten Gründe, die für die Verwendung etwas älterer Filme sprechen – Gelegenheit zur Distanz –, sollte mit der Berücksichtigung auch aktueller Filme eine direkte Anbindung an den derzeitigen Filmkonsum der Schüler vorgenommen werden.)

Die musikalische Gestalt besteht aus einer einfachen, sehr sanften Melodie im Altsaxophon, die mit konstanten Synthesizer-Akkorden und einzelnen E-Piano-Klängen unterlegt wird. Es folgt eine simple Melodie mit Begleitung im akustischen Piano, die als Inzidenzmusik erklingt (eine Frau spielt Klavier) und von einem durchgehenden Streicher-/Synthesizer-Akkord untermalt wird. Die Wiederholung der Saxophonme-

46 Private Fernsehmitschnitte dürfen nur in kurzen Ausschnitten im Unterricht vorgeführt werden!

1. Kapitel 14 19. Kapitel 1:26:50

lodie schließt sich an, bis schließlich das E-Piano vorsichtig ein Thema anspielt. Die Verwendung einer von Klangfarbe und Tonführung sehr »schön« klingenden Melodie und das langsame, leicht freie Tempo sind die besonderen musikalischen Merkmale dieser Szene[47].

Das Gefühl des Unheimlichen ist Bestandteil der Szene aus *Klute* (M: Michael Small). Ihre Auswahl erfolgte in Art einer negativen Abgrenzung zu anderen möglichen Szenen. Die verwendeten Mittel sind filmmusikalischer Standard und werden in gleicher Funktion etwa in dem sehr erfolgreichen *Dressed to Kill* (USA 1980, M: Pino Donaggio) verwendet. Meist eignen sich die Bilder aufgrund ihrer übertriebenen Gewaltdarstellung jedoch kaum zur Betrachtung im Klassenraum. Dies soll natürlich keine Tabuisierung dieses Bereichs bedeuten; die Darstellung von Gewalt im Film bedarf aber der unterrichtlichen Aufarbeitung, die vom Musikunterricht allein kaum geleistet werden kann.

Die Szene aus *Klute* ist weitgehend gewaltfrei: Ein Mann schleicht mit einem Revolver in der Hand durch ein dunkles Treppenhaus. Die Musik wirkt umso eindringlicher: eine ostinate Figur auf Tasten- oder Stabinstrument in hoher Lage; eine Frauenstimme, die merkwürdig konturlos auf der Tonsilbe »la« gelegentlich einsetzt und den Eindruck erweckt, als würde sie langsam »vor sich hin trällern«; schließlich hohe, langanhaltende Synthesizer-Töne, ineinander verschmelzend langsam auf- und abwärts geführt.

Für die Gefühlsbereiche Einsamkeit und Triumph wurden zwei Szenen aus demselben Film, *Rocky I* (M: Bill Conti), ausgewählt, in dem der junge, erfolglose Boxer Rocky, ein typischer »Underdog«, die Chance erhält, aus Anlaß der 200-Jahrfeier der USA einen Titelkampf mit dem amtierenden Boxweltmeister auszutragen. Sowohl bildlich als auch musikalisch gibt es Parallelen: Bei beiden Szenen handelt es sich um Trainingsszenen: In der ersten ist Rocky noch nicht in Form, die Musik spiegelt die Einsamkeit seines frühmorgendlichen Trainingslaufs und die Trostlosigkeit seiner sportlichen Leistung wider; in der zweiten ist er in Topform, die Musik un-

47 Das klassische filmmusikalische Klischee für Liebe sind sicherlich Streicher im 3/4-Takt. Heute jedoch sind sie – wie die Betrachtung zahlreicher Erfolgsfilme der letzten Jahre zeigt – eher ungebräuchlich und werden meist durch entsprechende »Liebessongs« ersetzt. Der Bereich »Song« soll in dieser Unterrichtsreihe jedoch nicht eigens thematisiert werden, da sein Einsatz allzuoft von ökonomischen Gesichtspunkten und daher von aktuellen Trends der Musik abhängig ist.

termalt und überhöht seinen Triumph. Beide Filmmusiken arbeiten mit dem Rocky-Thema. In der ersten Szene erklingt es, nach einem Horn-Solo mit freiem Metrum,

nur kurz im Piano mit Begleitung in tiefen Streichern, wird dann variiert und weitergeführt, wobei sich die Streicherbegleitung in gebrochene Akkorde auf dem Klavier auflöst. In der zweiten Szene ist es – nach einer Fanfareneinleitung der Trompeten –

im Forte in den Trompeten mit voller Big Band-Begleitung stark rhythmisiert zu hören. Ein E-Gitarren-Solo, Frauenchor, ein sehr akzentuiertes Streicherthema und schließlich die Steigerung der Dynamik verstärken den tempogeladenen Eindruck der Szene.

Die Verwendung der zweiten Trainingssequenz hat weitere Vorteile: Durch den sehr schnellen Schnitt, die bloße Aneinanderreihung von Trainingsbildfolgen, läßt sich die Funktion »Verknüpfung von Einstellungen« erfahren. (Die durchgehende musikalische Ebene gleicht die schnelle Einstellungsfolge, die hektische Zerrissenheit der visuellen Ebene aus.) In den ersten Einstellungen, die bildlich noch keinen

Kontrast zu der vorhergehenden ersten Trainingssequenz bilden, musikalisch aber völlig differieren, übernimmt die Musik die Funktion »eindeutiger emotionaler Färbung eines neutralen Filmbildes«[48].

FA Vier Szenen zur Mood-Technik

A Hört die Musik der vier Filmszenen, und notiert jeweils für euch in Stichworten den Eindruck, den diese Musik auf euch macht. Vergleicht anschließend Szene für Szene, inwieweit dieser Eindruck innerhalb der Klasse übereinstimmt.

K Es geht um den Austausch subjektiver Erfahrungen, mithin nicht um richtige oder falsche Lösungen. Die Vorgehensweise soll eine von den Mitschülern nicht beeinflußte Feststellung der musikalischen Wirkung ermöglichen und das Vorhandensein intersubjektiver Übereinstimmungen verdeutlichen.

Eine alternative, stärker lenkende Möglichkeit besteht darin, Begriffe vorzugeben (z. B. als Polaritätsprofil), denen die Musikbeispiele zugeordnet werden müssen. Lassen sich intersubjektive Zuordnungsmuster in der Klasse finden? Deren Feststellung bietet den Anknüpfungspunkt zur Vertiefung der Frage, wie diese Übereinstimmung zu erklären ist (»angeboren«? »erlernt«?). Neben Lehrerinformationen bietet sich hier auch die Möglichkeit zu Schülerreferaten.

Die eigentliche Erarbeitung der musikalischen Mittel kann bei Überspielung der Musik vom Videoband auf Tonkassetten auch in Gruppenarbeit erfolgen. Gerade hier ist eine innere Differenzierung durch Zuweisung entsprechend unterschiedlich schwieriger Musikbeispiele zu analytisch verschieden befähigten Gruppen möglich. Inwieweit schließlich weitere filmmusikalische Funktionen an den Filmbeispielen erarbeitet werden können, wie hier an den Beispielen 3 und 4, hängt natürlich von den ausgewählten Filmszenen ab. Denkbar wäre etwa auch, die Vermittlung sozialer Assoziationen durch Verwendung einer bestimmten Musik, die über die emotionale »Einfärbung« der Filmbilder hinausgeht, miteinzubeziehen.

48 Diese Funktion entspricht der »Polarisierung« in Paulis populärer Einteilung der Beziehungen von Bild und Musik in Paraphrasierung, Polarisierung und Kontrapunktierung. Trotz Paulis eigener späterer Zurücknahme dieses Modells stellt es immer noch eine brauchbare Orientierungshilfe dar. Es sei jedoch dahingestellt, ob es in seiner Begrifflichkeit im einzelnen erarbeitet oder inhaltlich/funktional jeweils bei der Analyse/Interpretation entsprechender Filmszenen miteinbezogen werden sollte.

A Untersucht die Musikbeispiele in bezug auf Instrumentierung und Klangfarbe, Rhythmus und Tempo, melodischen Charakter und weitere euch wichtig erscheinende Merkmale. Überprüft das Verhältnis von musikalischer und bildlicher Wirkung der vier Filmszenen, indem ihr sie abschließend mit Ton betrachtet.

K Für die übersichtliche Fixierung der Unterrichtsergebnisse wird es hilfreich sein, sämtliche im Verlauf dieses Modells erarbeiteten filmmusikalischen Funktionen und Mittel auf einem gesonderten Blatt zu notieren – gerade im Hinblick auf eine Eigenproduktion der Schüler, deren Grundlage eine solche Übersicht sein kann. Ein derartiges Beispiel ist im folgenden abgedruckt. (Die letzten vier Punkte im Abschnitt »Musik kann ...« beziehen sich dabei auf die Szene aus *The Searchers*, die am Schluß des Unterrichtsmodells erarbeitet wird.)

Musik kann:

- den Bildinhalt/Bildausdruck intensivieren,
- wichtige Bilder vorbereiten, Erwartungshaltung steigern (durch Steigerung von Lautstärke/Tempo),
- einzelne Bilder unterstreichen,
- Aufmerksamkeit steuern durch »musikalischen Achtungsruf« (plötzlicher, sehr lauter Klang),
- einen neutralen Bildinhalt emotional/ausdrucksmäßig eindeutig festlegen,
- Einstellungen durch geschlossene Klangdecke verbinden,
- Bewegungen unterstreichen (z. B. durch Tonhöhenverlauf),
- auf nur im Hintergrund Sichtbares aufmerksam machen,
- durch den Anklang sehr gezielt bestimmte Assoziationen auslösen, die mit einer Musikrichtung verbunden sind,
- durch Leitmotive Personen, Beziehungen etc. symbolisieren bzw. charakterisieren und Entwicklungen und Veränderungen aufzeigen.

Musikalische Mittel zum Ausdruck eines Gefühls von:

1. Spannung
   schrille, stehende Töne; Ton- und Tongruppenwiederholungen; Klangbänder;
2. Liebe/Romantik
   sanfte Saxophonmelodie; langanhaltende, harmonische Streicher- oder Synthesizerakkorde; langsames, leicht freies Tempo; »schöne« Klaviermelodie;

3. Unheimlichem
   E-Piano, Klavier, Stabinstrument in hoher Lage wiederholt ständig einige Töne; »zögernde« Frauenstimme singt mehrmals einige Töne an, ohne Text in langsamen Tonbögen;
4. Trauer/Einsamkeit
   einzelne Horntöne ohne genau bestimmbare Tondauer, ohne festen Grundschlag; Klavierthema in Moll mit tiefer Streicherbegleitung, löst sich in einzelne Klaviertöne auf;
5. Freude/Triumph
   Fanfarensignal (Trompeten); »fetziges« Big Band-Thema; Begleitung sehr rhythmisch; sehr schnelles, leicht verzerrtes Solo einer E-Gitarre; Frauenchor mit entsprechender Big Band-Begleitung.

Spezielle Funktionen der Filmmusik der Hollywood-Ära

T-L Zur Szene aus *Der Schwarze Falke*

Gegenstand der dritten Unterrichtsphase ist ein Ausschnitt aus John Fords *Der Schwarze Falke* (*The Searchers*), Szene 11 und Ende von Szene 10 (USA 1956, M: Max Steiner). Dieser Ausschnitt wurde aus drei Gründen gewählt:

- Grundcharakter dieser Szene ist das Gefühl von »Spannung«, das musikalisch durch die gleichen Mittel ausgedrückt wird wie in *Goldfinger*: langanhaltende und unverändert hohe Töne, (fast) statische Klangbänder, Tonwiederholungen; für die Schüler bekannte Elemente werden noch einmal wiederholt und verstärkt, neue Elemente treten hinzu.
- Folgende weitere wichtige filmmusikalische Funktionen sollen in der nächsten Stunde erarbeitet werden: Unterstreichung von Bewegungen, Hervorhebung von nur im Hintergrund Sichtbarem, Verknüpfung zweier Szenen, Verwendung von Anklang und Leitmotiven.
- Als Westernszene ist der Ausschnitt sicher auch heute noch populär und zeigt, daß zumindest einige filmmusikalische Elemente auch über einen Zeitraum von mehreren Jahrzehnten fast unverändert gebraucht werden.

Grundsätzlich verschließt sich die »klassische Hollywoodsinfonik« aufgrund ihrer großen kompositorischen Komplexität eher einer ausführlichen Analyse im Musikunterricht der Sekundarstufe I. Die verwendeten Mittel sind in dem gewählten Beispiel jedoch leicht zu unterscheiden und überschaubar darzustellen - Aspekte, die schon für die Wahl der Szenen aus *Goldfinger* von Bedeutung waren. Die Erweiterung des Ausschnitts auf den Schluß von Szene 10 erfolgte zur Verdeutlichung des »Anklangs« und der Funktion »Verbindung zweier Szenen« (musikalische Klammerfunktion).

Im einleitenden Teil des Films wird erzählt, wie Ethan (John Wayne) Jahre nach Beendigung des Bürgerkriegs seinen Bruder und dessen Frau Martha, die er heimlich liebt, auf deren Farm besucht. Als in der Nähe Vieh gestohlen wird, macht er sich zusammen mit der Bürgerwehr und Marthas Ziehsohn Martin auf die Suche - die Farm bleibt mit Martha, seinem Bruder und deren beiden Töchtern allein zurück. Der Filmausschnitt beginnt, nachdem das Vieh von Indianern getötet aufgefunden wurde, die Männer erkannt haben, daß sie auf eine List hereingefallen sind, die sie von den Farmen fortlocken sollte, und die Bürgerwehr zur nächstgelegenen Farm geritten ist.

Das Tempo und die Dramatik von Martins Aufbruch, der versuchen will, noch rechtzeitig die Farm seiner Stiefeltern zu erreichen, wird von Max Steiner mit einem viertönigen, in stark betonten Vierteln schnell aufwärts sequenzierenden Bläsermotiv mit darübergelegtem schrillen Violinton unterstrichen. Der alte Mose Harper, der bei Ethan geblieben ist, führt einen »Indianertanz« auf, der von Vierteln in Trommel und Kontrabaß begleitet wird, während eine menschliche Stimme eine abfallende kleine Terz wiederholt: ein typischer filmmusikalischer Anklang, die Reduktion einer komplexen Musik auf das, was man sich üblicherweise unter dieser Musik vorstellt: Trommeln und die typische Vokalise »hu« für Indianermusik. Ethan bleibt zurück, versorgt sein erschöpftes Pferd. Während er gedankenverloren in die Kamera schaut, erklingt das Thema, das der Liebe zwischen ihm und Martha zugeordnet ist, in Moll – es ist Martha, an die er denkt. Die Mollfärbung zeigt, daß er um die Gefahr, in der sie schwebt, weiß. – Den Schülern, die nur diesen Ausschnitt kennen, ist dieser Bezug nicht bewußt. Für sie handelt es sich nur um das Thema einer Soloviolline in Moll. Der letzte Ton der Violine verbindet die Szenen 10 und 11 und damit die beiden unterschiedlichen Handlungsorte. Er klingt weiter, als bereits Ethans Bruder vor seinem Haus zu sehen ist. (Hier bleibt es dem Lehrer überlassen, inwieweit er Informationen zur Leitmotiv-Technik, ggf. auch zu ihrer operngeschichtlichen Entwicklung, verbal hinzufügt oder anhand entsprechender weiterer Beispiele im Film durch die Schüler erarbeiten läßt.)

Die folgenden Einstellungen – der Bruder bemerkt etwas und holt sein Gewehr – arbeiten mit den gleichen, spannungssteigernden Mitteln wie *Goldfinger*: gleichbleibend hohe, z. T. tremolierende Violintöne, Klangbänder (hier jedoch z. T. starr wechselnd in zwei Klanghöhen), Tonwiederholungen (ein tiefer Ton gleichmäßig repetiert). Auch die Steigerung der Erwartungshaltung am Schluß durch das Crescendo ist den Schülern bereits bekannt. Neu ist zweierlei: Die Bewegung der aufsteigenden Vögel in Einstellung 2 wird durch ein entsprechendes Harfenglissando unterstrichen (Steuerung der Aufmerksamkeit: Die Vögel fliegen nicht ohne Grund hoch, »irgendetwas« ist dort); das Crescendo am Schluß endet in einem Akzent mit Bläsern und Trommel, der einen nur im Bildhintergrund sichtbaren, dramaturgisch aber höchst wichtigen Lichtpunkt hervorhebt: Das Lichtsignal beweist die Anwesenheit der Indianer. Das abfallende Tritonusmotiv in der Flöte, das in den Einstellungen 4 und 5 mehrfach erklingt, wird im Unterricht lediglich als das stimmungsbildende Element behandelt, das es an dieser Stelle im Film auch nur ist. Erst in späteren Szenen wird es als Leitmotiv eindeutig dem Häuptling Schwarzer Falke zugeordnet, dessen Gegenwart es in Szene 11 möglicherweise ausdrücken soll: ein

Der Schwarze Falke: Ethan Edwards (John Wayne) und Martin Pawley (Jeffrey Hunter) suchen nach der von Comanchen verschleppten Debbie (Natalie Wood). In einem typischen John Ford-Western wird vor der grandiosen Naturkulisse des Monument Valley der Mythos des einsamen Cowboys beschworen.

Beispiel für das Problem der Verständlichkeit von Leitmotiven, das nur durch eindeutige – und rechtzeitige – Zuordnung geklärt werden kann.

FA/AB Filmszene aus *Der Schwarze Falke*

A Betrachtet die Szene ohne Ton. Welche Grundstimmung drückt der Filmausschnitt aus? Mit welchen musikalischen Mitteln könnte diese Szene entsprechend vertont werden?

K Die eigenen Schülervorschläge zur Vertonung der Szene sollen – da der Bildeindruck hier wie in der *Goldfinger*-Szene eindeutig »Spannung« vermittelt – der Lernerfolgskontrolle in bezug auf die in der ersten Phase erarbeiteten musikalischen Mittel zur Erreichung/Vertiefung von »Spannung« dienen. Die erwartete Nennung der entsprechenden Elemente musikalischer Monotonie, aber auch das Crescendo zum Schluß bestätigen die nicht nur hier bewußt ausgewählte, sondern in der Realität vorhandene Standardisierung von Filmmusik.

A Betrachtet die Szene jetzt mit Ton und vergleicht eure Vorschläge mit Max Steiners musikalischer Gestaltung. Wo sind Gemeinsamkeiten, wo Unterschiede festzustellen?

K Die durch die spezifische funktionale Bild/Musik-Zuordnung gegebene Vielschichtigkeit der Steinerschen Filmmusik, die über die Schülervorschläge hinausgehen wird, bietet eine Überleitung zur Erstellung einer graphischen Partitur (AB S. 104f.), mit welcher filmmusikalische Funktionen und Mittel (vgl. T-L S. 100) differenziert herausgearbeitet werden sollen.

A Entwerft bei mehrmaliger Betrachtung der Szene eine graphische Partitur ihrer Musik, die ihr mit Hilfe der euch schon bekannten Zeichen in die Musikspalte des Arbeitsblattes *Der schwarze Falke* eintragt und den Einstellungen entsprechend zuordnet. Vergleicht anschließend Bild- und Musikebene, und erörtert die filmmusikalischen Funktionen und Mittel der Szene.

K Die fertige Partitur könnte aussehen, wie auf S. 106f. dargestellt.

Arbeitsblatt: »Der Schwarze Falke«, Szene 10 (Ende)/Szene 11, Dauer: 122 Sek.

Einstellungs-nummer	16	17	18
Zeit (in Sek.)	10	14	10
Bildinhalt	Martin reitet los	Indianertanz von Mose · Mose bekommt einen Tritt	Ethan blickt in die Kamera
Graphische Darstellung der Musik			

Einstellungs-nummer	1	2	3	4	5
Zeit (in Sek.)	10	4	4	9	10
Bildinhalt	Bruder vor Haus · dreht sich um	Vögel fliegen hoch	Hund bellt	Bruder beobachtet die Landschaft · geht ins Haus	Bruder im Haus
Graphische Darstellung der Musik					

Arbeitsblatt: »Der Schwarze Falke«, Szene 10 (Ende)/Szene 11, Dauer: 122 Sek.

Einstellungs-nummer	5 (Forts.)	5		6
Zeit (in Sek.)	15	12	5	8
Bildinhalt	Bruder holt sein Gewehr	Lucy holt Lampe	Schwägerin im Türrahmen	ihr Sohn kommt
Graphische Darstellung der Musik				

Einstellungs-nummer	7	8	9	
Zeit (in Sek.)	2	5	4	
Bildinhalt	Bru-der vor Haus	Blick in Landschaft, Licht blitzt auf	Bruder geht ins Haus	
Graphische Darstellung der Musik				

Arbeitsblatt: »Der Schwarze Falke«, Szene 10 (Ende)/Szene 11, Dauer: 122 Sek.

Einstellungs-nummer	16	17	18
Zeit (in Sek.)	10	14	10
Bildinhalt	Martin reitet los	Indianertanz von Mose / Mose bekommt einen Tritt	Ethan blickt in die Kamera
Graphische Darstellung der Musik			

Einstellungs-nummer	1	2	3	4	5
Zeit (in Sek.)	10	4	4	9	10
Bildinhalt	Bruder vor Haus / dreht sich um	Vögel fliegen hoch	Hund bellt	Bruder beobachtet die Landschaft / geht ins Haus	Bruder im Haus
Graphische Darstellung der Musik					

Arbeitsblatt: »Der Schwarze Falke«, Szene 10 (Ende)/Szene 11, Dauer: 122 Sek.

Einstellungsnummer	5 (Forts.)	5		6
Zeit (in Sek.)	15	12	5	8
Bildinhalt	Bruder holt sein Gewehr	Lucy holt Lampe	Schwägerin im Türrahmen	ihr Sohn kommt
Graphische Darstellung der Musik				

Einstellungsnummer	7	8	9	
Zeit (in Sek.)	2	5	4	
Bildinhalt	Bruder vor Haus	Blick in Landschaft, Licht blitzt auf	Bruder geht ins Haus	
Graphische Darstellung der Musik	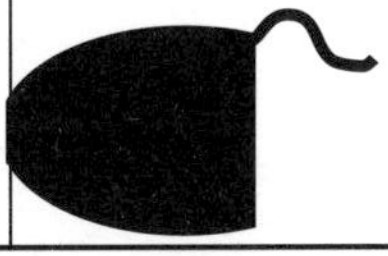			

Vorschläge zum Ablauf der Unterrichtsreihe

Grundlage der funktionalen Musik und ihrer Anwendung ist die Tatsache, daß bestimmte Musik bei verschiedenen Hörern gleiche oder zumindest ähnliche Reaktionen hervorruft. Dies kann bei der Filmmusik zur Lenkung der Wahrnehmung des Publikums genutzt werden. Für die Einführungsstunde(n) der Unterrichtsreihe bieten sich verschiedene Möglichkeiten an:

- das Bewußtmachen der z. T. relativ allgemeingültigen Wirkung entsprechend ausgewählter Musik mit Hilfe eines Hörversuchs (Polaritätsprofil) als allgemeiner Einstieg oder
- die Verdeutlichung der Veränderbarkeit der Filmwirkung durch Präsentation derselben Filmszene mit unterschiedlicher Musik als spezifisch auf Filmmusik bezogener Einstieg.

Der erste Vorschlag ist mit geringem Arbeitsaufwand zu leisten; gefordert sind lediglich unterschiedliche Hörbeispiele, die mit Hilfe eines Polaritätsprofils in ihrer Wirkung auf die Zuhörer interpretiert werden. Die dabei notwendige Beschränkung auf recht eindeutige Musikausschnitte entspricht durchaus der Vorgehensweise bei der Komposition von Filmmusik und ist daher legitim: Eindeutigkeit der Musik ist Voraussetzung für die Antizipation der Publikumsreaktionen.

Der Hörversuch kann in die beiden Fragen münden:

- Wie ist diese recht eindeutige Wirkung überhaupt zu erklären?
- Welche musikalischen Mittel rufen im einzelnen welche Reaktion beim Zuhörer hervor?

Die erste Frage betrifft ein Gebiet, bei dem die musikpsychologische Forschung noch keine eindeutigen Ergebnisse liefern konnte. Zu empfehlen ist daher – will man diesen Punkt nicht eingehender untersuchen – der bloße Hinweis auf die Möglichkeiten angeborener/physiologischer oder erlernter/sozialisationsbedingter Faktoren und die unbefriedigende Forschungslage. Die zweite Frage wird zur Leitfrage der eigentlichen Unterrichtsreihe: Welche musikalischen Mittel haben welche Wirkung, erfüllen welche Funktion bei der Filmrezeption?

Für die Schüler möglicherweise eindrucksvoller und für die nachfolgende Unterrichtsreihe motivierender ist der Einstieg über die Rezeption einer Filmszene, die mit unterschiedlichen Musiken unterlegt wurde und deren Wirkung sich entsprechend verändert hat. Diese Musikbeispiele können auf das Videoband der zu behandelnden Szene aufgenommen oder separat durch eine Tonquelle zugespielt werden. Das erste, aufwendigere Verfahren ist dabei für die Schüler sicher noch anschaulicher. Ausgangsfrage für die folgende Unterrichtsreihe ist auch hier, welche musikalischen Mittel – normalerweise – welche Rezeptionsveränderungen bei der Filmbetrachtung hervorrufen. Hieraus kann wiederum der Umkehrschluß auf die filmmusikalischen Funktionen gezogen werden.

Die eigentliche Unterrichtsreihe gliedert sich in drei Phasen:

1. Mit Hilfe der selbst erstellten graphischen Partitur werden erste wesentliche musikalische Funktionen und Mittel erarbeitet (Intensivierung des Bildinhaltes, Steigerung von Spannung/Erwartungshaltung, »musikalisches Ausrufezeichen«, Hervorheben besonderer Bild-/Handlungselemente). Mit den musikalischen Mitteln, die Spannung verdeutlichen (vor allem Monotonie), wurde bereits ein Beispiel der musikalischen Steigerung des Bildinhalts gegeben (Steigerung hier durch Verdoppelung des Bild- wie des Musikeindrucks), das in der zweiten Phase zu ergänzen ist. Empfehlenswert ist hier die Sammlung der Ergebnisse auf einem gesonderten Blatt, das zu Beginn der Unterrichtsreihe eingeführt und schrittweise ergänzt wird. Welche musikalischen Mittel (in der Regel) welchen Eindruck beim Rezipienten hervorrufen, hat beispielsweise Hans Emons aufgelistet[49]. Manche dieser Mittel sind für eine graphische Partitur wie für eine reine Höranalyse mit ausschließlich verbaler Darstellung zu komplex; vor allem die Analyse harmonischer Mittel muß ohne entsprechendes Notenmaterial weitgehend unterbleiben. Für die Höranalyse ist dabei sicher der vorläufige Verzicht auf den begleitenden Bildeindruck sinnvoll.
2. Eine mögliche Vorgehensweise für die zweite Phase: Der Lehrer hat mehrere Szenen auf Videoband gesammelt, in denen unterschiedliche, für den jeweiligen Jahrgang durch Höranalyse erfaßbare Musik entsprechenden Szenen zugeordnet ist (etwa Szenen der Trauer, des Unheimlichen, des Triumphs – die Beispiele im Materialteil bilden hier lediglich Vorschläge). Bei abgedunkeltem oder abgewandtem Bildschirm wird lediglich die Tonebene des Films, die möglichst wenig Wortelemente enthalten sollte, vorgeführt. Die Schüler notieren sich ihren Eindruck der Musik; die intersubjektiven Gemeinsamkeiten werden festgehalten und als leitende Frage der folgenden Höranalyse zugrunde gelegt: Mit welchen Mitteln arbeitet traurige, unheimliche, fröhliche etc. Musik? Die Ergebnisse der Höranalyse werden auf dem gesondert angelegten Blatt ergänzt. Die Rezeption der

49 Emons/de la Motte-Haber 1980, S. 140ff.

Filmszene mit Bild (ggf. Handlungszusammenhang erklären!) bestätigen schließlich in der Regel den zuvor festgestellten Musikeindruck.
Aufwendiger, jedoch effektiver ist es sicherlich, den Ton der Filmszenen auf Musikkassetten zu überspielen und den Schülern zur Gruppenarbeit zu übergeben, mit gleichem Arbeitsauftrag (s.o.), jedoch unterschiedlichem Material.

3. Als Abschluß der Reihe soll an einer zweiten, selbsterstellten graphischen Partitur zu einer weiteren Szene die Übersicht über Standardfunktionen und -techniken der Musik im populären (d. h. nicht-experimentellen oder mit besonderem künstlerischen Anspruch versehenen) Film vervollkommnet werden. Der erneute Entwurf einer graphischen Partitur ist hier notwendig wegen weiterer filmmusikalischer Vorgehensweisen, die erst bei der präzisen Bild/Musik-Zuordnung deutlich herausgearbeitet werden können. Zum Teil identische Funktionen (und Mittel!) in den Szenen der ersten wie dritten Phase verdeutlichen dabei gleichzeitig die »Allgemeingültigkeit« der Ergebnisse der ersten Phase.
Möglich wäre sicher auch die Analyse lediglich e i n e r Filmszene mit entsprechender graphischer Partitur, so sie denn alle gewünschten Funktionen und Mittel beinhalten würde. Eine so komplexe und in ihren musikalischen Mitteln gleichzeitig anschaulich darstellbare Szene wird jedoch nicht leicht zu finden sein.

Eine sinnvolle Fortführung wäre die Produktion einer eigenen Filmmusik durch die Schüler in Anwendung des Gelernten und kreativem »Darüberhinausgehen«. Als Grundlage für eine solche Eigenproduktion dient die selbst erarbeitete Zusammenstellung filmmusikalischer Funktionen und musikalischer Mittel.

Die E i g e n e r a r b e i t u n g e i n e r g r a p h i s c h e n P a r t i t u r von Filmmusik verlangt – so notwendig und sinnvoll sie ist – von Lehrern wie Schülern einen großen Einsatz. Aufgabe des Lehrers ist es vor allem, die Filmszene auszusuchen und den Bildraster vorzubereiten. Dabei empfiehlt es sich, nicht mehr Informationen aufzunehmen, als zur Bild/Musik-Zuordnung notwendig sind, um das Arbeitsblatt so überschaubar wie möglich zu halten. (Einstellungsgröße, Kameraperspektive etc. nur falls für die Musik bedeutsam!) Unverzichtbar ist allerdings die graphische Berücksichtigung der Einstellungsdauer, da die Notation der Musik ja die Zeitproportionen wiedergeben muß und auf den Bildraster direkt bezogen wird.

Die eigentliche graphische Notierung der Musik und ihre Zuordnung zur Bildleiste ist für die Schüler je nach Vorkenntnissen eine sehr komplizierte Aufgabe, bei der Hilfe sicher erforderlich ist.

- Wichtigster Punkt ist hierbei die Vereinbarung eines gemeinsamen Zeichensystems bzw. ggf. die Modifizierung eines schon bekannten in Hinblick auf die Musik der zu erarbeitenden Szene.
- Als Hilfe können die Schüler in einem zweiten Schritt ausschließlich auf die Musik achten und dieser an der Tafel entsprechende Zeichen zuordnen bzw. diese entwickeln.
- Eigentliche Aufgabe bei dem Entwurf der Partitur ist dann die Herstellung des Bezuges Filmbild/graphisches Zeichen, was selbst schon ein hohes Maß an Konzentration erfordert. Auch eine gemeinsame Erarbeitung der Anfangseinstellungen ist denkbar; der Rest der Partitur wird dann in Einzelarbeit notiert.
- Wichtig ist weiterhin, daß die Schüler bei anfänglichen Schwierigkeiten nicht sofort aufgeben, sondern erst die Zeichen an solchen Stellen eintragen, die für sie überschaubar sind. Der Rest der Partitur wird dann wie ein Puzzle bei mehrmaligem Anschauen der Filmszene zusammengesetzt.
- Die Analyse der filmmusikalischen Funktionen wie der musikalischen Mittel erfolgt im Anschluß an die Herstellung der graphischen Partitur vor allem durch Vergleich von Bild- und Musikebene.

Ein solches Verfahren kann sicher auch in modifizierter Form bei der Produktion von Filmmusik verwendet werden (UM 4, S. 148f.). Hier bietet es sich an, die zu vertonende Szene in Form eines verbalen Bildrasters oder gezeichneten Storyboards vorzulegen, zu der die Musik als Spielvorlage graphisch festgehalten wird. Dieses kann gerade auch als Abschluß einer rezeptiv-analytisch orientierten Unterrichtsreihe, wie der hier dargestellten, erfolgen: Kreativität wird hier gefordert als selbständiger Umgang bzw. selbständige Erweiterung vorgegebenen Materials.

Literatur

Baxter, John: *John Ford*, München 1980

Bitomsky, Hartmut: *Gelbe Streifen Strenges Blau – Passage durch Filme von John Ford*, in: *Filmkritik* 22 (1978), H. 6, S. 281-335, Filmkritik 24 (1980), H. 8, S. 339-377

Emons, Hans/la Motte-Haber, Helga de: *Filmmusik – eine systematische Beschreibung*, München 1980

Place, J. A.: *Die Western von John Ford*, München 1984, S. 164-186

Rubin, Steve: *James Bond*, Hamburg 1981, S. 56-68

Seeßlen, Georg/Weil, Claudius: *Western-Kino: Geschichte und Mythologie des Western-Films*, Reinbek 1979

A.S.

Unterrichtsmodell 3 Sekundarstufe I

Filmmusik im Fernsehen am Beispiel amerikanischer Fernsehserien

Übersicht

Musik für Fernsehserien zu schreiben ist etwa so, wie Schneemänner auf der Spitze des Mount Everest zu bauen: Vielleicht ist es Kunst, aber wer bekommt das schon mit?

Lee Margulies, *Los Angeles Times*

Vorbemerkung

US-Fernsehserien sind nicht mehr wegzudenken aus unseren Fernsehprogrammen. Ob im Vorabendprogramm oder an den besten Sendeplätzen am Abend: Die in Amerika abschätzig als »Soap operas«[50] apostrophierten Endlosfortsetzungen erfreuen sich offensichtlich hoher Popularität beim Publikum und damit bei den Programmgestaltern. Aber nicht nur quantitativ muß den Serien US-amerikanischer Provenienz erhebliches Gewicht zugesprochen werden, auch qualitativ, denn sie haben als Leitbilder die Produktion vergleichbarer Serien in aller Welt geprägt. Seien es im deutschen Fernsehen *Die Schwarzwaldklinik*, *Die Guldenburgs*, *Die Lindenstraße* – stets lassen sich mehr als zufällige Anklänge an die amerikanischen Vorbilder, allen voran die Ahnherrin der jüngeren Generation von »Soaps«, *Dallas*, aufzeigen[51].

Welche Bedeutung hat in diesem Kontext die Filmmusik? Auf den ersten Blick liegt die Vermutung nahe, daß die Musik in solchen Fernsehserien grundsätzlich ähnlich beschaffen ist wie Filmmusik in Kinofilmen. Dies ist jedoch nur beschränkt richtig, denn innerhalb amerikanischer Fernsehproduktionen wird die Erstellung der Musik nicht nur wie andere Produktionsbereiche arbeitsteilig betrieben, sondern die Musik paßt sich auch bestimmten, fernsehtypischen Konventionen an. Zum Teil hängen diese Konventionen mit der Struktur des amerikanischen Fernsehprogramms zusammen (Werbeblöcke innerhalb laufender Episoden), das von den kommerziellen deutschen Fernsehsendern übernommen wurde und auch bei den öffentlich-

50 Zunächst wurden mit diesem Terminus nur die äußerst billigen, täglich ausgestrahlten Serienproduktionen für das Nachmittagsprogramm tituliert, die für Hausfrauen konzipiert waren. Die Bezeichnung spielt auf die Werbeblöcke an, bzw. auf die Sponsoren der Serien, in denen bei Programmen für die Zielgruppe »Hausfrauen« natürlich vor allem die Seife u.ä. produzierenden Konzerne vertreten waren. Inzwischen werden auch aufwendigere Endlos-Serien mit diesem pejorativen Etikett versehen, sofern es sich nicht um Krimis oder Westernserien (»Horse operas«) handelt. Als kurze, aber fundierte Information sei verwiesen auf Rössler (1988, S. 11ff.). Nachfolger der früheren »Soap opera« sind heute die brasilianischen »telenovelas«, die im deutschen Fernsehen im Nachmittagsprogramm ihren Platz gefunden haben (z. B. *Das Recht zu lieben*).

51 Zu inhaltlichen Unterschieden zwischen amerikanischen und deutschen Serien vgl. A. Schardt 1986, S. 53f.

rechtlichen Sendern Spuren hinterließ. Aber nicht nur dieser Aspekt legitimiert die Thematisierung der Musik in amerikanischen Fernsehserien, auch die unreflektierte Übernahme fernsehmusikalischer Topoi US-amerikanischer Provenienz in deutsche Produktionen legt es nahe, die Ursprünge solcher Praxis bewußtzumachen. Beispielsweise verwendete die Fernsehserie *Die Schwarzwaldklinik* ein bestimmtes Leitmotiv, um – in Einheit mit dem Bild – den Wechsel des Handlungsortes hin zur Klinik zu signalisieren. Dieses Verfahren geht auf amerikanische Vorbilder zurück, wo es besonders zur Einleitung der Handlung nach einem Werbeblock Verwendung findet. Die Funktion dort ist dabei eindeutig: Das Publikum bekommt signalisiert, daß die Handlung nun nach der Werbung weitergeht.

Die Erfahrung zeigt, daß die Musik in Fernsehserien von Schülern ebenso wie von der Publikumsmehrheit kaum wahrgenommen wird[52]. Allenfalls die Titelmusik wird vergleichsweise bewußt rezipiert. Im Gegensatz zu ihrer unauffälligen Erscheinung steht die Bedeutung der Musik für die Gestaltung von Spannungsverläufen innerhalb der Handlung; regelrecht unverhohlen wird die Filmmusik häufig zur Manipulation der Wahrnehmung eingesetzt. Dies den Schülern zu veranschaulichen und dazu anzuregen, im Anschluß an die Analyse selbst Gestaltungsversuche zu unternehmen, ist die Intention dieser Unterrichtsreihe.

Zur Vorbereitung sollte eine aktuelle und bei den Schülern bekannte Fernsehserie über mehrere Fortsetzungen hin verfolgt werden. Es ist unbedingt notwenig, daß der Lehrer nicht als Laie in Erscheinung tritt und die Protagonisten und »Spielregeln« bzw. Topoi der Serie richtig einschätzt. Der Mitschnitt einer Folge kann dann zum Analysegegenstand im Unterricht gemacht werden. Hierbei ist zu beachten, daß möglichst viele der u. g. Erscheinungsformen der Filmmusik in dem Beispiel aufzufinden sind.

Grundsätzlich ist zu bedenken, daß der Terminus »Fernsehserie« üblicherweise auf zwei völlig unterschiedliche dramaturgische Konzeptionen angewendet wird. In den folgenden Unterrichtssequenzen geht es um Serien, die in relativ kurzen Abständen (oft wöchentlich) ausgestrahlt werden und die als unendliche Fortsetzungsgeschichten mit weitgehend konstanter Besetzung konzipiert sind. Die Charaktere vermitteln positive und negative Identifikationsangebote, suggerieren dem Publikum einen überschaubaren Bekanntenkreis[53]. Die Handlung reiht Span-

52 Vgl. z. B. Bastian 1986, S. 176f.

53 Diese hier sehr pauschal verkürzten Aussagen zur Funktion der Protagonisten für das Fernsehpublikum werden für den Fall *Dallas* ausführlich von Ien Ang dargestellt und durch Zuschaueraussagen belegt (1986, S. 38-45).

nungsbögen aneinander und verleitet durch unaufgelöste Handlungsstränge am Ende einer Folge zum Anschauen der Fortsetzung[54] (z. B. *Das Erbe der Guldenburgs, Dallas*), oder aber in den vorgegebenen Rahmen der Protagonisten-Konstellation werden weitgehend unabhängige und abgeschlossene Episoden eingebettet (z. B. die ersten Folgen der *Schwarzwaldklinik, Traumschiff, Remington Steele*). Die Musik zu derartigen Serien wird üblicherweise einer festgelegten Seriendramaturgie angepaßt, kann aber in Einzelfolgen durchaus von unterschiedlichen Komponisten ausgearbeitet werden. Während in Deutschland die musikalische Verantwortung meist bei einer Person liegt, ist im US-Fernsehen Arbeitsteilung zwischen mehreren Komponisten übliche Praxis (z. B. *Schwarzwaldklinik, Das Erbe der Guldenburgs, Der Alte*: deutsche Produktionen mit einem Komponisten; *Dallas, Remington Steele, Der Nachtfalke*: US-Produktionen mit wechselnden Komponisten).

Grundsätzlich anders sind die Gegebenheiten bei Fernsehserien, wie sie im deutschen Fernsehen beispielsweise von *Tatort* oder *Eurocops* vertreten werden: Jede Folge ist in sich völlig geschlossen aufgebaut, so daß eine versäumte Ausstrahlung nicht das Verständnis der nächsten Episode beeinträchtigt; die Protagonisten wechseln von Folge zu Folge. Die große Unabhängigkeit jeder einzelnen Fortsetzung rückt die Arbeitsbedingungen der Filmkomponisten in die Nähe der Arbeit an einem Kinospielfilm, die Mitarbeit wechselnder Komponisten scheint deshalb noch unkomplizierter als bei den Serien des o. g. Typs. Im Einzelfall wäre zu prüfen, ob der Seriencharakter Einfluß gewinnt auf die Filmmusik, so wie es für *Dallas* und ähnliche Produktionen in diesem Unterrichtsmodell gezeigt werden soll, oder ob die Filmmusik eher dem Kinospielfilm verwandt ist.

Lehrziele

- Filmmusik als Gestaltungsbestandteil von Fernsehserien bewußt wahrnehmen;
- den quantitativen Anteil von Musik innerhalb einer ausgewählten Fernsehfolge bestimmen;

[54] Für diese spannungsgeladenen, unaufgelösten Situationen am Ende einer Serienfolge wurde in den USA zu Zeiten der großen Fernsehabenteuerserien der Begriff des »Cliffhangers« geprägt: Der Protagonist hängt am Felsen, unter ihm schnappen die Krokodile nach ihm, über ihm lauern die Banditen mit ihren Gewehren. Und das ganze Publikum rätselt, wie der Held aus dieser Klemme wohl herausfindet ...: Fortsetzung folgt!

- verschiedene Erscheinungsformen der Musik unterscheiden und benennen können (Titel, Eröffnungsmusik, dramatischer Akzent, musikalische Ab- und Aufblende, Source music);
- analysieren, welche Funktionen mit diesen Formen verknüpft sind;
- US-Fernsehserien als arbeitsteilig produziertes Produkt kennenlernen.

Materialien

Die Titelmusik

K Zunächst soll das Interesse der Klasse auf die Thematik »Musik in Fernsehserien« gelenkt werden. Hierzu kann ein locker moderiertes informelles Klassengespräch geführt werden (Musik im Fernsehen, beliebte Serien, Musik in diesen Serien etc.). Erfahrungsgemäß werden Schüler von der Filmmusik in Fernsehserien nur die Titelmusik bewußt wahrgenommen haben, sofern es sich nicht um eine Serie mit musikalischem Inhalt oder bekannten Hits als Begleitmusik handelt (z. B. *Fame*, *Miami Vice*). Daran anschließend oder alternativ kann ein Quiz veranstaltet werden, bei dem Titelmusiken zu erraten sind. Die Musikbeispiele können entweder selber gesammelt, von den Schülern zum Unterricht mitgebracht oder aber als (billige) Nachspielungen auf Schallplatte oder CD erworben werden. Bei diesem Quiz läßt sich zeigen, daß die Titelmusik als Signal, als akustisches Zeichen, für eine Serie steht wie ein Logo oder ein bestimmter Schriftzug für ein Markenprodukt.

T-L Funktionen der Titelmusik

Im Anschluß an eine Untersuchung verschiedener Titelmusiken zu Serien im deutschen Fernsehen versuchte Hans-Christian Schmidt die Funktionen dieser Musikstücke zu systematisieren.

Musikalische Titel fungieren als:

1. *ganz allgemeines akustisches Erkennungszeichen, als Wiedererkennungs-Marke, als unverwechselbarer, weil gelernter Aufruf für diejenige Sendung, der die Musik zugeordnet ist. Der Musik-Titel ist ein elementarer Bestandteil der Periodizität von periodischen Fernseh-Sendungen.*
2. *bei Nachrichten-Sendungen als Signal, als Fanfare. Der Ritualcharakter ist im Zusammenhang mit Nachrichten-Sendungen besonders ausgeprägt; als »Weckruf« ist die Musik von knapper Kürze wie bei anderen vergleichbaren Fanfaren.*
3. *Indikator eines Sendetyp-Charakters* ([...]) *und gleichzeitig als Instrument der Zielgruppen-Selektion: junge, »dynamische« Zuschauer, Jugendliche, Kinder, bestimmte Sozialschichten (Kultursendung plus klassisches Musikfragment).*

4. *Sicherung von Affirmation und Schein-Aktivität im Sinne des »Dabeiseins« und »Mitmachens«; dies trifft vor allem für die kindgerechten Titelsongs der Kindersendungen zu.*
5. *Kurz-Ouvertüren mit programmatischem Bezug zu Unterhaltungs-Serien, speziell: Kriminalfilmen. Hier fungiert die Musik als Mittel der Evokation von Handlungserwartungen, welche der Film dann befriedigt. Es findet eine emotionale Einstimmung im Sinne einer Zuschauer-Dynamisierung statt.*
6. *Programm-Musik im herkömmlichen Sinne, indem der programmatische Charakter einer Musik, die nicht als Fernsehmusik gedacht und geschrieben wurde, mit einer Sendung in Verbindung gebracht wird (»Hier und Heute«, »Eurovision«). Der Bezug zum Film ist ein ideeller, der sich dem Beobachter durch Analogieschluß erklärt: »Rheinische« ≙ rheinländisches Magazin, »Te Deum«-Ouvertüre* [von M.-A. Charpentier] ≙ *Ouvertüre zu einem überregionalen Ereignis mit Verkündigungs-Charakter.*

(Hans-Christian Schmidt: *Musikalische Titel von Serien-Sendungen des Fernsehens. Überlegungen zu einer alltäglichen Erscheinung*, in: ders. [Hrsg.]: *Musik in den Massenmedien Rundfunk und Fernsehen*, Mainz 1975, S. 315)

Versucht man die Funktion der Titelmusik in amerikanischen Serienfilmen für das Fernsehen zu beschreiben, so spielen vor allem zwei Aspekte, die auch bei Schmidt angesprochen sind, eine wichtige Rolle:

1. ist die Titelmusik Imageträger für die Serie, d. h., sie spiegelt in sich Merkmale der Serie(nhandlung) wider; sie muß zum Image und zur Zielgruppe der Serie passen sowie sich evtl. an Usancen des Genres (Krimi, Familienserie u.ä.) halten;
2. soll die Titelmusik dem Publikum den Anfang der Folge signalisieren, soll es in die Stimmung zum Zuschauen versetzen.

Diese beiden funktionalen Aspekte entsprechen weitgehend den Kategorien 1–3 von Schmidt.

Der amerikanische Film- und Fernsehwissenschaftler Herbert Zettl führt die Fernsehtitelmusik (»theme«) als typisches Beispiel für beschreibende auditive Gestaltungsmittel ohne denotative (referentielle) Bedeutung an (*descriptive nonliteral sound,* Zettl 1973, S. 338). Mit dieser etwas aufwendigen Umschreibung will Zettl innerhalb eines filmtheoretischen Rahmens zum Ausdruck bringen, daß die Titelmusik den zugehörigen Film beschreiben, charakterisieren kann (*descriptive*) und die

Musik nicht als akustisches Zeichen für ihre Quelle stehen soll (*nonliteral*)[55]. Zur Fernsehtitelmusik schreibt Zettl:

> *Eine Titelmusik beschreibt den Grundtypus des Programms (Krimi, Western, ... Komödie), die allgemeine Stimmung und die spezielle Darbietungsform einer bestimmten Show. Eine gute Eröffnungsmusik*[56] *schafft unmittelbar den spezifischen emotionalen Rahmen für eine Sendung. Sie sagt dem Publikum, ob von ihm erwartet wird, daß es die meiste Zeit lacht, weint, sich ängstlich oder sicher fühlt oder tief bewegt ist. Die Titelmusik schafft ferner Kontinuität zwischen den einzelnen Folgen einer Serie.* [...]
>
> *Die Titelmusik eröffnet die Sendung und oft beendet sie sie auch oder zeigt Anfang oder Ende von Showblöcken an. Eine Titelmusik kann ebenfalls die notwendige Kontinuität stiften während Werbeeinschüben.*

(Herbert Zettl*: *Sight, sound, motion*, Belmont 1973, S. 338)

T-A Fünf fiktive Fernsehserien

K Der von H.-Chr. Schmidt erstgenannte funktionale Aspekt, die Kongruenz von musikalischem Charakter und Charakteristika der zugehörigen Serie (bzw. des Genres), läßt sich am besten experimentell von den Schülern erarbeiten. Hierzu bietet es sich an, mehrere fiktive Serientitelmusiken vorzustellen. Diese Musikbeispiele sollen durch Adjektive beschrieben werden (z. B. majestätisch, aggressiv, verträumt); darüber hinaus sind begründete Aussagen über die Zielgruppe der Serie zu machen. Die Ergebnisse werden als Tafelbild notiert. Anschließend können vorgegebene Inhaltsbeschreibungen der (fiktiven oder realen) Serien vorgestellt werden, die den Musikbeispielen zuzuordnen sind. Parallelen zwischen den genannten Musikbeschreibungen und den Inhaltsangaben sind zur Begründung der Zuordnungen heranzuziehen[57]. Vorsicht ist geboten, wenn die Schüler selbst passende »Titelmusiken«

55 Das Wissen um denotative Bedeutung von Geräuschen also ggf. auch von Musik, d.h. das Wissen, daß beispielsweise zu den Fanfarenklängen, die den Reiter bei seiner Ankunft im Schloß begrüßen, tatsächlich eine Kapelle höfischer Fanfarenbläser gehört, ist erlernt. Fehlt das Wissen, so könnte die Musik möglicherweise konnotativ gedeutet werden als Ausdruck von Macht und Prunk. Das Begriffspaar denotativ/konnotativ steht für die englischsprachige Unterscheidung von literal/nonliteral bei Zettl. Dieser gibt ein einfaches Beispiel dafür, daß dieselben Geräusche je nach Funktion denotative oder konnotative Bedeutung zugewiesen bekommen können: *Das Heulen eines Koyoten als denotatives Geräusch bezeichnet das Tier selbst; als konnotatives Geräusch suggeriert es Einsamkeit oder Gefahr* (Zettl* 1973, S. 336).

56 Hier ist die Titelmusik gemeint und nicht unsere in Zusammenhang mit der Musik in *Dallas* gewählte Terminologie verwendet. (G.M.)

57 Auf eine vergleichbare methodische Anlage greifen auch Schmidt (1976a, S. 296ff.) und Bastian (1986, S. 112ff.) zurück, die Schüler zu Beispielen autonomer Kunstmusik (Stockhausen, Vivaldi u.a.) zugehörige Fernsehsendungen bzw. Filmhandlungen erfinden lassen.

mitbringen sollen: Oft werden aktuell beliebte Songs ausgewählt und als passend deklariert, nur um sie in der Klasse vorspielen zu dürfen!

Die folgenden Hörbeispiele und dazu passenden fiktiven Inhaltsbeschreibungen können als Vorgabe im Unterricht fungieren.

Hörbeispiele: Händel: *Feuerwerksmusik, Menuett 1* / Melodisches, sentimentales Instrumentalstück / Westernmusik / Popsong / Krimimusik

Fiktive Inhaltsbeschreibungen

- Die Handlung spielt vor über 250 Jahren in England: Am Hofe des englischen Königs Georg I. finden Intrigen statt. Die Hauptpersonen sind Ritter Roderick, der von einem Plan zum Sturz des Königs weiß und diesen vereiteln will, und sein Gegenspieler Sir Oswell, ein skrupelloser und machthungriger Berater des Königs, der in die Verschwörung verwickelt ist. Die Spannungen zwischen beiden Personen werden noch dadurch erhöht, daß beide dieselbe Frau verehren.
- Ein Mädchen verliert seine Eltern und versucht Verwandte ausfindig zu machen. Schließlich findet es eine neue Familie, verliebt sich und wird eine berühmte Balletänzerin.
- Eine Farmersfamilie im Wilden Westen muß sich gegen Banditen, böse Nachbarn und die erbarmungslose Natur durchsetzen.
- Eine Serie über eine Gruppe befreundeter Jugendlicher in New York, die spannende und aufregende Abenteuer zu bestehen haben. Jugendserie.
- Kommissarin McNally muß sich in Chicago mit gefährlichen Verbrechern auseinandersetzen. Sie gewinnt immer.

K Die Schüler können nach Belieben die kolportagehaften Inhaltsangaben weiter ausschmücken.

A Überlege, welche Titelmusik zu welcher Fernsehserie paßt. Vergleiche deine Zuordnung mit den Vorschlägen deiner Mitschüler. Falls ihr in bestimmten Fällen weitgehend der gleichen Meinung seid, überlegt, welche Gründe dafür ausschlaggebend sein könnten.

K Es existieren Übereinstimmungen zwischen den Musikbeispielen und den fiktiven Serienhandlungen, die allerdings auf unterschiedlichen Gebieten liegen (was u. U. mit den Schülern besprochen werden kann):

- Musik als historisches Zeichen (Händel/George I.)
- der Stimmungsgehalt der Musik in Übereinstimmung mit Stimmungen der Serienhandlung (sentimentales »Instrumental«/Mädchenschicksal)

- Musikstilistik und Genrespezifik kongruent zur Handlung (Western)
- Musikstil und Zielgruppe als Verbindungsglied (Jugendserie)
- Musik als genrekonformes Klischee (Krimi)

T-A Pawlows Hund

K Um den zweiten funktionalen Aspekt zu thematisieren (Einstimmung durch ein Anfangssignal in Form der Titelmusik), könnte der folgende Arbeitstext der Klasse vorgelegt werden:

> Der russische Mediziner Iwan Petrowitsch Pawlow (1849-1936) entdeckte bei Experimenten mit einem Hund folgenden Effekt: Wenn der Hund sein Fressen sah, wurde bei ihm Speichelfluß ausgelöst – ihm lief das Wasser im Maul zusammen. Klingelte eine Glocke, so wurde der Speichelfluß nicht ausgelöst. Im Verlauf des Versuches wurde jedesmal, wenn der Hund sein Fressen bekam, mit einer Glocke geklingelt. Nach einiger Zeit genügte allein das Klingeln, um bei dem Hund den Speichelfluß auszulösen. Der Auslösereiz »Klingeln der Glocke« verursachte also schließlich die Reaktion »Speichelfluß«. Diese Koppelung einer Reaktion an einen neuen Auslösereiz wird »Konditionierung« genannt.

A Versucht euch vorzustellen, was in euch vorgeht, wenn ihr die Titelmusik zu einer Serie hört, auf die ihr euch schon den ganzen Tag gefreut habt.

K Bei dieser Aufgabe sollen persönliche Erfahrungen ausgetauscht werden. Möglicherweise können die Schüler erkennen, daß die Titelmusik eine gefühlsmäßige Einstimmung der Zuschauer erwirken kann.

A Welche Verbindung läßt sich zwischen der Titelmusik zu einer Fernsehserie und der Konditionierung des Pawlowschen Hundes erkennen?

K Die Übereinstimmung besteht darin, daß der Titelmusik die Funktion eines Auslösereizes beigemessen werden kann. Sie übernimmt demnach die Aufgabe der Glocke bei Pawlow und versetzt den Zuschauer in Vorfreude (Spannung etc.) auf die neue Folge der Serie. Die Konditionierung erfolgt durch häufiges Anschauen der Serienfolgen mit entsprechender affektiver »Hingabe«, ist also Ergebnis eines Lernprozesses.

Das Vorbild: *Dallas*

T-L Informationen zu *Dallas*

Dallas: Ein Bild aus den glücklichen Tagen des medialen Aufbruchs, als sich die Familie Ewing aus Dallas/ Texas anschickte, die westliche Fernsehwelt zu erobern. Das Familienoberhaupt Jock Ewing (Jim Davis) führt das familieneigene Ölimperium mit strenger, aber gerechter Hand. Ihm assistieren seine beiden ehelichen Söhne, der skrupellose J. R. und der gutmütige und aufrichtige Bobby (Patrick Duffy). Schwiegertochter Pam, geb. Barnes (Victoria Principal), ignoriert durch ihre Heirat mit Bobby die jahrzehntelange Familienfehde zwischen den Barnes und den Ewings. – Glück für die Drehbuchschreiber, daß Pam noch einen rachsüchtigen Bruder hat, Jock uneheliche Kinder und J.R. unzählige Schlechtigkeiten im Kopf ...

»Es ist so faszinierend schlecht, daß ich keine Folge versäume. Die Handlung ist abstrus und unlogisch, die Kameraführung grauenhaft, die Regie entsetzlich, und unglaublich viele schlechte Schauspieler und Schauspielerinnen spielen unglaublich schlecht. Aber es ist irre faszinierend.« Dies war der Kommentar von Ingmar Bergman, einem der bedeutendsten Regisseure in der Filmgeschichte, zur Fernsehserie »Dallas«. Im April 1978 strahlte CBS die erste Folge der neuen Produktion aus, um das Konzept der Seifenoper im Abendprogramm einer Bewährungsprobe zu unterziehen. Mit durchschlagendem Erfolg, wie Sehbeteiligungen von über 70% belegen. Bereits zwei Jahre nach seiner Uraufführung wurde »Dallas« in 57 Ländern der Erde gezeigt, mit einem auf 300 Millionen Zuschauer geschätzten Publikum.

In Deutschland starteten die »Buddenbrooks des Plastikzeitalters« am 30. Juni 1981, einem Dienstag, um 21.45 Uhr. Dieser Sendeplatz wurde [...] *beibehalten und hat sich als »Dallas-Zeit« in die Fernsehgewohnheiten der Zuschauer eingeschliffen. Mit mehreren Pausen läuft die Serie seither in der ARD, die 1983 für die Rechte einer einzigen Folge 93000 DM bezahlen mußte*[58]*. Der Erfolg im Mutter-*

58 Nachdem *Dallas* in den USA abgeschlossen und bald darauf auch in Deutschland die letzte Folge ausgestrahlt worden war, wiederholte die ARD mehrfach die gesamte Staffel. (G. M.)

land wiederholte sich mit all seinen Begleiterscheinungen auch hierzulande, so übersprang die Einschaltquote am 1. Juni 1982 die 50%-Hürde. Seit 1985 haben sich die Werte zwischen 45% und 50% eingependelt, was 16-18 Millionen Zuschauer pro Folge bedeutet. Dies entspricht ungefähr dem Publikumsinteresse in den USA. [...]

Was fasziniert die Zuschauer an einer offensichtlich so schlecht gemachten Serie? Der »Stern« mutmaßt, »daß die Mischung aus Sex, Reichtum, Dreistigkeit und psychischem Elend der handelnden Personen dem Normalzuschauer »voyeuristische Freude« macht.« Ebenfalls eine wichtige Rolle spielt der Fortsetzungscharakter und die Funktion als Gesprächsstoff im Bekanntenkreis, was sogar soweit geht, daß der Konsum von »Dallas« notwendig sei, um sozial akzeptiert zu werden. Außerdem ermögliche die Serie einen »schuldfreien Ausbruch aus der eigenen Phantasie« und werde auch von Gegnern dieser Art Fernsehunterhaltung verfolgt, weil man sich darüber so schön mokieren könne: »Sogar Zuschauer, die die Serie schlicht zum Kotzen finden – und das sind immerhin zehn Prozent –, sind Stammkunden. Ihr Vergnügen: Sie wollen sich mal richtig ärgern.«

(Patrick Rössler: *Dallas und Schwarzwaldklinik*, München 1988, S. 54f.; im Original mit zahlreichen Fußnoten)

Im Mittelpunkt der Handlung von *Dallas* steht die Familie Ewing aus Dallas/Texas, deren Reichtum auf Erdöl gründet. Zunächst besteht die Familie aus dem patriarchalischen Familienoberhaupt Jock, seiner Frau, genannt Miss Ellie, den Söhnen J. R. und Bobby nebst deren Frauen. Spannung bezieht die Serie u.a. daraus, daß die Familie verfeindet ist mit der Familie von Digger Barnes, dessen Tochter Pamela jedoch Bobby heiratet. Die Ewing-Brüder wiederum sind archetypisch angelegt als der skrupellos Böse (J. R.) und der gutaussehende Gute (Bobby). Im Verlauf der Jahre scheiden zahllose Handlungsträger durch Tod der Schauspieler, unerfüllbare Gagenforderungen oder schlicht Lustlosigkeit aus, neue Figuren werden eingeführt etc. pp. Die Handlung spielt grundsätzlich parallel an mehreren Schauplätzen, zwischen denen unvermittelt hin- und hergesprungen wird. Dieser Erzählstil wurde bei deutschen Produktionen, beispielsweise in der *Schwarzwaldklinik* oder dem *Erbe der Guldenburgs*, übernommen. Die Geschichte setzt sich von Folge zu Folge fort, Lösungen einzelner Handlungsstränge werden nur vorübergehend erreicht, so daß eine permanente, »unendliche« dramatische Spannung erhalten bleibt.

Die Serie endet in den USA im Mai 1991 mit dem Selbstmord J. R.s, der die Verfehlungen seines skrupellosen Lebens einsieht und sich das Leben nimmt.

FA Filmausschnitt *Dallas*

K Zur detaillierten Untersuchung des Musik-Film-Bezuges in einer ausgewählten Fernsehserienfolge ist als Einstieg die Anfertigung eines Filmprotokolls unerläßlich. (Sollte nicht genügend Unterrichtszeit zur Verfügung stehen, kann den Schülern ein skizzenhaftes Protokoll vorgegeben werden, bei dem lediglich noch die Spalten zur Musik auszufüllen sind.) Ziel der quantitativen Untersuchung der Filmmusik ist dabei in erster Linie, die Aufmerksamkeit der Schüler auf die musikalische Schicht des Films zu lenken, die üblicherweise gegenüber der Film- bzw. Bildhandlung in den Hintergrund tritt.

Der erste Schritt zur Analyse besteht in einer groben Fixierung des Handlungsverlaufs in einem Filmprotokoll (s. UM 2). Notwendige Hilfsmittel sind dabei eine Stoppuhr und ein Protokollblatt, in das der zeitliche Verlauf und wichtige Bezugspunkte der Handlungsbeschreibung einzutragen sind. Ggf. können einzelne Eintragungen bereits vorgenommen worden sein (z. B. die Zeiten markanter Handlungseinschnitte). Dann kann die Aufgabe gestellt werden, die Schüler in Partner- oder Kleingruppenarbeit notieren zu lassen, wann Musik zu hören ist und wie lange diese Abschnitte dauern. Auf der Grundlage dieser quantitativen Filmmusikbeschreibung werden die Funktionen der einzelnen Musikpartien erörtert und ihre Funktion bestimmt.

Alternativ zu dem in UM 2 ausführlich vorgestellten Protokollformular kann hier eine einfachere Version verwendet werden, die mehrere Spalten enthält und in der der zeitliche Verlauf von oben nach unten notiert wird. Die Spalten (z. B. Zeit/Handlung/Musik/musikal. Funktion) sind unterschiedlich breit und weisen gleichzeitige Ereignisse nebeneinanderstehend aus:

Zeit	Handlung	Musik	musikal. Funktion
0:00	Vorspann	X	Titelmusik
1:30	Handlungsbeginn (...)	X	Eröffnungsmusik
...			

Auch wenn die Ausführungen zur Analyse zwangsläufig allgemein und oberflächlich bleiben müssen, lassen sich die grundsätzlichen Erläuterungen zum Unterrichtsverlauf und zu den typischen (vor allem: fernsehspezifischen) Funktionen der Filmmusik in *Dallas* auf nahezu jede beliebige Folge der Serie bzw. auf andere Fernsehserien übertragen (vgl. Maas 1993, Sp. 227ff.).

NB Die Titelmusik zu *Dallas*

J. Immel

Vervielfältigung für Unterrichtszwecke ist in der erfoderlichen Anzahl gestattet.

Die folgenden Kommentare und Aufgaben beziehen sich auf die voranstehenden Notenbeispiele.

K Falls möglich, soll die Titelmusik auch von den Schülern selbst musiziert werden. Dabei kann durchaus eine parodistische Absicht verfolgt werden, wenn das majestätisch-machtvolle Thema plötzlich in gänzlich andersartigem Charakter erscheint ...

A Schau dir die beiden ersten Notenbeispiele genau an, und versuche sie zu beschreiben. Wie stellst du dir die Musik vor? Begründe deine Erwartungen.

K 1. Auftakt, Sprünge, aufwärtsstrebend, Punktierung, größere Notenwerte, Dreiklangstöne etc.
2. kleine Notenwerte mit kurzen Unterbrechungen durch ruhigere Akkordrepetitionen, die sich am Ende verselbständigen, aufstrebende Skalen etc.

Die Erwartungen sind von der Erfahrung der Schüler mit Noten abhängig. Die Aufgabe eignet sich besonders zur Partnerarbeit.

A Vergleiche das erste mit dem dritten Notenbeispiel.

K Durch den Vergleich soll der periodische Aufbau mit Vordersatz (1) und Nachsatz (3) erkannt werden: Das Hauptthema ist völlig abgeschlossen und bedarf nicht der musikalischen Weiterführung!

Versuche einzelner Schüler, die Notenbeispiele zu musizieren, können die unterschiedlichen spieltechnischen Schwierigkeiten beider musikalischer Bausteine veranschaulichen.

A Höre die Titelmusik, und versuche, die Notenausschnitte mitzulesen. Wie oft erscheinen die Abschnitte 1+3 und 2? Bemerkst du Unterschiede zwischen Wiederholungen?

K Notenbeispiel 2 erscheint am Anfang und (modifiziert) am Ende, das Hauptthema erklingt insgesamt 4½-mal. Unterschiede des Hauptthemas bestehen in der Instrumentierung, dem mehrfachen Verzicht auf Abschnitt 3, der Tonlage, der Verkürzung auf 4 Takte und der Verkürzung eines Taktes von 4/4 auf 3/4.

Alternativ zu den Notenbeispielen kann auch ein Notationspuzzle verwendet werden, bei dem es Karten mit dem 8taktigen Hauptthema gibt, eine Karte mit dem auf 4 Takte verkürzten Thema sowie je eine Karte für den Anfang (= Notenbeispiel 2) und das Ende (= Notenbeispiel 2, modifiziert). Dieses Verfahren hat nur Sinn, wenn den Schülern das Hauptthema sehr vertraut und ein Wiedererkennen gewährleistet ist. Die Instrumente werden nach der Anordnung der Karten den Abschnitten zugeordnet.

A Warum wird deiner Meinung nach das Hauptthema so oft wiederholt? Welche Instrumente kannst du heraushören?

K Zur besseren Einprägung; Hörner, E-Baß, Streicher.

A Suche nach Adjektiven, die den Charakter der Musik beschreiben, und vergleiche deine Wortwahl mit der deiner Mitschüler. Seid ihr einer Meinung? Welche Erwartungen würde wohl ein Fernsehzuschauer haben, wenn er die Musik zu *Dallas* hört und die Serie selbst noch nie gesehen hat?

K Möglicherweise ruft die Musik innerhalb der Klasse homogene Eindrücke hervor, so daß ähnliche Adjektive gefunden werden. Entscheidend ist jedoch, daß die Schüler sich der W i r k u n g der Musik auf die eigene Person bewußt werden und sie damit überhaupt diskutierbar machen. In einer 7. Gymnasialklasse mit 24 Schülern waren die meistgenannten Adjektive: fröhlich (13 Nennungen), schnell (10), lebendig (9), melodisch (8), laut, lustig, schwungvoll (je 5), spannend (4). Diese Adjektive lassen positive Konnotationen vermuten und zeigen Aktivierung der Hörer an. Die Funktion der Musik als Charakterisierung der Serie wird hiermit in Verbindung gebracht.

A Für welche Zielgruppe wird die Serie *Dallas* und die Titelmusik dazu bestimmt sein?

K Die Aufgabe zielt auf die Funktion der Zielgruppenselektion und läßt verschiedene Mutmaßungen zu.

A Beachte das Ende der Musik: Wie wird es gestaltet, und was passiert dazu auf dem Bildschirm?

K Das Ende ist auskomponiert und wird im Bild durch eine sehr kurze Abblende unterstrichen.

Eine Detailanalyse des Notentextes setzt entsprechende analytische Fertigkeiten seitens der Schüler voraus. Eine preiswerte autorisierte Notenausgabe (Klaviersatz) kann hierbei Hilfestellung leisten[59]. Das Hauptaugenmerk ist auf die Prinzipien W i e d e r h o l u n g und A b w e c h s l u n g zu richten. Die notierten 58 Takte (durch Repetition eines Abschnitts werden 103 Takte gespielt) enthalten überwiegend Wiederholungen und Sequenzierungen des 8taktigen *Dallas*-Themas, hinzu

59 Jerrold Immel: *Dallas*. Klavierausgabe der Titelmusik, Roliram Music (London)

treten 7 Einleitungstakte, 2 Abschlußtakte, ein obskurer Zwischenteil (4 + 4 Takte) mit anschließenden 4 Überleitungstakten, die der verkürzten Einleitung entsprechen. Alle anderen notierten 37 Takte beinhalten Themenmaterial.

Der auffälligen Reduktion des musikalischen Materials auf das 8taktige Thema stehen rhythmische Änderungen (Taktwechsel) und harmonische Wechsel (Rückungen, Sequenzierungen) gegenüber. Das *Dallas*-Thema selbst wird durch das aufwärtsstrebende, punktierte Kopfmotiv geprägt. Fast ausschließlich werden dreiklangseigene Töne verwendet; dies gilt für die vier Anfangstakte, die der Dominante zustreben und für die zweite Viertaktgruppe, die unter Verzicht auf die Punktierungen des Kopfmotivs den zweiten Halbsatz zur Tonika zurückführt. Es handelt sich um eine sehr konventionelle und ausgewogene Gestaltung. Den Charakter des *Dallas*-Themas kann man als machtvoll bezeichnen, und es entfaltet eine starke Signalwirkung. Harmonisch verbleibt es im Tonikaraum, nur in den Takten 4 bzw. 7, 8 werden durch die angezielte Dominante Akkordwechsel vollzogen. Insgesamt ist die harmonische Ausgestaltung des Themas sehr dünn, die Rückungen (Es-Dur, H-Dur ... E-Dur, C-Dur) werden unvermittelt vollzogen und suggerieren durch die Veränderung des Tonartbezugs Abwechslung, wo thematisch betrachtet lediglich wiederholt wird. Harmonisch variantenreicher sind jedoch die 4+4 Takte des Zwischenteils[60], deren Akkordbezüge populärer Musik nahestehen und deshalb nicht ausschließlich funktional zu interpretieren sind[61].

Die Frage, wie intensiv eine Analyse der *Dallas*-Titelmusik betrieben werden soll, muß in der konkreten unterrichtlichen Situation gestellt werden.

T-L Unterschiede zwischen deutschen und US-amerikanischen Fernsehserien

Vor allem sind es drei Bereiche, in denen sich die Fernsehserien amerikanischer und deutscher Herkunft unterscheiden:

1. Die Produktionsweise in den USA ist in höherem Grade arbeitsteilig organisiert als in Deutschland, und es vergeht in den USA weniger Zeit zwischen dem Drehen einer Folge und ihrem Sendetermin. Dadurch kann recht schnell auf Publikumsreaktionen geantwortet werden. Als beispielsweise in *Dallas* die Dar-

60 Dieser Teil findet sich nicht in der eingespielten Fernsehfassung.

61 Typisch für solche Musik ist oft das »Verrücken« von Akkorden von Stufe zu Stufe, wobei sich der Akkordaufbau nicht ändert. Das Verfahren wird besonders durch das akkordische Spiel auf der Gitarre begünstigt. Das in diesem Verfahren begründete harmonische Empfinden läßt sich dann leichter stufentheoretisch als funktionsharmonisch wiedergeben.

stellerin der Familienmutter der Ewings (Miss Ellie), Barbara Bel Geddes, aus gesundheitlichen Gründen ausschied, lehnte das Publikum ihre Darstellerkollegin so vollkommen ab, daß Bel Geddes schon nach nur 5 Folgen wieder in das Darstellerteam aufgenommen wurde. Ausdruck dieser schnellen Produktionsweise ist eine ständige Veränderung der Besetzung des Filmstabes: Regisseure, Assistenten, Drehbuchautoren, Kameraleute, Cutter und Komponisten wechseln von Folge zu Folge. Es gibt deshalb nicht »den« *Dallas*-Regisseur oder -Komponisten; nur die Darsteller und das Produktionsteam (Produzent, Casting etc.) bleiben als feste Größen unverändert. Demgegenüber ist es bei den deutschen wöchentlich ausgestrahlten Fernsehserien üblich, daß zunächst eine Staffel mit 13 Folgen (entsprechend einem Vierteljahr) oder 26 Folgen von einem Team gedreht wird, und erst nach Abschluß der Dreharbeiten und der Nachbearbeitung (inkl. Filmmusik) werden die Folgen ausgestrahlt. Nur diese Produktionsweise ermöglicht es, daß ein Filmmusikkomponist den musikalischen Charakter einer Fernsehserie über die Titelmusik hinaus prägt (z. B. Eberhard Schoener *Das Erbe der Guldenburgs*, Hans Hammerschmid *Die Schwarzwaldklinik*).

2. In amerikanischen Fernsehserien werden die Schauspielerstars am Anfang (zur Titelmusik) gezeigt und genannt, während dies in deutschen Serien unüblich ist. Hier dient der Nachspann dazu, alle Mitwirkenden aufzuführen. Als praktische Konsequenz sind die Titelmusiken zu amerikanischen Serien üblicherweise länger als die zu deutschen[62].
3. Da sich das amerikanische Fernsehprogramm fast ausschließlich durch Werbung finanziert, werden auch die Serien regelmäßig durch Werbeblöcke unterbrochen. Die Popularität einer Serie bestimmt den Preis für die hierin integrierten Werbeminuten. Die Produzenten tragen diesem kommerziellen Aspekt dadurch Rechnung, daß sie in den Film Raum für Unterbrechungen zu Werbezwecken »einarbeiten«. Dabei kommt der Filmmusik eine besondere Rolle zu, wie unten noch ausgeführt wird.

62 Vgl. H.-Chr. Schmidt 1976a, S. 310

T-L/T-A Erscheinungsformen und Funktionen der Filmmusik in *Dallas*

Nach eigenen Untersuchungen sind in der Fernsehserie *Dallas* folgende typische funktional gebundene Formen der Filmmusik zu finden:

1. Titelmusik
Das akustische Marken- bzw. Erkennungszeichen, die musikalische Aufforderung an den Zuschauer zum Zusehen (fanfarenartiger Beginn), akustischer »Auslösereiz« für das »konditionierte« Publikum. Untermalung der (gleichbleibenden) Titelsequenz (Ort und Umgebung der Handlung; Hauptpersonen).

2. Eröffnungsmusik
Schließt sich unmittelbar an die Titelmusik an und akzentuiert den ersten Szenenanfang. Gleichzeitig Untermalung der wechselnden Anfangs-»credits« (Stars, die nicht im Titel enthalten sind: »co-starring ...«, Drehbuchautor, Regisseur): »Der Vorhang für die Spielhandlung geht auf ...«

3. »Klammerfunktion«
Verbindung zweier räumlich und/oder zeitlich getrennter Szenen durch eine durchgehende (z. T. sehr kurze) Musik: *Sprünge in Raum und Zeit müssen so stattfinden, daß der Zuschauer sie nicht als störend empfindet, denn dies kann zu einem Verlust der Illusion der erzählerischen Kontinuität und Kohärenz* [...] *führen* (Ang 1986, S. 52). Die Musik verdeckt den harten (unmotivierten) Filmschnitt und ermöglicht dadurch eine schnellere filmische Erzählweise, da die neue Szene nicht eingeführt werden muß. Oft verwendet in Verbindung mit »location-shots«, d. h. Einstellungen, die den neuen Ort der Handlung durch charakteristische visuelle Symbole vorstellen (z. B. Totale des Ewing-Hochhauses).

4. Musikalische Auf- und Abblende
Umschließt in der Regel den Werbeblock. Meist kombiniert mit filmischer (optischer) Auf- und Abblende. Vergleichbar dem Akt-Vorhang im Theater. Die Abblende besteht oft aus nur einem Akkord, der zunächst crescendiert, um dann um so dramatischer zu verebben. In der Aufblende finden sich häufiger melodische Floskeln.

5. Dramatischer Akzent
Hervorhebung und Unterstützung einer (unerwarteten) dramatischen Wendung normalerweise am Ende einer Szene. Kann verbunden sein mit musikalischer Ab-

blende oder der »Klammerfunktion«. Der dramatische Akzent ist meist ein sehr knappes musikalisches Zeichen, das in seiner Funktion an ein Ausrufezeichen erinnert.

6. Source music (Inzidenzmusik)
Musik, die im Bild präsent ist oder sein könnte: in der Bar, im Radio, beim Barbecue auf der Southfork-Ranch etc.

7. Seltener finden die üblichen Filmmusikfunktionen und Kompositionstechniken Anwendung, die z. T. zeitaufwendiger sind, z. B. Leitmotiv-Technik, Mood-Technik, Mickeymousing.

Die Fernsehmusik ist von größter Ökonomie geprägt, vom Zeitdruck der Produktion, von der Verwendung versatzstückhafter musikalischer Floskeln, die den Vorgaben des Produktionsprozesses Rechnung tragen. Allerdings gibt es durchaus einzelne Folgen, deren Gestaltung durch den entsprechenden Filmkomponisten aus der üblichen Masse herausragt (z. B. originelle Instrumentation, leitmotivische Arbeit mit der Titelmusik u. ä.).

K Die knappe, stichwortartige Formulierung macht den Text für jüngere Schüler schwer verständlich. In diesem Fall sollte er nicht vorgegeben, sondern inhaltlich als Ergebnis der Analysen von den Schülern selbst in seinen Kernaussagen erarbeitet und formuliert werden. Grundsätzlich kann der Arbeitstext herangezogen werden:

- um die eigenen Arbeitsergebnisse der Schüler zur Filmanalyse zu ergänzen oder zur Diskussion über die eigenen Befunde anzuregen (z. B.: Vergleicht die genannten Erscheinungsformen der Filmmusik in *Dallas* mit euren eigenen Analyseergebnissen. Gibt es Abweichungen in der Wortwahl? Habt ihr Funktionen bzw. Erscheinungsformen gefunden, die in dieser Zusammenstellung vergessen wurden, oder gibt es in diesem Text Erscheinungsformen, die ihr in eurem Beispiel nicht angetroffen habt?),
- zur Zusammenfassung der Arbeitsergebnisse dieser Sequenz,
- als Analysehilfe, die selektiv durch den Lehrer lenkend oder informierend eingebracht wird.

Ggf. kann an dieser Stelle zu eigenen Gestaltungsversuchen im Sinne der Analyseergebnisse übergegangen werden.

T-L Über die Arbeitsbedingungen von Fernsehkomponisten in den USA

Einen sehr plastischen Eindruck vom Berufsalltag der Fernsehkomponisten in Hollywood vermittelt R. Faulkner in seinem englischsprachigen Buch *Music on demand* (1987). Die darin gesammelten zahlreichen Zitate und Gesprächsausschnitte belegen, daß gerade die Fernsehmusik den Komponisten durch stilistische und funktionale Vorgaben in größerem Maße einschränkt, als dies bei einer Kinoproduktion üblich ist. Die Arbeit für das Fernsehen wird deshalb von den Komponisten als besonders unbefriedigend geschildert (Faulkner 1987, S. 89ff.).

Bei der Fernsehproduktion steht der Komponist, der seine eigenen Vorstellungen von guter Filmmusik gerne verwirklichen würde, dem Produzenten gegenüber, der als einziges Ziel die Einschaltquoten und damit den kommerziellen Erfolg im Auge haben muß, denn ohne angemessene Publikumsresonanz verliert seine Fernsehgesellschaft Werbekunden, die Serie kann sich wirtschaftlich nicht halten und muß eingestellt werden. Unter dem Primat der kommerziellen Verwertbarkeit muß auch der Filmkomponist seine Arbeit an dem arbeitsteiligen Produkt »Fernsehserie« leisten. Zwei Textauszüge von Faulkner veranschaulichen diese Situation, wobei der zweite Text »T-A Fernsehmusik und ihre Spielregeln« ggf. auch als Arbeitsunterlage für die Schüler dienen kann.

> *Ein Novize in der kommerziellen* [Fernseh-]*Welt lernt schnell, daß das eine Element, das ein gewöhnlicher Fernsehproduzent bei einem gewöhnlichen Filmprojekt in seiner Arbeitswelt am dringlichsten minimieren möchte, Zufälligkeit ist. Der Produzent kalkuliert, plant, müht sich, arbeitet mit allen Tricks des Filmgeschäfts* {»hype«[63]} *genau mit dem Ziel, Gefahren durch etwas Unerwartetes oder zu Unerwartetes auszuschließen. Vertrauen auf musikalische Konventionen ist ein wesentlicher Bestandteil im Bemühen des Produzenten, Zufälligkeiten in dem Filmprojekt zu minimieren, aber die Interessenlage des Komponisten dürfte schwieriger sein* [als die des Produzenten]. *Wenn ein Komponist seine Karriere beginnt, ist er einfach dankbar, daß ihm jemand die Gelegenheit zur Arbeit gibt; die Vorgaben/Bedingungen des Produzenten scheinen ihm nicht allzu einen-*

63 Das an dieser Stelle im Original in Anführungsstriche gestellte Verb *to hype* läßt sich nicht in ein deutsches Äquivalent überführen. Vielmehr hat sich in der Showbranche das Lehnwort »hypen« etabliert, was im obigen Text umschrieben wurde durch »mit allen Tricks des Filmgeschäfts arbeiten«. Gemeint ist mit dem Wort in der Regel, daß ein Unterhaltungsprodukt oder -star durch geschickte Einflußnahme oder raffinierte Werbekampagnen in den Markt eingeschleust wird. (G.M.)

gend. Aber wenn der Freiberufler andere Filmemacher trifft und Zugang zu einer Vielzahl von Arbeitsverträgen erhält, beginnt er den Unterschied zu fühlen zwischen Handwerk und Kunst, zwischen dem Wissen, was von einem erwartet wird und dem, was man selber tun möchte oder tun könnte. Eine Entscheidung/Wahl wird möglich. Die eine Art zu arbeiten ist völlig sicher, die andere voller Risiken und aufkommender Angst – Angst um den [erworbenen] *Status, Renommee und zukünftige Beziehungen und Verdienst* {credits}.

(Robert R. Faulkner*: *Music on demand*, New Brunswick 1987, S. 98f.)

T-A Fernsehmusik und ihre Spielregeln

Ein Fernsehkomponist in Amerika erzählt von seiner Arbeit:

»Ich habe sehr schnell gelernt, daß man wissen muß, wer die Spieler und wer die Spielfiguren sind auf dem großen Monopoly-Spielbrett hier draußen [in Hollywood]. *« Einfluß und Abhängigkeit*[64], *behauptete er, sei der Unterschied zwischen einem sehr jungen und »heiß umworbenen« Freund und Kollegen, der kürzlich mehrere Oscar-Nominierungen*[65] *gewonnen hatte und einem anderen Mann, der von Fernsehserien nicht loskam. Über diesen zweiten Komponisten sagte er: »Er ist möglicherweise einer der unwahrscheinlich begabtesten Komponisten, die je auf dieser Erde herumgelaufen sind. Unglaublich. Er kann dir über Nacht eine Partitur im Stile Pendereckis*[66] *schreiben! Er ist ein größeres Talent als all die Spitzenleute in der Stadt.« Der Vorfall* [von dem der Komponist berichten wollte] *ereignete sich erst kürzlich und war ihm noch warm in Erinnerung und wichtig. »Er hatte einen Vertrag, eine Folge einer Fernsehserie zu machen und kam schließlich mit einer fünfstimmigen atonalen Fuge dafür an. Sie war toll, fantastisch, aber mal ehrlich! Sowas ist doch überhaupt nicht realistisch! Das Geschäft ist nun einmal anders.« Die Folge war, daß die Musik herausgeschnitten wurde, der Produzent tobte und jeder bekam es mit. Seitdem wurde der Komponist nirgends wieder beschäftigt.*

(Robert R. Faulkner*: *Music on demand*, New Brunswick 1987, S. 94)

64 Der bei Faulkner gewählte Terminus *politics* meint, wie aus vorangehenden Passagen ersichtlich ist, die wirtschaftlichen Abhängigkeits- und Einflußstrukturen im Filmgeschäft Hollywoods. (G.M.)

65 Die Auswahl der Kandidaten für den Preis in einer bestimmten Kategorie gilt als bedeutende Auszeichnung. [s. Glossar *Academy Award*] (G.M.)

66 Neben Lutosławski der international renommierteste »Avantgarde«-Komponist Polens (*1933), der vor allem durch seine *Lukas-Passion* (1966) berühmt wurde und dessen Werke kompositorisch meist sehr komplex angelegt sind. (G.M.)

K Zunächst sind Verständnisfragen zu klären. Außerdem sollte der Inhalt der berichteten Episode durch die Schüler mit eigenen Worten wiedergegeben werden, damit sichergestellt ist, daß sie richtig verstanden wurde. Auch der Vergleich der Filmwirtschaft in Hollywood mit Monopoly ist ggf. zu erläutern.

A Warum sieht der erzählende Komponist seine beiden Kollegen, den heißumworbenen Filmkomponisten und den nicht mehr beschäftigten Fernsehkomponisten, als gegensätzliche Beispiele für das Filmgeschäft in Hollywood an?

K Der erste Fall zeigt den Komponisten in der Rolle eines umworbenen Stars, um dessen Mitarbeit die Produzenten buhlen (eine Folge seiner durch Nominierungen bezeugten »Qualifikation«) und der sich in dieser Position günstige Arbeitsbedingungen und künstlerische Freiheiten aushandeln kann. Der zweite Fall, der dem Alltag der meisten Filmkomponisten entsprechen dürfte, belegt die Abhängigkeit des freischaffenden Komponisten vom industriellen Produktionssystem und speziell vom Produzenten. Die außerordentliche musikalische Qualifikation des Komponisten spielt für seine berufliche Entwicklung kaum eine Rolle, während die Konformität seiner Arbeit mit den Vorgaben und Erwartungen der Produktionsmaschinerie entscheidend für sein berufliches Überleben ist.

A Der Produzent, der für die Finanzierung und den Erfolg einer Fernsehserie verantwortlich ist, ließ die gelieferte Filmmusik aus dem Film entfernen. Welche Gründe könnten deiner Meinung nach hierfür ausschlaggebend gewesen sein?

K Der Produzent hatte offenbar die Abhängigkeiten der Werbeeinnahmen von den Einschaltquoten und deren Abhängigkeit von der Befriedigung der Publikumserwartung im Blick gehabt. Eine »unpassende« - oder besser unkonventionelle - Filmmusik bedeutet in diesem Kausalgeflecht Risiko (s. vorangegangene T-L).

A Wie würdest du als Produzent oder als Fernsehzuschauer reagieren, wenn ein Komponist eine völlig ungewohnte Musik in einen Film »einbauen« würde?

K Die Aufgabe dient dazu, den Schülern ihre eigenen Wertvorstellungen und verinnerlichten Konventionen ansatzweise bewußtzumachen, bzw. die Entscheidungsprozesse innerhalb der industriellen Fernsehproduktion zu thematisieren. Beide Teilaufgaben sollen, obwohl hier in einer Aufgabe zusammengefaßt, getrennt behandelt werden, da sie unterschiedliche Sichtweisen und Argumentationslinien implizieren. Für die Diskussion über die Entscheidung als Produzent können Informationen aus dem ersten Text von Faulkner durch den Lehrer ergänzt werden.

Zur Veranschaulichung des Themas (»unpassende« Musik in einer Fernsehserie) können die Schüler auch selbst mit Musikbeispielen experimentieren, die sie einzelnen Filmszenen unterlegen.

Besonders reizvoll kann auch ein Rollenspiel sein, in dem eine aufmüpfige Komponistin, eine Produzentin und eine Werbekundin (oder entsprechende Männerrollen) in einen Streit geraten über eine »untaugliche« Musik. Vielleicht hat die Werbekundin noch irgendein Produkt, das sich mit dieser Filmmusik und einer passenden Fernsehserie vermarkten ließe?

Serienmusik selbermachen

Die Analyse der Musik zur Fernsehserie *Dallas* oder zu anderen durchschnittlichen Fernsehproduktionen zeigt, daß die kompositorischen Anforderungen wie auch der zeitliche Umfang der eingesetzten Musik recht bescheiden sind. Dies legt den Versuch nahe, mit Schülern eine Filmmusik zu einer Folge selbst zu gestalten. Grundsätzlich können hierbei die Hinweise zum Unterrichtsmodell 4 *Filmmusik selbstgemacht* übernommen werden. Allerdings sind die folgenden Erläuterungen zu bedenken:

1. Die Musik erhält in *Dallas* mit Ausnahme von Titel- und Eröffnungsmusik wenig Raum und greift sehr exakt in die anderen Gestaltungsbereiche der Tonspur ein. Daraus ergibt sich, daß es kaum möglich ist, über eine größere Sequenz hinweg die Tonspur insgesamt zu löschen, um »Platz« für eine neu zu produzierende Musik zu schaffen. Zu offensichtlich würden Sprache und Geräusche fehlen.
2. Für Musik in einem Fernsehserienfilm gilt in noch stärkerem Maße als im (ambitionierteren) Spielfilm, daß die funktionale Verflechtung von Musik und anderen Gestaltungsebenen wenig gestalterische Freiheiten läßt und sich alle Elemente einer »Grundaussage« zuordnen müssen: *Das dramaturgische Prinzip der gängigen amerikanischen Fernsehserie ist das der Parallelmontage, d.h. alle filmischen Ebenen (Bild, Sprache, Geräusch, Musik) verlaufen parallel bzw. sind in ihrer Grundaussage identisch* (Battenberg 1976, S. 108). In diese Parallelmontage muß sich auch die Musik einfügen, denn, so Battenberg, *kein einziges Element darf den Zuschauer dazu verleiten, sich zu distanzieren* (ebd., S. 116). Im selben Maße wie diese Verflechtung untrennbar in die Analyse der Filmmusik einbezogen werden muß, ist die unterrichtliche Behandlung nicht mehr alleinige Aufgabe für das Fach Musik, sondern wird zum medienkundlichen Anliegen, das Fächergrenzen überschreitet. Deshalb erscheint die Eigenproduktion von Filmmusik für einen Fernsehserienfilm vor allem sinnvoll als Ziel eines fächerübergreifenden Projektunterrichts.
3. Der Erarbeitung einer Filmmusik im Projektunterricht sollte die Analyse einer Filmepisode vorausgehen (s. o.), damit überhaupt der spezifische Einsatz der Musik ins Bewußtsein der Schüler rücken kann.
4. Aufgabe für ein Unterrichtsprojekt könnte sein, eine vorgegebene und eventuell gekürzte Episode einer Fernsehserie, deren Tonspur durchgehend gelöscht ist, mit neuen Dialogen und Musik zu versehen. Hierbei erfahren die Schüler, in welch hohem Maße die auditive (ebenso wie auch die visuelle) Schicht des Films Konventionen unterworfen ist, denn auch bei einer unbekannten Folge werden

sie kaum Schwierigkeiten haben, den Spannungs- und Stimmungsgehalt der Szenen zu erkennen und in Dialoge zu transformieren. Weitere Hinweise zum Verfahren der Neutextierung können aus Platzgründen hier nicht gegeben werden, doch kann in diesem Zusammenhang der Aufsatz von K. Schäfer (1982) praxisnah weitere Hilfestellung leisten.

5. Wie auch in der tatsächlichen Produktionsreihenfolge kann die Musik erst nach Fertigstellung der Dialoge hinzugefügt werden. Für Titelmusik, Eröffnungs- und Inzidenzmusik lassen sich existierende Musiktitel verwenden, wobei die Auswahl sorgfältiger Vorüberlegung bedarf (Zielgruppe, musikalischer Charakter der Musik, Länge der Musik etc.). Für die anderen sehr kurzen musikalischen Versatzstücke sind Cluster (crescendo, decrescendo, sich aufbauende oder bewegende Cluster) oder aufgefächerte Akkorde (vor allem Sept- und Nonenakkorde sowie Quartschichtungen) als Ausgangsmaterial geeignet (Töne vorgeben!). Einfache Dreiklänge und funktional eindeutige Akkorde oder Akkordverbindungen (z. B. Dominantseptakkord bzw. kadenzierende Akkordfolgen) sind nicht sehr günstig.

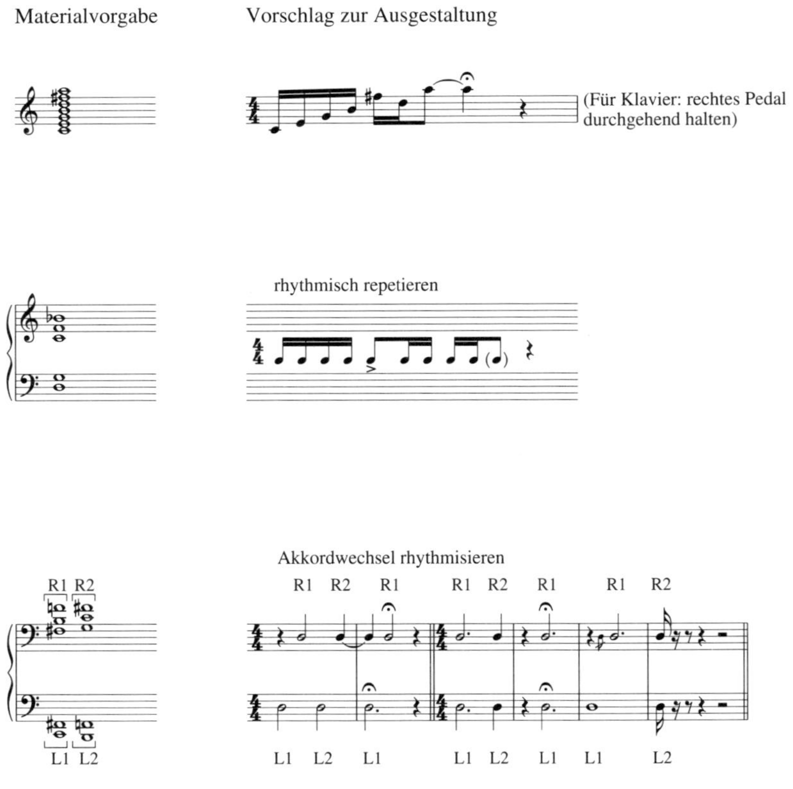

Vorschläge zum Ablauf der Unterrichtsreihe

Thematische Sequenzierungen:

1. Es ist möglich, die Abfolge der drei Themenblöcke zu verkürzen und eigene musikalische Gestaltungsversuche der Schüler einer Unterrichtsreihe über Filmmusik vorzubehalten. Fernsehmusik ist noch stärker von musikfremden Faktoren beeinflußt als Filmmusik, so daß auch der Umgang mit musikalischem Material restriktiver erfolgen muß, für die Klasse mithin das eigene Musizieren und Experimentieren möglicherweise weniger befriedigend verläuft als bei umfangreicheren und ungebundeneren Versuchen im Rahmen einer Spielfilmvertonung.
2. Die beiden Themenkomplexe 1 und 2 können auch jeweils unabhängig voneinander behandelt werden. Falls auf den ersten Themenkreis völlig verzichtet wird, sollte die Behandlung der Titelmusik im zweiten entsprechend intensiver erfolgen, damit deren Funktion den Schülern einsichtig wird.

Anknüpfungsmöglichkeiten (Musik):

- Funktionale Musik (speziell Werbemusik, am Arbeitsplatz, im Kaufhaus) [→ Titelmusik; Funktionen der Musik in Fernsehserien]
- Musik im Alltag
- Rezeption von Musik

Anknüpfungsmöglichkeiten (fächerübergreifend):

- Fernsehserien zwischen Manipulation und »Bedürfnisbefriedigung« (Medienpädagogik)
- Unterhaltung als Industriezweig
- Trivialität

Literatur

Ang, Ien: *Das Gefühl Dallas : zur Produktion des Trivialen*, Bielefeld 1986 [Grundlagenwerk zur Rezeption von »Dallas« in Westeuropa, aber leider ohne angemessene Berücksichtigung der Musik.]

Bastian, Hans Günther: *Musik im Fernsehen*, Wilhelmshaven 1986 (*Taschenbücher zur Musikwissenschaft* Bd. 103)

Battenberg, Hermann: *Dramaturgische und ideologische Funktionen der Musik in der Fernsehserie »Bonanza«*, in: *Schulfach Musik*, hrsg. von Rudolf Stephan, Mainz 1976, S. 106–116

ders.: *Musik als Einwegkommunikation : Zur Krimi-Musik im Fernsehen*, in: *Musica* 32 (1978), S. 241–245 [Eine knappe, ideologiekritisch akzentuierte Untersuchung der Musik zur Fernsehserie *Die Straßen von San Francisco.*]

Bauer, Gerd: *Das Handwerk der Unterhaltung*, in: *ZDF-Jahrbuch* 85, Mainz 1986, S. 60–65 [Ein einseitiges, erfrischend provozierendes Plädoyer für Fernsehunterhaltung im Stile von *Dallas* und *Schwarzwaldklinik*, das weitgehend die musikalische Seite übergeht.]

Faulkner, Robert R.: *Music on demand: Composers and careers in the Hollywood film industry*, 2. Aufl. New Brunswick, London 1987 [Für die Beurteilung der Fernsehmusik in amerikanischen Serien ist das 4. Kapitel besonders aufschlußreich: *No musical revolutions: some prompt effects of commercial conventions*, S. 89–100.]

Kübler, Hans-Dieter: *Dallas, Denver und die Folgen*, in: *Praxis Schulfernsehen*, hrsg. vom WDR, 12 (1988), H. 138, S. 41–52 [Informationen und Arbeitsblätter zur gleichnamigen Schulfernsehreihe für den Deutschunterricht ab Klasse 7; viele methodische Anregungen, aber keine Berücksichtigung der Musik.]

Maas, Georg: *Kein Platz für musikalische Revolutionen – über Musik in der TV-Serie »Dallas«*, in: *3. Film- und Fernsehwissenschaftliches Kolloquium, Marburg 1990*, hrsg. von Jürgen Felix/Heinz-B. Heller, Münster 1993, S. 225–232 [In Teilen nahezu identisch mit diesem Kapitel, aber mit Analysen einer ausgewählten *Dallas*-Episode.]

Medien und Erziehung 28 (1984), H. 3 [Schwerpunktthema der Ausgabe: *Evening-Soaps*; mit vier Beiträgen über *Dallas* von Wolfgang J. Fuchs, Elke Heidenreich, Karl Stocker, Jan Uhde.]

Moritz, Peter: *Fernsehkonsum und Fernsehideologie : Versuch einer sozialphilosophischen Kritik*, Frankfurt a. M. 1989 [Kapitel 4.1 *Dallas – Prototyp eines Produkts von Kulturindustrie* (S. 51-68) geht sehr kritisch auf die Serie ein, wobei allerdings die Musik nicht berücksichtigt wird.]

Rambeck, Johann: *Hundert Sekunden Dallas*, in: *Modellversuch Fernsehen*, Donauwörth 1985, S. 457-461 [Videoprojekt im Deutschunterricht (9. Klasse Realschule).]

Rössler, Patrick: *Dallas und Schwarzwaldklinik : eine Programmstudie über Seifenopern im deutschen Fernsehen*, München 1988 (*Medien-Skripten* Bd. 1) [Ohne Berücksichtigung der Musik.]

Schäfer, Knut: *Vertonung von Krimiszenen durch Schüler – ein medienpädagogischer Unterrichtsversuch mit Hilfe von Videorecordern*, in: *Lehrmittel aktuell* 8 (1982), H. 3, S. 15-19

Schardt, Alois: *Trivialität im Fernsehen – Versuch einer Einordnung*, in: *ZDF-Jahrbuch* 85, Mainz 1986, S. 51-54

Schmidt, Hans-Christian: *Musikalische Titel von Serien-Sendungen des Fernsehens. Überlegungen zu einer alltäglichen Erscheinung*, in: ders. (Hrsg.): *Musik in den Massenmedien Rundfunk und Fernsehen*, Mainz 1976a, S. 296-318

ders.: *Musik im Fernsehen : Bericht von einem Unterrichtsmodell für die Sekundarstufe I*, in: *Schule ohne Musik?*, hrsg. von Egon Kraus, Mainz 1976b, S. 184-207 [Allgemeine musikdidaktische Erörterungen und detailliertes Protokoll einer sehr anregenden 12-stündigen Unterrichtsreihe zu Titelmusiken von Fernsehserien und zu Funktionen von Musik.]

ders.: *Musik im Fernsehen – Musikalische Titel von FS-Serienfilmen : Eine Unterrichtssequenz für die Sekundarstufe I*, in: *Musik und Bildung* 9 (1977), S. 23-28 [Detaillierter Unterrichtsentwurf.]

ders.: *Die Musik in der Kindersendung des Fernsehens – Analyse, Kritik, Wirkungen*, in: *Forschung in der Musikerziehung 1977*, hrsg. von Egon Kraus/Günther Noll, Mainz 1977, S. 75-107

Schmuck, Frank: *Zur Problematik der Standardmusik für Fernsehserien. Untersucht am Beispiel der US-amerikanischen Serie Miami Vice*, in: *Serie – Kunst im Alltag*, hrsg. von Peter Hoff und Dieter Wiedemann, Berlin 1992, S. 79-88

Schneider, Norbert Jürgen: *Die Musik zur ARD-Serie »Marienhof«*, in: *Musik und Unterricht* 3 (1992), H. 17, S. 45-49 [Der Komponist der Serie berichtet von seinen Arbeitsbedingungen und musikalischen Intentionen.]

Seitz, Gertraud: *Dallas im Deutschunterricht der Realschule*, in: *Modellversuch Fernsehen*, Donauwörth 1985, S. 378-383

Spangemacher, Friedrich: *Die Musik in der »Sesamstraße«*, in: *Musik in den Massenmedien Rundfunk und Fernsehen*, hrsg. von Hans-Christian Schmidt, Mainz 1976, S. 237–249

Stocker, Karl: *Dallas im Unterricht. Vorschläge, Ziele und ein kritisches Ja*, in: *Modellversuch Fernsehen*, Donauwörth 1985, S. 250–268

Well, Bernhard: *Funktion und Metafunktion von Musik in Fernseh-Serienfilmen, dargestellt an »Der Fall von nebenan« ARD. Eine Modell-Analyse*, in: *Musik in den Massenmedien Rundfunk und Fernsehen*, hrsg. von Hans-Christian Schmidt, Mainz 1976, S. 276–295

Wormer, Laura van: *Dallas. Die vollständige und bebilderte Geschichte des Ewing-Clans von 1860 bis in die Gegenwart*, Reinbek 1986 [Mit einem Vorwort des Dallas-Erfinders und -Produzenten Leonard Katzman.]

Zeller, Michael: *Lieben Sie Dallas?* Berlin 1984 [Eine einseitige Abrechnung eines *Dallas*-Süchtigen mit den Kritikern der Serie; zum Teil witzig, zum Teil erhellend, vereinzelt in der Formulierung jenseits des »guten Geschmacks«.]

Zettl, Herbert: *Sight, Sound, Motion : applied media aesthetics*, Belmont, CA 1973

G.M.

Unterrichtsmodell 4 Sekundarstufe I/II

Filmmusik selbstgemacht: Eine Filmszene wird vertont

Übersicht

Der Film läuft durch den Projektor mit 90 Fuß pro Minute, und er geht einfach nicht schneller oder langsamer, und dieselbe Szene dauert jedesmal dieselbe Zeit, und deine Musik muß einfach genau passen.
Leonard Rosenman

Vorbemerkung

Dem Unterrichtsmodell *Filmmusik selbstgemacht* kommt ein besonderer Stellenwert zu, da hier kein unterrichtlich relevanter Inhalt in den Mittelpunkt gestellt wird, sondern eine Lehrmethode. Durch eigene Gestaltungsversuche mit Film und Musik, die sich aus der Aufgabe einer selbst zu erstellenden Filmvertonung ergeben, lernen Schüler auf vielfältige Art; sie machen persönliche Erfahrungen, die umfassender und bisweilen eindrucksvoller sind als punktuelle Analysen von Filmmusik oder die Lektüre von Sekundärquellen. Das Unterrichtsmodell reklamiert deshalb eine zentrale Stellung: Das hier aufgeführte methodische Repertoire zur Filmvertonung strahlt in alle anderen Modelle und Themenkreise aus. Nicht verschwiegen werden darf allerdings, daß die Grenzen des eigenen Tuns, das sich lehr- bzw. lerntheoretisch der Konzeption eines handlungsorientierten Musikunterrichts in der »Traditionslinie« Rauhe/Reinecke/Ribke - Aebli - Fischer verpflichtet fühlt, nicht übersehen werden dürfen. Die rezipierend-reflektierende, musikanalytische oder philologische Beschäftigung mit Filmmusik im Unterricht erschließt systematische und historische Sachverhalte, die dem Selbertun weitgehend vorenthalten sind. Mit anderen Worten: Jede unterrichtliche Beschäftigung mit Filmmusik sollte eigene Gestaltungsversuche der Schüler integrieren, sofern die Thematik dies möglich macht; purer Aktionismus im Unterricht, der Tun nicht mit Denken oder ästhetischer Erfahrung in Beziehung setzt, wird jedoch keine befriedigenden Lehr- und Lernergebnisse zeitigen.

Im Gegensatz zu den anderen unterrichtlichen Anregungen stellt UM 4 keine eigenständige Sequenz dar; abgesehen von Unterrichtsprojekten erhalten die Gestaltungsversuche erst durch spezifische Schwerpunktsetzungen einen Sinn, durch Anbindung an bestimmte Themenstellungen, wie sie beispielhaft in den anderen Unterrichtsmodellen ausgeführt sind. Aus diesem Grund folgt die Gliederung einer abweichenden Systematik. UM 4 erläutert technische Grundlagen der Filmvertonung und führt anschließend in verschiedene Strategien der Filmmusikerstellung ein. Diese können - entsprechend den jeweiligen Bedingungen des Musikunterrichts - alternativ verwendet werden; sie sollen aber keinesfalls als fortschreitender Kurs der Filmvertonung durchgearbeitet werden.

Das konkrete schrittweise Vorgehen beim Vertonen einer Filmszene im Unterricht wird zum Abschluß exemplarisch dargestellt.

Lehrziele

- Technische Bedingungen der Filmmusikkomposition kennenlernen;
- die Frage der Korrespondenz von Bild und Musik im Kontext der Kompilationspraxis diskutieren;
- Erfahrungen sammeln zum Einfluß von Musik auf die Filmwahrnehmung;
- Kompilation von Illustrationsmusik zu einem Film erproben;
- Zusammenhänge zwischen musikalischem Material und Wirkungen ausprobieren;
- Erfahrungen mit der filmbezogenen Gestaltung musikalischen Materials im Rahmen eigener Kompositionsversuche sammeln.

Technische Voraussetzungen und lehrmethodische Grundsätze der Filmmusikerstellung

Voraussetzung jeder Filmmusik ist – so trivial es klingt – ein Film. Für den Unterricht ist zunächst eine geeignete Szene zu finden, der eine passende Musik hinzugefügt werden kann. Wie ist die Eignung einer Szene aus einem Film, der inhaltlich wie formal dem Schülergeschmack nicht fernstehen sollte, festzustellen? Die Szene, Sequenz oder Montage sollte

- eine für sich genommen sinnvolle und abgeschlossene Einheit darstellen,
- eine ausreichende Länge von mindestens 2:30 Minuten aufweisen[67],
- möglichst keine Dialoge und
- keine wichtigen dominanten Geräusche enthalten.

Der Verzicht auf Dialoge und Geräusche dient nur der Erleichterung des Zusammenführens von Filmbild und eigener Filmmusik. Es ist aber im Unterricht auch möglich, Geräusche und (vielleicht sogar erfundene) Dialoge zusätzlich zur Musik zu erstellen, was allerdings von einer spezifisch musikpädagogischen Fragestellung wegführt hin zur fächerübergreifenden Medienkunde; im Rahmen eines Projektes kann dies jedoch mehr als nur legitim sein[68].

Besonders günstig und motivierend sind die Bedingungen, wenn ein fertiger, aber noch nicht musikalisch vertonter Film vorliegt, z. B. aus dem Kunstunterricht oder von einer Film- bzw. Video-AG.

Stummfilme bieten ideale Voraussetzungen für die Vertonung, was unter filmhistorischen Gesichtspunkten verständlich ist (vgl. UM 1). Den Schülern sind diese Filme meist nur in der Ausprägung der Slapstick-Komödien von Laurel & Hardy (*Dick und Doof*) u.a. bekannt. Aber hier können durchaus reizvolle Vorlagen zur Filmvertonung gefunden werden.

Für die Arbeit wird ein Videorecorder mit Monitor benötigt. Von Vorteil ist die Verwendung eines Recorders mit der Möglichkeit zur Nachvertonung. Falls von der ausgewählten Szene keine stumme Kopie angefertigt werden kann, d. h. eine Fassung ohne Tonspur, muß bei der Wiedergabe des Filmausschnitts die Lautstärke am Fernsehmonitor auf Null gestellt werden.

Wie in der Praxis der Filmkomposition auch beginnt die Arbeit im Unterricht mit der genauen Analyse des Filmausschnitts. Mit Stoppuhr (evtl. aus der Physik-Samm-

67 Schäfer (1982) empfiehlt im Rahmen seines medienpädagogischen Unterrichtsentwurfs eine Länge von 1½ bis 2 Minuten. Für die musikalische Arbeit ist jedoch ein längerer Abschnitt wünschenswert.

68 Vgl. Schäfer 1982

lung) und Papier muß zunächst ein Cue-sheet erstellt, der Umfang der geplanten Musik festgelegt und die Frage geklärt werden, wie der grobe Stimmungsrahmen der Szene anzusetzen ist: tragisch? lustig? bewegt? statisch? Ist der Stimmungsgehalt einheitlich, oder gibt es Wechsel bzw. Entwicklungen?

Je nach gewähltem Verfahren (s. u.) wird sich das weitere Vorgehen geringfügig unterscheiden. In jedem Fall soll am Ende der Gestaltungsversuche die Aufzeichnung der eigenen Filmmusik und möglichst die Zusammenführung mit dem Film stehen. Technisch einfach ist die Aufzeichnung auf Musikkassette; bei der Wiedergabe muß aber darauf geachtet werden, daß der Kassettenrecorder mit der Musikaufzeichnung synchron zum Filmbild vom Videorecorder gestartet wird, was fast nie perfekt gelingt. Bei der Verwendung eines Videorecorders mit Nachvertonungsmöglichkeit kann die Musikaufnahme direkt auf der Videokassette erfolgen, so daß die Synchronität von Bild und Musik bei jeder Wiedergabe der vertonten Szene sichergestellt ist. Noch flexibler kann die Synchronisation durch Verwendung eines Computers gehandhabt werden (vgl. S. 150).

Der Instrumentenauswahl für die Filmmusik ist keine Grenze gesetzt: Erlaubt ist, was verfügbar ist. Besonders bewährt haben sich elektronische Tasteninstrumente, da auf diesen durch die Wahl entsprechender Register auch lang ausgehaltene Liegeklänge (z. B. Cluster) spielbar sind und die Dynamik per Lautstärkeregler sehr gut kontrolliert werden kann.

In der Sekundarstufe II kann der produktive Umgang mit Filmmusik auch Kompositionsskizzen umfassen. Wird die freie Komposition von Filmmusik einigen Schülern zu schwer fallen, so kann doch durch die Vorgabe bestimmter musikalischer Bauelemente (Skalen, Ostinati etc.) der gestalterische Umgang allen Schülern ermöglicht werden.

Kompilation einer Filmmusik

Die Kombination eines Films mit bereits bestehender Musik ist relativ einfach zu bewerkstelligen und entspricht von der Idee her der Stummfilmpraxis. Prinzipiell ist jede nicht wortgebundene Musik zur Kompilation geeignet; textgebundene Musik wird zwar im Tonfilm gerade in jüngerer Zeit eingesetzt, lenkt aber im Unterricht von der Zuordnung Bild/Musik unnötig ab.

Die Musikbeispiele sollten von Kassette oder CD zugespielt werden, da bei beiden Medien eine befriedigende bis sehr gute Koordination von Musik und Film gewährleistet ist. Die Erfahrung zeigt, daß von einer Klasse oft nicht genügend geeignete Musikbeispiele gefunden werden. Ein Repertoire von Musiktiteln sollte deshalb auch durch den Lehrer bereitgestellt werden. Im *Trial-and-error*-Verfahren (Versuch und Irrtum) wird überprüft, ob eine ausgewählte Musik zu dem vorgegebenen Film paßt. Die Erstellung der Filmmusik wird zum Experiment. Dabei können sich durchaus faszinierende Übereinstimmungen zwischen Bild und Musik ergeben, wenn beispielsweise ein musikalischer Akzent mit einem optischen zufällig zusammentrifft. Günstigstenfalls hat man den Eindruck, zwei verschiedene Filme gesehen zu haben, wenn derselbe Film mit unterschiedlichen Musikbeispielen unterlegt wurde.

Nachspielen von Filmmusik

Bei der musikanalytischen Arbeit mit Filmmusik sollte es selbstverständlich sein, musikalische Sachverhalte klingend zu verdeutlichen und nicht nur eine Versprachlichung von Musik auf der Basis eines Notentextes zu betreiben. Schwieriger ist es allerdings, wenn man den Versuch unternimmt, Filmmusik - zu dem laufenden Film - nachzuspielen. Nicht nur die Erstellung eines spielbaren Arrangements, was in Ermangelung geeigneter Noteneditionen zur Unterrichtsvorbereitung gehören wird, sondern auch die gegenüber dem klingenden Original in der Regel unbefriedigenden Ergebnisse erschweren ein derartiges Vorhaben.

Ein Musizierarrangement eines Tanzsatzes aus der Musik zum Film *Kaos* der Gebrüder Taviani stellt Stefan Gies (1986) für den Musikunterricht vor. Es zeigt jedoch, daß das losgelöste Musizieren von Filmmusik in dieser Form wegführt von der funktional gebundenen Filmmusik zu einer musikpädagogisch gefilterten Konzertmusik. Ebenso wie in den konzertanten Suiten und Tonträgereinspielungen sinfonischer Filmmusik die Musik als autonome Kunst in den Vordergrund rückt und sich ihrer funktionalen Fesseln zu entledigen trachtet, wird vom Film losgelöstes Musizieren von Filmmusik im Unterricht einen musikpädagogischen Nutzen möglicherweise zeitigen, für die Thematik Filmmusik als funktional an den Film gebundene Musik aber keinen Erkenntnisgewinn erbringen.

Gruppenimprovisation

Die gemeinsame Improvisation einer Musik zum Film erfordert zunächst Absprachen, welche Klangergebnisse angestrebt werden sollen. Experimentell sind Klangmaterial, Spieltechniken und Abläufe zu erschließen, bis am Ende eine Art musikalisches Drehbuch erstellt ist. Möglicherweise kann eine graphische Partitur (o. ä.) von Nutzen sein. Ggf. müssen Stellen in der Filmhandlung vereinbart werden, mit denen musikalische Abläufe zu sychronisieren sind. Ansonsten können eine »Dirigentin« oder ein »Dirigent« die Koordination der Musik mit dem Film sicherstellen.

Vor der Aufnahme der Gruppenimprovisation sind Probephasen zum laufenden Film einzuplanen, in denen das Klassenorchester sowohl ein Gespür für das gemeinschaftliche Klangergebnis als auch für den zeitlichen Ablauf von Musik und Bild entwickelt. Erst danach sollte eine Aufzeichnung des eigenen Spiels erfolgen, was dann in der Abhörsituation Distanz schafft, über die Wirkung der eigenen Musik auf den Film zu reflektieren.

Komposition mit vorgegebenem Material

Verglichen mit der Improvisation gewinnt komponierte Filmmusik an Verbindlichkeit gegenüber dem Film, denn im Gegensatz zur recht grob strukturierten und pauschalen Untermalung mit improvisierten Flächen wird durch exakt gefügtes musikalisches Material eine genauere Zuordnung musikalischer Ereignisse zum Bild ermöglicht. Bis zum Detail der einzelnen Note kann beim Kompositionsprozeß überprüft werden, in welchem Maße die Übereinstimmung von Bild und Musik erreichbar ist. Im Unterricht wird es üblicherweise kaum zu Kompositionsversuchen der ganzen Klasse kommen. Der kompositorische Schaffensprozeß unterliegt im Musikunterricht einer Tabuisierung, wie sie beispielsweise das Fach Kunst für die bildnerische Gestaltung nicht kennt. Selbstverständlich kann nicht erwartet werden, daß die Schüler quasi aus dem Nichts unsterbliche Meisterwerke schaffen. Mit kleinen Hilfestellungen sind aber durchaus interessante kompositorische Skizzen von Filmmusik realisierbar.

Ausgangspunkt eigener Kompositionsversuche sollten Filmszenen sein, die vom Umfang her kürzer sind als oben beschrieben. Für den Anfang eignen sich besonders kurze Musikeinsprengsel, wie sie in Fernsehserien üblich sind (vgl. UM 3). Vom Bild hergeleitete Vorstellungen über den Charakter und andere Merkmale der Musik sollten vor der Komposition benannt werden. Die Materialvorgaben richten sich nach dem angestrebten Klangergebnis und können in einem Tonvorrat, einem Ostinato, in zwei zu rhythmisierenden Akkorden etc. bestehen (vgl. UM 3).

Eine unschätzbare Hilfe sind gerade hier elektronische Keyboards (oder Musikcomputer), die über Kopfhörer eine sofortige klangliche Überprüfung der schriftlich fixierten Komposition erlauben.

Die Verwendung von Computern[69] ist für derartige Kompositionsversuche sehr empfehlenswert. Zum einen ermöglichen entsprechende Programme (Sequencer) eine variable, aber höchst präzise Beeinflussung des zeitlichen Ablaufs der Komposition: Das Wiedergabetempo ist frei zu verändern; Abschnitte können zeitlich gegeneinander versetzt werden etc. Eine perfekte Synchronisation von Bild und Musik rückt damit in greifbare Nähe. Professionell erreicht werden kann sie, falls Videorecorder und Sequencer-Programm miteinander zu koppeln (synchronisieren) sind. In diesem Fall wird auf die Tonspur der Videokassette ein Timecode aufgespielt, der über den Tonausgang des Videorecorders (audio out) und einen geeigneten Eingang des Computers (sync in) die Steuerung der im Sequencer gespeicherten Musik übernimmt[70]. Findige Computerexpertinnen und -experten in der Klasse oder im Kollegium leisten bestimmt gerne Hilfestellung.

Ein weiterer unschätzbarer Vorteil der Computerarbeit besteht darin, daß exakt komponiert werden kann, ohne daß der Umweg über das komplizierte traditionelle Notensystem beschritten werden muß. Die musikalische Idee wird am Klangmaterial des MIDI-Keyboards entwickelt und unmittelbar vom Computer »notiert«; sie kann anschließend beliebig weiterbearbeitet werden.

Einzelarbeit mit freiem Material und Interpretation

Vor allem in anspruchsvollen Musik-Leistungskursen sind den Ambitionen in Sachen *Filmmusik selbstgemacht* kaum Grenzen gesetzt: Die Schüler können größere Filmabschnitte mit selbst komponierter Musik begleiten und motivisch-thematische Arbeit im Sinne von Leitmotiv-Technik oder Mood-Technik erproben. Umfänglichere

69 Ein derartiges System sollte aus einem MIDI-fähigen Tasteninstrument (MIDI-Keyboard) als Eingabeinstrument und Klangerzeuger, einem Computer mit MIDI-Anschluß (Interface) und einem Sequencer-Programm bestehen. MIDI bezeichnet den etablierten Standard zum Datenaustausch bei elektronischen Instrumenten, Musikcomputern u.ä.; Sequencer-Programme speichern im Computer Tonfolgen auf mehreren Spuren (vergleichbar Mehrkanal-Tonbandmaschinen). Ähnlich wie bei Textverarbeitungsprogrammen können die gespeicherten Musikstücke weiterverarbeitet und bei einigen Programmen auch als Partitur ausgedruckt werden. Zur grundlegenden Information sei verwiesen auf: Claus-Jürgen Kocka: *Computer – ein neues Arbeitsmittel für Musiklehrer?*, Augsburg 1992

70 Praxisnahe und detaillierte Anregungen finden sich in Walter A. Neubeck: *Grundlagen und Unterrichtsmodelle für den Einsatz des Computers im Musikunterricht*, Dillingen: Akademie für Lehrerfortbildung, 1993, S. 47–52. Hinzuweisen ist auf die Handbücher der verwendeten Geräte und Software.

Arbeiten einzelner Schüler können für die Kursbesetzung instrumentiert, anschließend interpretiert und aufgenommen werden etc. Die Erfahrungen mit dem musikalischen Material und dessen Wirkung in Kombination mit dem Filmbild werden auf diesem Wege eine Bedeutung entwickeln, die den Themenkomplex Filmmusik weit überschreitet.

Bezüge zu anderen Unterrichtsmodellen

Sekundarstufe I:

- Kompilation einer Stummfilmmusik (UM 1)
- Experimente zur Wirkung von Filmmusik durch Kompilation und Improvisation (UM 2)
- Komposition von fernsehspezifischer Filmmusik mit vorgegebenem Material (UM 3)

Sekundarstufe II:

- Kompilation einer Stummfilmmusik als Planspiel zur Filmmusikgeschichte (UM 1)
- Kompositorische Versuche (UM 5, UM 6)

Anknüpfungsmöglichkeiten (Musik):

- Wirkungen von Musik
- Kompositionstechniken: Motivisch-thematische Arbeit

Anknüpfungsmöglichkeiten (fächerübergreifend):

- Medienpädagogisches Projekt Film/Fernsehen/Video

Literatur

Gies, Stefan: *»La giara« – Der Krug : Schüler musizieren Filmmusik*, in: *Musik und Bildung* 18 (1986), S. 815–818 [Einfaches Musizierarrangement eines Tanzsatzes aus dem Film *Kaos* der Gebrüder Taviani. Noten und knappe Kommentare.]

Hillers, Stefan: *Elf glorreiche Halunken : eine Filmmusikeinheit in der Sonderschule für Geistigbehinderte*, in: *Musik und Unterricht* 3 (1992), H. 17, S. 12–16 [Die Vorschläge zum Musizieren und Kompilieren lassen sich auch auf andere Schulformen der Sek. I übertragen.]

Janssen, Herma/Knolle, Niels: *»Wick-Blau« oder computergestützte Vertonung eines Videos im Musikunterricht.* Berlin: Musiklabor Ekkehard Arnold, 1991 [Medienpaket mit Diskette und Video.]

Kloppenburg, Josef: *Schüler erproben die Wirkung eigener Filmmusik*, in: *Musik und Unterricht* 4 (1993), H. 18, S. 15–18 [Detaillierter Bericht über ein Projekt in einer 9. Klasse, bei dem die Schüler einen dokumentarischen Videofilm mit aktuellen Hits und selbstgemachter Musik unterlegten. Die Wirkung der Musik auf die Filmrezeption wurde anschließend empirisch überprüft.]

Kohlmann, Walter: *Projekte im Musikunterricht*, Weinheim 1978, S. 54–83 (Kapitel: *Filmvertonungen*) [Ausführliche Darstellung verschiedener Unterrichtsprojekte zur Vertonung von Trickfilmen durch Schüler. Viele Anregungen, die jedoch stets auf die konkreten Beispiele bezogen sind.]

Kretschmer, Irene: *Filmmusik – Rezeption, Analyse und Eigenproduktion. Unterrichtsreihe Grundkurs 12. Jahrgangsstufe*, in: *Musik und Bildung* 18 (1986), S. 799–803 [Die Kürze der Ausführungen lassen die Anmerkungen zur Eigenproduktion leider auf sieben Zeilen verkümmern.]

Neubeck, Walter A.: *Grundlagen und Unterrichtsmodelle für den Einsatz des Computers im Musikunterricht.* Dillingen: Akademie für Lehrerfortbildung, 1993

Schäfer, Knut: *Vertonung von Krimiszenen durch Schüler*, in: *Lehrmittel aktuell* 8 (1982), H. 3, S. 15–19 [Medienpädagogischer Aufsatz, der vor allem die technische Seite (Arbeit mit Videorecordern) sehr ausführlich behandelt.]

Schreiber, Martin/Torkel, Wilhelm: *Filmmusik im Unterricht*, Lilienthal 1984, S. 24-30 (Unterrichtseinheit *Vertonung eines Films*) [Schüler vertonen eine gefilmte Achterbahnfahrt, wobei Analogien zwischen der Bewegung und musikalischen Parametern die Musikproduktion leiten sollen. Durch die Wahl des Filmbeispiels, vermutlich ein Amateurfilm, können die Ergebnisse kaum auf Spielfilme übertragen werden.]

G.M./A.S.

Unterrichtsmodell 5 Sekundarstufe II

Ästhetische Positionen und Dramaturgie der Filmmusik

Ein Vergleich zwischen Max Steiners Musik zu *King Kong* und Hanns Eislers Musik zu *Kuhle Wampe oder: Wem gehört die Welt?*

Übersicht

Der Film strahlt die Erscheinung des Entsetzlichen an, dem wir sonst im Dunklen begegnen, macht das in Wirklichkeit Unvorstellbare zum Schauobjekt.
Siegfried Kracauer (1940)

Vorbemerkung

Max Steiner gehörte zu den herausragenden Komponisten des noch jungen Tonfilms im Hollywood der 30er und 40er Jahre (z. B. *Casablanca*, *Vom Winde verweht*). Seine sinfonische Filmmusik zu dem Monsterfilm *King Kong* (*King Kong und die weiße Frau*) von 1933 gilt heute als einer der Meilensteine in der Entwicklung der Filmmusik: Hier demonstrierte Steiner erstmalig, welch bedeutenden Einfluß die Musik auf die Filmwirkung haben kann.

Zu Beginn der Tonfilmära (ab 1927) war es üblich, entweder Musikfilme zu drehen oder der Begleitmusik kaum Bedeutung beizumessen. In der Regel wurde die musikalische Begleitung auf Titel- und Schlußmusiken reduziert. Schon Steiners erste Partituren sind von handwerklich souveränem und dramaturgisch subtilem Umgang mit dem musikalischen Material geprägt, gleichzeitig sind sie minutiös den Vorgaben durch den Film angepaßt. Damit setzte der Komponist Wiener Herkunft Standards, die für die Musikpraxis Hollywoods zur Richtschnur wurden und nur für die wenigsten Filmkomponisten qualitativ erreichbar waren.

Geschichtlich wurzelt Steiners Musik in der Spätromantik, technisch ist vor allem die Anwendung der Leitmotiv-Technik auffällig. Zu den weiteren typischen Merkmalen Steinerscher Filmmusik zählen Mickeymousing, das musikalische Nachzeichnen filmischer Bewegungsabläufe, sowie Underscoring, das Begleiten ganzer Szenen (inklusive Dialoge und Geräusche) mit einem Musikteppich.

Die Musik zu *King Kong* stellt sich völlig in den Dienst der filmischen Wirkung: Das Publikum soll durch die Musik emotional auf den Film eingestimmt werden, mit den Protagonisten »mit-leiden«. Zugleich nutzt die Musik aber auch die Möglichkeit, über die Bildebene hinauszugehen, indem sie Handlungsträger mit musikalischen Mitteln charakterisiert, indifferente Bildstimmungen musikalisch eindeutig »einfärbt« und z. B. die Trickpuppen lebendig und riesig erscheinen läßt.

Die ästhetische Haltung Steiners kann als typisch für Hollywoods Tonfilme bis hinein in die 50er Jahre angesehen werden, auch wenn die Arbeiten zahlloser Epigonen handwerklich weit hinter den von Steiner gesetzten Standards zurückblieben. Hanns Eisler griff diese filmmusikalische Praxis Hollywoods in einem mit Theodor W. Adorno gemeinsam verfaßten Buch scharf an und stellte ihr seine eigenen ästhetischen Positionen gegenüber.

Der Standpunkt Eislers läßt sich besonders deutlich darstellen an einem seiner bekanntesten Filme, den er zusammen mit Bertolt Brecht geschaffen hat: *Kuhle Wampe oder: Wem gehört die Welt?* Obwohl sowohl *King Kong* als auch *Kuhle Wampe* fast gleichzeitig entstanden und durch die Weltwirtschaftskrise beeinflußt sind, stehen sie sich unversöhnlich gegenüber: der eine ein industriell gefertigter kommerzieller Unterhaltungsfilm, der andere ein im Kollektiv erarbeiteter politischer Aufklärungsfilm, der eine mit opulenter sinfonischer Musik vertont, der andere mit spröder Kammermusik-Avantgarde und Liedern, der eine das Publikum in Abenteuer entführend, der andere im heimischen Milieu die Situation der »Arbeiterklasse« analysierend, der eine fast pausenlos mit Musik unterlegt, der andere sparsam mit Musikabschnitten versehen usw.

Durch einen Vergleich dieser beiden Filme lassen sich im Unterricht die Gegensätzlichkeiten gut herausarbeiten. Zudem werden die Schüler mit einer völlig anderen Art der Filmmusik konfrontiert als den ihnen vertrauteren Klängen der Nachfahren Max Steiners. Bei *King Kong* empfiehlt sich, das amerikanische Original zu verwenden, da dieses durch den ironisch gefärbten Text Distanz zur dargestellten Handlung schafft und ein bloßes Konsumieren des Films für die Schüler erschwert.

Die Wahl eines frühen Horrorfilms als Beispiel für die »klassische« Hollywoodfilmmusik mag für die unterrichtliche Behandlung problematisch erscheinen. Es läßt sich auch in der Literatur feststellen, daß das Stigma der Genrezugehörigkeit des Films Auswirkungen auf die wissenschaftliche Rezeption der Filmmusik Steiners hat: Nur wenige Autoren lassen sich auf die *King Kong*-Musik ausgiebig ein, die meisten belassen es dabei, auf die fundamentale Bedeutung für die Geschichte der Filmmusik hinzuweisen. Mit wachsender Distanz zur Entstehungszeit des Films ist auch seine Wirkung verblaßt: Wo einst das Publikum in Angst und Schrecken versetzt wurde, ruft der Riesenaffe heutzutage bei Schülern der Sekundarstufe II, übersättigt durch perfektionierten Leinwandgreuel, höchstens ein mitleidig-nostalgisches Lächeln hervor. Die Frage jedoch, was das Publikum einst bewegte und heute noch dazu bewegt, sich durch das Grauen auf der Leinwand (und durch das Leiden der Protagonisten) unterhalten zu lassen, sollte im Unterricht angesprochen werden. Dadurch können Schüler möglicherweise eigene Erfahrungen verarbeiten, die durch harte Horrorfilme via Video gesammelt wurden. Bei der Szenenauswahl zu *King*

Kong ist auf Szenen verzichtet worden, die zu eindeutig Gewalt als Schaueffekt einsetzen[71].

Um Mißverständnisse zu vermeiden, ist ein Wort zur Fülle des Materialangebots des UMs geboten. Hier sei ganz klar und unmißverständlich festgestellt: Es ist nicht geplant, alle angesprochenen thematischen Facetten in den Unterricht einzubeziehen. Bitte verstehen Sie die Materialien als überreiches Angebot, das Ihnen bei der eigenen Information eine weitgehende Sachkompetenz vermitteln will und aus dem für den Unterricht ausgewählt wird. Inhaltlicher Schwerpunkt soll selbstredend die Filmmusik bleiben. Für das angemessene Verständnis sind jedoch Hintergrundinformationen zur Filmwirtschaft, Tagespolitik usw. unerläßlich, die bei Bedarf in den Unterricht einbezogen werden können.

Lehrziele

- Steiners *King Kong*-Soundtrack als Produkt einer bestimmten Zeit und eines spezifisch organisierten Wirtschaftszweiges kennenlernen;
- personaltypische Eigenheiten der Filmmusikkomposition analysieren (Leitmotiv-Technik, Mickeymousing, Inzidenzmusik);
- sich mit der Kritik Eislers an der typischen Filmmusik Hollywoods samt ihrer Entstehungsgeschichte auseinandersetzen;
- Eislers Kritik auf Steiners Filmmusik anwenden und einer eigenen Bewertung unterziehen;
- durch eine Analyse der Musik zu *Kuhle Wampe* zeigen, inwieweit Eisler seinen eigenen ästhetischen Normen folgt.

71 Solche Szenen wurden übrigens bei der Wiederaufführung des Films in den USA gemäß den Grundsätzen der Zensurbehörde, dem sogenannten »Hays-Code«, geschnitten.

Materialien

Der Film *King Kong*

T-S Filmographische Angaben

King Kong (*King Kong und die weiße Frau*, USA 1933, dt. Erstaufführung 1952), sw, 95 Min.; Produktion: David O. Selznick; Buch: James Creelman, Ruth Rose nach einer Idee von Edgar Wallace und Merian C. Cooper; Regie: Merian C. Cooper und Ernest B. Schoedsack; Musik: Max Steiner; Tricktechnik: Willis O'Brien; Toneffekte: Murray Spivack; Darsteller: Fay Wray (Ann Darrow), Robert Armstrong (Carl Denham), Bruce Cabot (Jack Driscoll). 1976 wurde eine Neuverfilmung mit Jessica Lange als Dwan – dem Pendant zu Ann Darrow – vorgenommen, die sich äußerlich durch Farbe und perfektionierte Trickeffekte auszeichnet, bei der Kritik jedoch auf einhellige Ablehnung stieß. Gegenüber dem Original wurde die Plattheit der Handlung moniert, was wohl nicht zuletzt eine Folge der andersartigen Filmmusik (John Barry) war.

T-A Inhaltsangabe

New York 1932 während der Wirtschaftskrise. Carl Denham, ein Dokumentarfilmer, der für seine abenteuerlichen und wirklichkeitsgetreuen Reportagen über fremde Länder und wilde Tiere bekannt ist, plant offenbar ein besonders ambitioniertes Projekt. Er hat auf einem Schiff eine große Mannschaft zusammengestellt und Waffen bis hin zu Gasbomben einbunkern lassen. Was das Ziel der Expedition angeht, hüllt er sich in Stillschweigen. Ihm fehlt unmittelbar vor der Abreise lediglich eine weibliche Hauptdarstellerin, die er schließlich in Ann Darrow findet, einer jungen, dem Verhungern nahen Arbeitslosen.

Nach einer langen Reise lüftet Denham sein Geheimnis: Er hat den mysteriösen Plan einer auf keiner Seekarte eingezeichneten Insel in seinen Besitz bringen können und vermutet aufgrund verschiedener Indizien, daß dort der sagenumwobene Riesenaffe Kong anzutreffen sei.

Als sich das Schiff durch ewigen Nebel der Insel, Skull Island, nähert, ist der Klang großer Trommeln zu vernehmen: Die Eingeborenen bereiten ein Menschenopfer für Kong vor. Denham begibt sich mit einer kleinen Crew auf die Insel, um die Zeremonie zu filmen. Die Eingeborenen bemerken die Eindringlinge, brechen das nunmehr entweihte Ritual ab und versuchen das »Goldene Mädchen«, die blonde Ann Darrow, als Opfergabe von Denham einzutauschen. Der lehnt aus verständlichen Gründen ab und zieht sich auf das vor dem Strand ankernde Schiff zurück.

In der Nacht entführen die Eingeborenen Ann. Ein entsandter Rettungstrupp kann nur noch mit ansehen, wie die an eine Art Hochaltar gefesselte Frau von dem riesigen Affen Kong in die Hand genommen und in den undurchdringlichen Dschungel verschleppt wird. Die Männer folgen den Spuren des Affen und geraten in gefährliche Situationen. Ebenso wie Kong selbst müssen sie sich gegen riesige urtümliche Saurier zur Wehr setzen. Beim Überqueren einer tiefen Schlucht tötet Kong alle Verfolger, indem er den als Brücke dienenden Baumstamm in die Tiefe stürzt. Nur Denham und der Steuermann Jack Driscoll, der sich in Ann verliebt hat, überleben. Jack verfolgt Kong, der seine Beute gegen finstere, prähistorische Nebenbuhler und Futterneider verteidigen muß. Einen solchen Kampf nutzen Ann und Jack, um aus der Behausung Kongs zu fliehen, was ihnen schließlich durch einen mutigen Sprung von einem hohen Felsen ins Meer gelingt.

Kong, durch den Verlust seiner Beute von blinder Wut gepackt, zerstört mit äußerster Brutalität das Eingeborenendorf und tötet zahllose Einwohner, ehe er durch eine Gasbombe Denhams betäubt wird.

Zurück in New York wird »King« Kong als »achtes Weltwunder« einer sensationshungrigen Menschenmenge präsentiert. Angesichts der von ihm begehrten Ann wird der Affe unruhig und reißt sich los, als eine Schar von Pressefotografen ihre Blitzlicher auf ihn richten. Panik bricht aus. King Kong macht sich auf die Suche nach Ann und zieht dabei eine Spur der Verwüstung durch die Stadt. Nachdem er Ann in seine Gewalt gebracht hat, besteigt der Riesenaffe das Empire State Building. Vier Jagdflugzeuge schießen schließlich den Affen ab, der von dem Wolkenkratzer abstürzt, nicht ohne vorher noch Ann in Sicherheit gebracht zu haben.

Beim Anblick der Leiche sinniert Denham in Anlehnung an das Märchenmotiv »Die Schöne und das Tier«: Es waren nicht die Flugzeuge, die Kong töteten, sondern die Schöne (bzw. Anns Schönheit) brachte ihm den Tod.

A Welche Wirkungen wollten Ihrer Meinung nach die Autoren des Drehbuchs mit diesem Film beim Publikum hervorrufen? Suchen Sie im Text nach Anhaltspunkten für Ihre Vermutungen.

K Angst und Spannung (geheimnisvolle Grundstimmung, exotischer Schauplatz, Opferritual, bedrohliche Kreaturen, übermenschliche Kräfte King Kongs); Romantik (die Affäre zwischen Ann und Jack); Entspannung und Rührung (Sieg über die in King Kong personifizierte Gefahr).

A Welche Handlungsaspekte legten eine Identifikation des amerikanischen Publikums mit dem Film zur Zeit seiner Erstveröffentlichung nahe?

K New York als Ausgangspunkt der Handlung und Ort der Zerstörung; wirtschaftliche Lage der Protagonistin (Depression); Ann und Jack als geschlechtsspezifische Sympathieträger und Identifikationsobjekte.

A Versetzen Sie sich bitte in die Rolle des Regisseurs, der seinem Filmkomponisten erklären möchte, wo Musik einzusetzen ist und wie diese in etwa klingen soll. Versuchen Sie, sich anhand der Handlungsbeschreibung Szenen vorzustellen, die Ihrer Meinung nach den Einsatz von Filmmusik unbedingt erfordern.

K Eine »Lösung« für diese Aufgabe gibt es nicht. Ziel ist es, bereits in dieser Phase zu überlegen, warum Filmmusik eingesetzt wird, und Interesse an Max Steiners Filmmusik zu wecken. Die Aufgabenstellung soll durchaus auch die Schüler motivieren, ihre persönlichen Erfahrungen mit Musik in Filmen des *King Kong*-Genres (Monster-, Horrorfilme) wachzurufen und zu verarbeiten.

Die Aufgabe eignet sich zur Partner- oder Kleingruppenarbeit. Die Vorschläge werden im Plenum vorgestellt und erörtert.

T-L Entstehung des Films

Schon 1929 trug sich Merian C. Cooper mit dem Gedanken, einen Gorillafilm zu machen, zu dessen Höhepunkten ein Kampf des Affen mit riesigen Komodowaranen zählen sollte. Je mehr Cooper sich mit dieser Geschichte beschäftigte, desto klarer wurde ihm, daß seine Ideen sich nicht mit einem echten Gorilla würden verwirklichen lassen, insbesondere, nachdem er in sein Skript auch noch eine Szene aufgenommen hatte, in der der Riesenaffe auf der Spitze eines Wolkenkratzers gegen angreifende Flugzeuge kämpft.

Etwa zur gleichen Zeit wurde in den RKO-Studios an einem Saurierfilm unter dem Titel »Creation« gearbeitet. Die bislang gedrehten Szenen und auch das Drehbuch taugten nicht viel, weshalb das Projekt gestoppt wurde. Cooper erkannte jedoch, daß er in Willis O'Brien, dem Chef der Trickmannschaft, einen hochkarätigen Spezialisten gefunden hatte, der mitsamt seiner Mannschaft bestens geeignet war, seinen Riesenaffen zum Leben zu erwecken. [...]

Die Dreharbeiten gestalteten sich aufwendig und langwierig. [...] *Schwierigkeiten bereitete Coopers Wunsch, den Dschungel, in dem weite Teile des Films spielen, gleichermaßen realistisch wie unwirklich darzustellen. Als Vorbild dienten schließlich Gustave Dorés Illustrationen zu Miltons »Paradise Lost«. O'Brien ließ die entsprechenden Zeichnungen von Urwald und Himmel auf Glas anfertigen, staffelte die Scheiben hintereinander und füllte die Zwischenräume mit Miniaturbäumen. Richtig ausgeleuchtet ergaben diese Modelle den gewünschten Effekt. In dieser Kunstlandschaft ließ O'Brien eine der rund 45 Zentimeter großen Kong-Figuren im Stop-Motion-Verfahren* [s.u.] *agieren und stellte so einen kurzen Probefilm her, mit dem das Management überzeugt werden sollte, daß das Projekt tatsächlich durchführbar war.* [...]

Um Geld zu sparen und die durch die Trickaufnahmen entstehenden Drehpausen zu nutzen, drehten Cooper und Schoedsack nebenher den Film »The most dangerous game«, wobei sie viele der für Kong gebauten Realsets verwendeten und zum Teil auch mit der gleichen Besetzung arbeiteten. [...]

Nach Fertigstellung des Rohschnittes wurde der Film vorgeführt, wobei auch der Präsident des Studios [außerplanmäßig!] *anwesend war, der prompt die Order gab, keinen Pfennig mehr für die Katastrophe zu verschwenden. Cooper, dem völlig klar war, daß der Film erst dann seine Wirkung würde entfalten können, wenn Musik und Geräusche hinzugefügt worden waren, ignorierte die Anweisung und machte auf eigene Kosten* [d. h. mit einem zusätzlichen Einsatz von ca. 50.000 $] *weiter.*

Zu seinem Glück fand er zwei Leute, die sich mit der gleichen Energie, die er selbst gezeigt hatte, auf das Projekt stürzten. Einer davon war der Komponist Max Steiner. [...]

Der zweite Mann, der wesentlich zum Gelingen des Films beitrug, war der Geräuschespezialist Murray Spivack, der die Toneffektabteilung des Studios aufgebaut hatte. [...]

Als der Film schließlich fertiggestellt war und in einer Preview [Testvorführung vor dem offiziellen Start in den Kinos] *vorgeführt wurde, erwiesen sich Coopers Hoffnungen als berechtigt: das Publikum war hellauf begeistert.* [...]

Die Weltaufführung von »King Kong« fand am 2. März 1933 statt. Während seiner ersten Laufzeit spielt er rund zwei Millionen Dollar ein, was dem Studio, das für seine Produktion 672.000 Dollar aufgewendet hatte, einen hübschen Gewinn bescherte. Seither kam der Film immer wieder in die Kinos und wurde später auch im Fernsehen in aller Welt ausgestrahlt. Bei der ersten Wiederaufführung im Jahre 1939 allerdings erteilte die Zensurbehörde erhebliche Schnittauflagen [wegen der Brutalität und sexueller Anzüglichkeiten].

(Harald Pusch: *King Kong*, in: *Lexikon des Phantastischen Films*, Meitingen 1986)

T-L Tricktechnik

Neben der Musik sind es vor allem die damals neuartigen Tricktechniken, die *King Kong* eine bedeutende Stellung innerhalb der Geschichte des Films sichern. Da *King Kong* beim Zuschauer immer wieder die Frage provoziert, wie die offensichtlich unmöglichen Ereignisse gefilmt werden konnten, sollen im folgenden einige der grundlegenden Tricktechniken andeutungsweise erläutert werden. Für weitere Informationen sei auf die einschlägige Literatur verwiesen (s. u.).

In keiner einzigen Szene des Films wird King Kong durch einen Menschen im Affenkostüm verkörpert. In der Regel handelt es sich bei den Aufnahmen des Tiers um ein kleines ca. 45 cm hohes Modell, das wie im traditionellen Puppentrickfilm gefilmt wurde, d. h., von dem Modell wurde mit einer feststehenden Kamera ein einzelnes Filmbild aufgenommen (Einzelbildschaltung) und danach das Modell gemäß des darzustellenden Bewegungsablaufs etwas verändert (z. B. der Arm des Affen angehoben). Mit der neuen Modelleinstellung wurde wiederum ein Filmbild belichtet usw. Der komplette Film läßt die einzeln aufgenommenen Bilder zu einem Bewegungsablauf verschmelzen. Diese Tricktechnik wird im allgemeinen als »stop-motion«-Verfahren bezeichnet.

Die fertigen Tricksequenzen wurden ggf. mit Realaufnahmen z. B. der Schauspieler verbunden. Häufigste Technik war dabei die sog. Rückprojektion, d. h., die Aufnahmen King Kongs wurden von hinten vergrößert auf eine Leinwand projiziert, vor der die Schauspieler agierten. Sowohl das Leinwandbild als auch die Akteure wurden mit der Kamera aufgezeichnet, so daß auf dem fertigen Filmstreifen die Menschen vor einem riesigen Affen zu sehen sind. (Abb. S. 164)

Die Kunst der Tricktechnik in *King Kong* bestand darin, technische Lösungen für die problematischen Einstellungen zu finden, diese dann mit größter Akribie in Szene zu setzen und schließlich die verschiedenen Einstellungen so geschickt zu montieren, daß dem Zuschauer keine Zeit bleibt, die Tricks zu durchschauen. Das Ziel war, eine möglichst perfekte Illusion für das Publikum zu schaffen.

T-L Das Märchenmotiv »Die Schöne und das Tier«

In der Sekundärliteratur zu *King Kong* wird stets darauf verwiesen, daß die Autoren des Films auf das Motiv *The Beauty and the Beast* (*Die Schöne und das Tier*, *La belle et la bête*) zurückgriffen. Dies ist sicherlich richtig, denn das amerikanische Drehbuch weist an mehreren Stellen ausdrücklich auf diesen ursprünglich aus Frankreich stammenden Märchentitel hin[72]. Allerdings erfahren die Fabel und Symbolik des Märchens im Film eine grundsätzliche Umformung.

In der Fassung des Märchens aus der Mitte des 18. Jahrhunderts, die Bruno Bettelheim wiedergibt und seiner Untersuchung zugrunde legt (Bettelheim 1980, S. 356ff.), gerät ein hübsches und liebenswürdiges Mädchen in die Gewalt eines Tieres, in dessen Schloß es wohnen muß. Das Tier liebt das Mädchen, das es zunächst zurückweist und dessen Heiratsgesuche es ablehnt. Eine Trennung macht dem Mädchen aber bewußt, daß es sich mittlerweile in das Tier verliebt hat. Durch die Liebe verwandelt sich das Tier in einen schönen Prinzen.

Im Gegensatz zum Märchenstoff wird King Kong durch das Mädchen nicht erlöst, sondern in den Tod getrieben. Auch die Gewalt des Affen steht im Widerspruch zur Selbstbeherrschung des Märchentieres. Geblieben ist lediglich das Motiv des begehrenden Tieres und die Zurückweisung durch die Frau.

Aus der Sicht der Psychoanalyse setzt sich *La belle et la bête* mit der Überwindung der ödipalen Phase auseinander, ein für den Film sicherlich vernachlässigbarer Aspekt. Folgt man den Märchenanalysen Bettelheims, so läßt sich eher eine Parallele *King Kongs* zum Motiv des »Tierbräutigams« vermuten, aber auch bei dieser Sichtweise bleiben Unstimmigkeiten zwischen der Filmhandlung und Bettelheims psychoanalytischer Deutung des Motivs bestehen (Bettelheim 1988, S. 324f.).

Ergibt sich im Unterricht die Gelegenheit, so sollte man durchaus mit den Schülern diskutieren, welche - auch geschlechtsrollentypischen - Gründe es für die Gegenüberstellung »schöne Frau und brutales Tier« im Film *King Kong* gibt (besonders deutlich im deutschen Verleihtitel *King Kong und die weiße Frau*). Geht es um die dramatische Konfrontation von Sanftheit und Gewalttätigkeit? Werden männliche Allmachtsfantasien ausgelebt? Bedroht King Kong symbolisch für das »Tier im Manne« Ann Darrow stellvertretend für alle Frauen? Ist Ann Darrow eine »femme fatale«, die dem sie »liebenden« Affen unentrinnbar den Tod bringt? (Abb. S. 164)

Ein typisches Beispiel dafür, wie im Film *King Kong* Trick- und Realaufnahmen miteinander kombiniert wurden. Die Schauspieler agierten im Studio auf einer beweglichen Rampe vor einem neutralen Hintergrund. Diese Aufnahmen wurden später zusammengefügt mit Puppentrickaufnahmen Kongs, der den Baumstamm anhob. Um die Trickaufnahmen besonders realistisch auszugestalten, wurde der gemalte Hintergrund ergänzt um einen auf eine Glasscheibe gemalten Vordergrund. Die Bewegungen des Miniaturstammes in Kongs Klauen mußten exakt mit den Bewegungen der Rampe übereinstimmen, damit der Trick im fertigen Film realistisch wirken konnte. ▶

72 Ravel vertonte übrigens das Märchen innerhalb seines Zyklus *Ma mère l'oye*.

Legende zu dieser Abbildung siehe S. 163

T-S Volkswirtschaft und Filmwirtschaft in den USA (Depression)

King Kong nimmt zu Beginn der filmischen Exposition ausdrücklich Bezug auf die wirtschaftliche Lage der Vereinigten Staaten: Ann Darrow ist arbeitslos, verarmt, hungrig. Für das Kinopublikum gehört sie zu den 12 Millionen, die zur Zeit der Filmpremiere durch die Wirtschaftskrise ihren Beruf verloren hatten und dadurch in Armut und existenzbedrohende Not gerieten.

Es ist sehr interessant, daß die Depression Hollywood weitgehend verschonte: Trotz negativer Wirtschaftsentwicklung und steigender Arbeitslosigkeit konnte die Filmindustrie in den USA zunächst steigende Besucherzahlen verzeichnen, und auch als die Besucherzahlen sanken, blieb der Rückgang vergleichsweise gering (Abb. S. 167).

> *Während der schwärzesten Tage der frühen Dreißiger, als sich die wirtschaftliche Zersetzung ausbreitete* [...], *lag der durchschnittliche wöchentliche Kinobesuch bei erstaunlichen 60 bis 75 Millionen Zuschauern. Obwohl dies ein beachtlicher Rückgang gegenüber den 110 Millionen Kinogängern von 1930 war (– als der Ton noch einen großen Neuigkeitswert hatte –), blieb es ein aussagekräftiger Beweis für den Einfluß, den das Kino auf das nationale Bewußtsein ausübte, denn als die Arbeitslosenziffer auf 15 Millionen zuging und weitere Millionen nur teilzeitbeschäftigt waren, war es klar, daß die Gesamtzahl von 60 Millionen* [Kinobesuchern], *selbst bei der Berücksichtigung von Doppelzählungen, sehr viele Leute enthielt, die es sich eigentlich kaum leisten konnten, dorthin zu gehen.* [...]
>
> *Amerikaner brauchten ihr Kino. Filme spielten mittlerweile eine zu wichtige Rolle in ihrem Leben, um nur als weiterer Luxusgegenstand betrachtet zu werden. Unmittelbar nach dem Zusammenbruch des Aktienmarktes begannen die Filmgewaltigen festzustellen, daß die Leute* [lieber] *auf vieles anderes verzichteten, ehe sie aufhörten, ins Kino zu gehen. Harry Warner von Warner Brothers meinte, daß Filme »so notwendig wie andere tägliche Gebrauchsartikel« seien und E. W. Hammons von Educational Films hatte den Eindruck, finanzielle Not* [des Publikums] *würde die* [Film-]*Industrie nicht treffen: Die Leute »können immer den Preis für einen Platz im Kino aufbringen ...« Als sich die Krise 1932 verschärfte, setzte sich Walter Gifford, der Leiter der President Hoover's Organization on Unemployment Relief, dafür ein, kostenlose Kinoeintrittskarten an die Armen zu verteilen. Laut Gifford, Präsident der American Telephone and Telegraph* [AT&T], *seien Filme eine Notwendigkeit, die direkt nach Essen und Kleidung rangiere.*

(Andrew Bergman*: *We're in the money : Depression America and its films*, New York 1971, S. xi–xii)

Mit zynischer Selbstgefälligkeit nutzte die Filmindustrie die arbeitslosen Kinogänger als Werbekapital: *Kein Geld – aber New York machte innerhalb von vier Tagen (2., 3., 4. und 5. März 1932) 89931 Dollar locker, um im Radio-City-Kino King Kong zu sehen!* (Jacobs, zitiert nach Schmidt 1982, S. 47) An dem Eskapismus der entmutigten Leidtragenden der Wirtschaftskrise verdiente man nicht schlecht.

In einer thematisch reizvollen Untersuchung ging Andrew Bergman der Frage nach, wie der wirtschaftliche Schock, der sich auch auf das amerikanische Selbstbewußtsein auswirken mußte, seinen Niederschlag in zeitgenössischen Hollywoodspielfilmen fand. *King Kong* wird von Bergman als typisches Produkt seiner Zeit angesehen, das sich – wenn auch mit Abstrichen – einfügt in die »back to the earth«-Bewegung, einem nostalgischen Zurücksehnen zum ländlichen Leben (vgl. Bergman, S. 70), nachdem die Stadt als Quelle von Wirtschaftskrise und steigender Kriminalität ihre Attraktivität für die Öffentlichkeit verloren hat. Demnach sind die Wirtschaftsmetropole New York als Ort der Handlung und sein stolzes Symbol vergangenen Wohlstands, das Empire State Building, prädestinierte Schauplätze für die Zerstörungsorgien des Riesenaffen. Für den Zuschauer heißt die Botschaft: In der (verhaßten) Stadt droht Gefahr, auf dem Lande wäre nichts Derartiges zu befürchten!

Bei Bergman findet sich auch ein äußerst aufschlußreiches Zitat von Will Hays, dem umstrittenen Vorreiter einer amerikanischen Filmzensur (»Hays-Code«), der deutlich macht, wie willkommen das Medium Film den Politikern in der Zeit der schweren Krise war:

> *Kein anderes Medium hat einen so großen Anteil wie der Film an der Erhaltung der nationalen Moral während einer Periode, die in anderen Ländern von Revolution, Krawall und politischem Aufruhr geprägt wurde. Es war* [immer schon] *die Aufgabe der Leinwand, ohne die ernsten gesellschaftlichen Tagesprobleme zu ignorieren, Strebsamkeit, Optimismus und freundlichen Humor* [bzw. eine freundliche Stimmung] *in ihrer Unterhaltung widerzuspiegeln.*

(Hays*, zitiert nach Bergman, a.a.O. , S. 167)

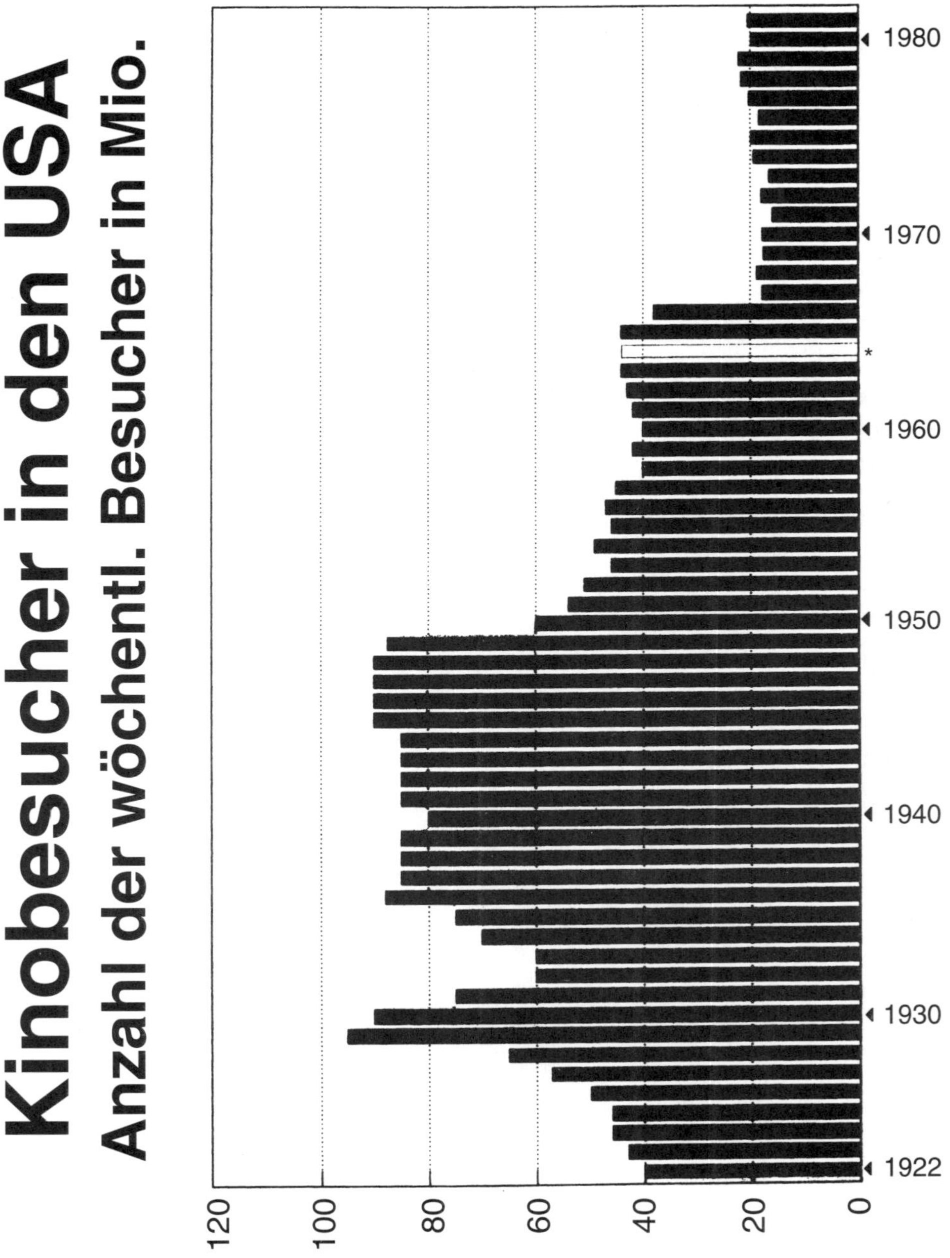

* Daten liegen nicht vor.

Die Filmmusik zu *King Kong*

T-A Das »Music department«-System

Die große Nachfrage nach Filmen sicherte das Überleben des Studiosystems in Hollywood [trotz der großen Wirtschaftskrise nach 1929]. *Als die Studios zur Tonfilmproduktion übergingen, fügten sie lediglich weitere Ressorts in ihre schon komplexe Organisationsstruktur. Neue Abteilungen für Tonmischung und Nachsynchronisation kamen genauso wie eine Musikabteilung in die bestehende Ordnung. Was den Film selbst betraf, so ging es ziemlich unpersönlich zu, da er von Abteilung zu Abteilung wanderte, bis er vollendet war. Obwohl diese Verwaltungsstruktur in mancherlei Hinsicht Kreativität behinderte, erwies sich diese Zeit als Hollywoods finanziell lukrativste Periode und brachte auch einige der größten Filmmusiken aller Zeiten hervor.*

Durch die ziemlich unpersönliche Behandlung des Filmprodukts schuf das Studiosystem eine gewisse Spannung zwischen Filmkunst und Filmgeschäft. Es ist schwierig, Kunst zu produzieren unter den Bedingungen der Massenproduktion. Obwohl diese Spannung im Bereich der Musik möglicherweise weniger bedeutsam war, gab es sie sicherlich damals wie heute.

Viele Faktoren, die Musikabteilungen {music departments} *der Filmstudios während der 30er und 40er Jahre betreffend, stützen den Eindruck, daß die Filmmusik, ebenso wie andere Bereiche des Films, ein industrielles Produkt war.*

Erstens war das Music department ein eigenständiger Betriebskomplex. Üblicherweise gab es ein Musikgebäude auf dem Studiogelände, das Verwaltungsbüros, Schlafkammern für Komponisten als deren Arbeitsstätten, eine Musikbibliothek und einen Aufnahmeraum enthielt, wo die Musik aufgezeichnet wurde. Dies alles stellte natürlich eine erhebliche Kapitalinvestition für die Studios dar.

Zweitens bestanden die Music departments aus einem in Abteilungen gegliederten Arbeitsstab: Geschäftsführer/leitende Angestellte und ihre Sekretärinnen; Buchhalter, Bibliothekare; Korrepetitoren; Komponisten, Arrangeure und Instrumentatoren; Kopisten, Korrektoren und Orchestermusiker. Die gesamte Arbeit des Departments war völlig arbeitsteilig organisiert, und das ganze Unternehmen wurde geführt gemäß den Absprachen mit der Musikergewerkschaft, was Gehälter, Arbeitszeiten und Arbeitsbedingungen anging.

Drittens war die Selbständigkeit des Music departments begrenzt durch die Notwendigkeit, mit Produzenten, Regisseuren, Toningenieuren, der Rechtsabteilung des Studios und dem Finanzchef eng zusammenzuarbeiten. Der Leiter des

Departments mußte ein guter Geschäftsführer sein, der Finanzierungspläne und Terminübersichten verstand, der fähige Arbeiter einstellte und eine effektive Zusammenarbeit mit anderen Abteilungen aufrechterhielt. Neben all diesen Verantwortlichkeiten fungierte er manchmal als Komponist und Dirigent wie im Falle Alfred Newmans, der dem Music department der Twentieth Century-Fox vorstand.

(Roy M. Prendergast*: *Film music – a neglected art*, New York 1977, S. 35f.)

A Überlegen Sie im Plenum, welche Aufgaben vermutlich den genannten Berufsgruppen im Music department zugefallen sein dürften und wie deren Berufsalltag wohl ausgesehen hat. (Warum beispielsweise gab es Schlafkammern für die Komponisten?)

K Geschäftsführer/leitende Angestellte, Sekretärinnen: Verwaltungsaufgaben, z. B. Einstellung neuer Mitarbeiter, Finanzaufsicht; Buchhalter: Kontrolle des Haushalts, Abrechnung von Honoraren etc.; Bibliothekare: Verwaltung der Notenarchive und Nachschlagewerke; Komponisten: mußten ggf. Tag und Nacht arbeiten, um eine Filmmusik innerhalb kürzester Frist fertigzustellen; Korrepetitoren: standen zur Verfügung zur Überprüfung oder Demonstration der Kompositionsskizzen in Verbindung mit dem Film; Arrangeure und Instrumentatoren: hatten die Kompositionen für das verfügbare Instrumentarium zu arrangieren; Kopisten: schrieben die Einzelstimmen für die Musiker aus der Partitur ab (es gab ja noch keine Kopiergeräte...); Orchestermusiker: spielten die Kompositionen im Studio zum laufenden Film ein, wobei in der Regel der Komponist selbst dirigierte.

Die Arbeitszeiten der Orchestermusiker überwachten die Gewerkschaften; ansonsten wurde gerade von den Komponisten, Arrangeuren und Kopisten erwartet, daß sie notfalls auch nachts arbeiteten, um den engen Zeitplan der Filmfertigstellung nicht zu überziehen. Bei Gorbman findet sich ein aufschlußreiches Dokument. Darin informiert Max Steiner die »Nachtarbeiter« des Studios, daß er in Zukunft nicht mehr wie bisher bereit sei, auch die Nächte im Studio zu verbringen. Und falls es jemandem nicht passe, daß er zwischen 18 und 9 Uhr nicht zur Verfügung stehe, würde er liebend gerne zu einer Konkurrenzfirma wechseln (Gorbman 1987, S. 92).

A Versuchen Sie eine Skizze anzufertigen, in der die Berufsgruppen und ihre Abhängigkeiten zu erkennen sind. Gehen Sie von der folgenden Situation aus: Ein Regisseur hat einen Film fertig gedreht und geschnitten und wendet sich nun an den Leiter des Music departments, um eine Filmmusik zu dem Film komponieren und aufnehmen zu lassen.

K Das gesamte organisatorische Geflecht, in das das Entstehen einer Filmmusik eingebettet ist, ist zu komplex, um es erschöpfend im Unterricht zu erörtern. (Eine schematische Übersicht bei Prendergast 1977, S. 37, macht dies deutlich.) Folgende Schritte kann man jedoch recht eindeutig nachvollziehen: Zunächst muß entschieden werden, ob die Filmmusik neu komponiert werden soll, ob existierende Kompositionen verwendet werden (z. B. klassische oder romantische Orchesterwerke) oder ob gar auf bestehende Tondokumente (Tonträger) zurückgegriffen werden kann. Je nach Sachlage ist nun ein musikalischer Berater oder ein Komponist für die weitere Arbeit zu benennen. Gleichzeitig müssen bereits Mitarbeiter verpflichtet werden (Arrangeure, Kopisten, Kapellmeister für die Probenarbeit etc.), die die Kompositionen weiterbearbeiten und sicherstellen, daß die Orchesteraufnahmen problemlos absolviert werden können. Orchester und ggf. Chor sind zu buchen (in der Regel handelt es sich um festangestellte Studioorchester), das Aufnahmestudio ist ebenfalls einzuplanen samt Tontechnikerstab. Alle diese Aktivitäten sind von der Verwaltung zu koordinieren und abzurechnen. Wird keine neue Originalmusik verwendet, so kann das Verfahren durch Rückgriff auf Ton- oder Notenarchive vereinfacht werden.

Die Aufgabe eignet sich zur Gruppen- oder Partnerarbeit.

T-S Max Steiners Arbeit an *King Kong*

Die Premiere des Films war inzwischen für März 1933 im neuen RKO Roxy Theatre im Rockefeller Center angesetzt worden. Wegen dieses Termins hatte Steiner nur zwei Wochen Zeit, um die Musik zu komponieren, und zwei weitere, um sie aufzunehmen. Zu einigen Teilen gab es schon Musik, aber nun legte er ein höllisches Tempo vor, daß seine Mitarbeiter auf der Strecke blieben. Er machte es sich besonders schwer, weil er die Musik mit dem Geschehen auf der Leinwand exakt synchronisieren wollte. Er ließ den Film auf der Movieola[73] *durchlaufen und stoppte die Länge jeder Sequenz bis auf die Sekunde. »Ich hatte mir ein Blatt mit Stichworten angelegt«, erinnert sich Steiner, »von dem ich genau ablesen konnte, wie lange diese oder jene Szene dauerte oder wann ein bestimmtes Wort fiel. In der Zwischenzeit sah ich mir den Film Rolle für Rolle an und überlegte mir die Melodien und die musikalische Stimmung für die verschiedenen Szenen, aber ohne auf das Timing zu achten. Wenn ich die Melodien niedergeschrieben hatte,*

73 In Hollywood weitverbreitetes Filmbetrachtungsgerät, das vor allem den Cuttern ermöglichte, Filme bildgenau bzw. Ton und Geräusche sekundengenau zu analysieren. (G.M.)

legte ich meine Stoppuhr auf das Klavier und arbeitete die Musik anhand meiner Aufzeichnungen so um, daß sie zu der Länge der Szenen paßte.«

Nachdem Steiner diese Blätter mit sorgfältigen Anmerkungen über die Instrumentierung versehen hatte, übergab er sie seinem Arrangeur, Bernard Kaun, der sie zu einer Partitur umarbeitete, die von einem 35köpfigen Orchester gespielt werden sollte.

(Ronald Haver: *David O. Selznicks Hollywood*, München 1981, S. 109f.)

T-S Biographie Max Steiner

*10.5.1888 Wien, †28.12.1971 Los Angeles/Hollywood

Als Enkel von Maximilian Steiner, dem Leiter des Theaters an der Wien, wuchs Max in einer musikalischen, vor allem der Operette verbundenen Umgebung in Wien auf. Bereits in jungen Jahren machte sich eine extreme musikalische Begabung bemerkbar: An der Musikakademie absolvierte Steiner einen Vierjahreskurs innerhalb eines Jahres, wofür er eine Goldmedaille erhielt; er dirigierte mit zwölf Jahren seine erste

Operette und komponierte mit sechzehn die Operette *Das schöne Griechenmädchen*, die es in Wien auf eine Laufzeit von einem Jahr brachte. Zu Steiners Lehrern gehörten neben anderen auch Gustav Mahler und Robert Fuchs. Nach zahlreichen Dirigierverpflichtungen (u. a. Moskau und Hamburg) ging Steiner 1906 nach London, wo er an verschiedenen Theatern Operetten und Musicals dirigierte. Im ersten Weltkrieg wurde er als Angehöriger eines feindlichen Staates festgenommen, durfte aber schließlich unter Verlust seines Besitzes in die USA ausreisen. In New York startete er eine Karriere als Arrangeur und Dirigent am Broadway, ehe ihn die Filmfirma RKO 1929 nach Hollywood holte. Dort schuf er die ersten großen Original-Tonfilmmusiken und wechselte schließlich als gesuchter Starkomponist 1936 zu Warner. Seine größten Erfolge errang er mit Musiken zu aufwendigen Filmproduktionen verschiedener Genres (z. B. *Vom Winde verweht*). Nach zahllosen Filmmusiken (die Angaben schwanken zwischen 300 und 600!) und vielen Auszeichnungen mußte Steiner erfahren, daß in Hollywood in den 60er Jahren kein Interesse mehr an seiner

Musik bestand. 1962–65 komponierte er nur noch sieben Soundtracks, danach erhielt der nahezu erblindete Komponist keine Aufträge mehr.

In der Aufbruchstimmung des neuen Tonfilms gelang es Steiner, sich einen hervorragenden Ruf als einfühlsamer, präziser und schneller Komponist sinfonischer Begleitmusik zu erwerben. Die Musikpraxis der Hollywood-Filmmusik in den 30er und 40er Jahren geht maßgeblich auf die von Steiner eingeführten Standards zurück (Leitmotiv-Technik, Underscoring, Mickeymousing, Synchronität von Bild und Musik). Der Click track, eine technische Hilfe zur exakten zeitlichen Abstimmung der Musik auf die filmischen Vorgänge, gilt als Erfindung des Wiener Filmmusikpioniers. Als Urheber etlicher zeitloser Filmmusiken genießt Steiner heute großes Ansehen. Die Maßstäbe, die er mit seiner Arbeit setzte, werden aber durchaus kontrovers beurteilt.

Wichtige Filmmusiken: *King Kong* (*King Kong und die weiße Frau* 1933); *The Informer* (*Der Verräter*, 1935, Oscar für die beste Filmmusik); *So this is Paris* (1936); *Gone with the wind* (*Vom Winde verweht*, 1939); *Now Voyager* (*Jetzt, Reisender*, 1942, Oscar für die beste Filmmusik); *Casablanca* (1943); *Since you went away* (*Als du Abschied nahmst*, 1944); *The big Sleep* (*Der tiefe Schlaf*, 1946); *Life with Father* (1947); *The Treasure of the Sierra Madre* (*Der Schatz der Sierra Madre*, 1948).

Weitere Kompositionen: Operetten (Jugendwerke); Klaviersonate (1933, unvollendet); *Symphonie moderne* für Orchester (1940); *Piano Miniatures* (1941, nach *Vom Winde verweht*).

T-A Musikdramaturgie

> *Der Komponist* [Max Steiner] *arbeitete eng mit dem Regisseur zusammen, während er die Filmmusik schuf. Bei der frühen Planung gab Steiner zu bedenken, es sei besonders wirkungsvoll, den ersten Teil des Films, der sich mit dem durch die Wirtschaftskrise erschütterten New York und der folgenden Reise zu Kongs Insel befaßte, nicht zu vertonen. Cooper* [der Regisseur] *stimmte zu. Die Musik sollte einsetzen, wenn die Realität der traumhaften Fantasie weicht, als das Schiff den Skull Island umgebenden Nebel durchquert. Von dem Punkt an ist Musik fast während des ganzen Films gegenwärtig.*

(Fred Steiner*: Liner note zur Neuaufnahme des Soundtracks von *King Kong* 1976, Silver Screen/Southern Cross SCCD 901)

Max Steiner dirigiert die Musik zu *Lost Horizon* (1937). Während des Dirigierens konnte er den Film auf einer über dem Orchester angebrachten Leinwand verfolgen und so den musikalischen Ablauf genau dem Film anpassen. Die Sitzordnung im Orchester wurde den jeweiligen Erfordernissen der Tontechnik entsprechend verändert. Hinter Steiner steht der Komponist der Filmmusik, Dimitri Tiomkin, links vorne der Regisseur Frank Capca.

A Vergleichen Sie die Idee von Steiner mit Ihren eigenen Überlegungen zum Einsatz von Musik in *King Kong*.

K Eine »Lösung« kann es für diese Aufgabe nicht geben, eine Bewertung des Ansatzes von Max Steiner ist jedoch erwünscht.

NB Leitmotiv-Technik

M. Steiner: *King Kong*

A Die beiden Hauptmotive der Filmmusik beziehen sich auf King Kong und Ann Darrow. Nehmen Sie die Zuordnung der Notenbeispiele zu diesen beiden Hauptpersonen vor, und suchen Sie nach passenden Adjektiven zur Beschreibung des musikalischen Eindrucks, so wie Sie ihn vom Notenbild her erwarten.

K King Kong (1. Beispiel): z. B. schwer, roh, dunkel, bedrohlich; Ann Darrow (2. Beispiel): z. B. zärtlich, verträumt, romantisch, schwebend.

A Das Ann Darrow-Motiv wurde von Max Steiner mit dem Titel *Stolen Love* versehen. Wie erreicht der Komponist den einschmeichelnden, »romantischen« Charakter der Melodie?

a) Untersuchen Sie die Melodie auf Sequenzenbildung hin, und versuchen Sie dann, das Notenbeispiel sinngemäß um weitere 4 Takte zu verlängern.

b) Analysieren Sie die rhythmische Gestaltung dieses Leitmotivs: Warum ist die Bestimmung der Taktart problematisch?

c) Versuchen Sie Begleitakkorde zu bestimmen.

M. Steiner: *King Kong*, »Stolen Love«

K a) Nach vier Takten wird das Grundmotiv sequenziert im Quintabstand mit einer kleinen chromatischen Veränderung (verminderte Quarte bei der Sequenzierung); die nächste Sequenz würde wiederum im Quintabstand einsetzen, das Verfahren ließe sich weiter fortsetzen.

b) Es überlagert sich ein (notierter) 3/4-Takt mit einem 3/2-Takt in der Melodie. Dies führt zu einer Verschleierung der Taktschwerpunkte.

c) Die Melodie enthält zahlreiche Durchgangsnoten und lange Vorhalte, wodurch die Bestimmung der Harmonik erschwert wird. Das vollständige Thema hat folgende Gestalt: (s. Abb. oben)

NB Weitere Leitmotive

[Ann in] Gefahr

Mut

Opfer[zeremonie]

M. Steiner: *King Kong*

A Max Steiner setzt Leitmotive nahezu überall in seiner Filmmusik ein. Fast immer steht das Leitmotiv in direkter Beziehung zur gezeigten Handlung. Welche Gründe könnte es Ihrer Meinung nach für einen Filmmusikkomponisten geben, Leitmotive zu verwenden?

K Vereinheitlichung des musikalischen Materials; Charakterisierung der Handlungsträger; Erweiterung der Darstellung von Beziehungen um eine musikalische Schicht (z. B. Verschmelzung von Motiven als Ausdruck der Zusammengehörigkeit von Personen); Rationalisierung des Kompositionsvorgangs.

A Vergleichen Sie das Kong-Motiv mit dem Gefahr-Motiv, und kommentieren Sie den Befund.

K Die drei Anfangsnoten sind identisch mit dem Kong-Motiv, was man als »durch Kong droht Ann Gefahr« interpretieren kann.

A Informieren Sie sich anhand eines Musiklexikons über den Begriff »Leitmotiv« in der Musik.

K Die Idee der Verwendung von Leitmotiven in der Musik ist vor allem verbunden mit den Komponisten Wagner und Berlioz (»idée fixe«). Im Riemann-Musiklexikon finden sich beispielsweise die folgenden, hier stark gekürzt wiedergegebenen Ausführungen zum Stichwort Leitmotiv:

> *Bezeichnung für eine prägnante musikalische Gestalt, die in wortgebundener oder programmatischer Musik einem bestimmten dichterischen Moment (einer Idee, Sache, Person u. ä.) zugeordnet ist und im musikalischen Text immer dann erscheint, wenn dieses dramatisch-poetische Moment gemeint ist. Das L. kann dabei direkt auf das Geschehen hinweisen (z. B. eine auftretende Person ankündigen) oder indirekt kommentierend – auch psychologisch motivierend oder analysierend – einbezogen werden.* [...] *Eine zum bloß Plakathaften abgesunkene L.-Technik kennt die → Filmmusik.*

(*Riemann Musiklexikon, Sachteil,* Mainz 1967, S. 512f.)

FA Main title

[Filmzeit 0:00 – 1:52]

K Zunächst soll hier die Titelmusik analysiert werden, ohne die Bildebene zu berücksichtigen. Falls kein Tonträger mit der Titelmusik zur Verfügung steht, kann auch die Videokassette verwendet werden. Der Fernsehmonitor ist in diesem Fall völlig abzudunkeln, um zunächst nur die Musik wirken zu lassen.

A Hören Sie das Musikbeispiel, und überlegen Sie, an welcher Stelle der Filmhandlung Sie diesen Musikausschnitt erwarten (Anfang, Mitte, Ende, ggf. bestimmtes Handlungselement laut Inhaltsangabe). Begründen Sie Ihre Vermutung.

K Es handelt sich um die Titelmusik (inklusive »credits« und textlichem Motto). Typisch für Hollywood-Titelmusiken der 30er und 40er Jahre ist der fanfarenartige, pompöse Fortissimo-Beginn, die lose Reihung verschiedener (Leit-) Motive sowie die Kontrastbildung durch ein »Liebesmotiv«. Was bei Steiner noch originelle Erfindung ist, wurde später zum Stereotyp.

A Beschreiben Sie den Aufbau der Musik, und versuchen Sie, den Spannungsverlauf aufzuzeichnen. Bestimmen Sie, durch welche kompositorischen Mittel Max Steiner die Spannung steigert.

K Drei Teile lassen sich deutlich unterscheiden: der fanfarenartige Anfang, der durch den ostinaten Trommelrhythmus geprägte Mittelteil und das verträumte von Streichern gespielte Ende. Zur Steigerung der Spannung verwendet Steiner Temposteigerung (accelerando), Lautstärkesteigerung (crescendo) und auf- und absteigende Sequenzierung (vor allem in Zusammenhang mit Motivabspaltungen).

A Versuchen Sie den Klangkörper grob zu beschreiben, und überlegen Sie, welcher musikgeschichtlichen Epoche Sie die Musik zuordnen würden, wenn Sie nicht wüßten, daß es sich um Filmmusik aus dem Jahre 1933 handelt.

K Sinfonischer Klangkörper inklusive Blechbläsern, Trommeln und Harfe (Holzbläser sind in diesem kurzen Musikbeispiel nicht herauszuhören); musikhistorisch ist die Musik der Spätromantik verpflichtet (z. B. Richard Strauss), eher konservativ als avantgardistisch.

A Welche Leitmotive werden verwendet, und welche Methoden kompositorischer Arbeit wendet Steiner auf sie an? Achten Sie vor allem auf den lyrischen Schlußteil. Hören Sie ggf. das Musikbeispiel mehrmals.

K King Kong-Motiv/Gefahr-Motiv/Opfertanz-Motiv/Metamorphose des King Kong-Motivs (King Kongs »Liebesmotiv«); Fortspinnung von Motiven und Sequenzierung. Möglicherweise wird die Verwandtschaft zwischen King Kong-Motiv und »Liebesmotiv« nicht unmittelbar erkannt. Beim Vergleich des Abschnitts mit den bekannten Leitmotiven (u. U. unter Verwendung des Notenbeispiels) wird der Zusammenhang jedoch ersichtlich.

A Setzen Sie den musikalischen Verlauf in Beziehung zum Filminhalt. Was »verrät« die Filmmusik dem Publikum von der Filmhandlung?

K Die Filmmusik dürfte beim Publikum folgende Erwartungshaltung hervorrufen: »eine Geschichte voller Spannung/Gefahr und Liebe/Romantik«. Die Leitmotive geben die Ausgangssituation beim Aufeinandertreffen von Kong und Ann Darrow wieder: Kong, von dem Gefahr ausgeht, begegnet durch die Opferung Ann und »entdeckt« dabei die verliebten sanften Züge seines Charakters.

Nach der Bearbeitung dieser Aufgabenstellung wird der entsprechende Filmausschnitt vorgeführt.

A Vergleichen Sie die Filmmusik mit den visuellen Abläufen auf dem Bildschirm (bzw. der Leinwand), und achten Sie hierbei vor allem auf das King Kong-Motiv, das Liebesmotiv und auf das Einsetzen der Handlung. Welche Bild- und Musikelemente werden miteinander verbunden? Wo schlägt die Stimmung deutlich um? Wann sind Geräusche hörbar, und welche sind es?

K Das Crescendo nach dem King Kong-Motiv korrespondiert mit dem herangezoomten, in monumental wirkenden Lettern gehaltenen Filmtitel; das Liebesmotiv, mit dem die Stimmung umschlägt, setzt gleichzeitig mit dem (frei erfundenen) arabischen Sprichwort ein; die decrescendierende Musik leitet parallel zur Überblendung zum nebelverhangenen Hafen über. Die Sphäre der Realität (= der Hafen) wird durch Geräusche akustisch illustriert (Schiffsmotor), ehe später die Sprache in den akustischen Bereich des Films eintritt.

FA/AB Ankunft auf Skull Island

[19:33 - 30:10]

A Sehen Sie sich den Filmausschnitt an. Es ist genau der Teil des Films, mit dem nach der ca. 19minütigen filmischen Exposition erstmals die Musik wieder einsetzt. Fertigen Sie zunächst eine grobe Verlaufsskizze an. Tragen Sie dazu in einem ersten Arbeitsschritt die Handlungsfolge in das Arbeitsblatt ein. Kleinere und größere Einschnitte im Handlungsverlauf sind in der entsprechenden Spalte bereits genannt. Beachten Sie vor allem die Bildgestaltung zu den drei auf dem AB unten angegebenen Laufzeiten sowie am Anfang des Ausschnitts, und versuchen Sie das Ergebnis in die Spalte »Bild« durch graphische Zeichen darzustellen.

K Um die Vielfalt an filmmusikalischen Beobachtungen, die man mit dieser Szenenfolge machen kann, überschaubar zu halten, sollte die Analyse im wesentlichen anhand des Arbeitsbogens vollzogen werden. Allerdings lassen sich nicht alle Ergebnisse adäquat in graphischer Form festhalten. Deshalb müssen weitergehende Überlegungen zur Filmmusik ggf. schriftlich notiert werden. (AB und Musterprotokoll S. 183f.)

A Tragen Sie in Ihrem Protokoll die Stellen ein, an denen die Musik deutliche Zäsuren oder Pausen aufweist, und vergleichen Sie die Eintragungen mit dem Handlungsverlauf. Welche Übereinstimmungen (oder Abweichungen) lassen sich feststellen? Versuchen Sie den Wechsel musikalischer Stimmungen zu beschreiben, indem Sie passende Adjektive in der Spalte »Charakter« notieren.

A Aus dem orchestralen Klangbild treten an einzelnen Stellen Soloinstrumente oder Instrumentengruppen hervor. Tragen Sie die Instrumentennamen in der Spalte »Instrumentation« ein. Welcher Assoziationsbereich wird dabei der Harfe zugewiesen?

K Die Klangqualität der antiquierten Aufnahme macht das Heraushören aller Soloinstrumente schwierig. In jedem Fall sind jedoch Harfe, tiefes Blech und die Cello-Überleitung zu erkennen, evtl. auch die Rohrblattinstrumente. Offenbar steht die Harfe für »Meer« bzw. »Wellen«.

A Eine besondere Rolle spielen die Trommeln. Tragen Sie die Abschnitte ein, in denen sie zu hören sind. Sollte hierzu besser die Spalte »Geräusche« gewählt werden oder »Instrumentation«? Gibt es überhaupt »Geräusche« in dem Ausschnitt?

K Wie wichtig die dramaturgische Funktion der Trommeln als akustisches Zeichen für die auf der Insel ablaufende Opferzeremonie ist, wird auch dadurch deutlich, daß unmittelbar nach Einsatz der Trommeln bereits der Dialog zwischen Denham und dem Kapitän (»Skipper«) auf die Trommeln Bezug nimmt (Denham: *Listen* ...). Die Dynamik der Trommeln paßt sich auch den jeweiligen dramaturgischen Bedürfnissen an. Folgende Geräusche sind hörbar: Brandungsgeräusche u. a. beim Landen des Beibootes, Denhams Pfeifen beim Abgang (Ende des Ausschnitts).

A Notieren Sie die (abgekürzten) Namen der Leitmotive bei den markierten Stellen (^) in der Spalte »Musik/Leitmotive«. Versuchen Sie in jedem Einzelfall einen Grund dafür zu finden, daß Steiner auf das entsprechende Leitmotiv zurückgreift.

K Das »Mut-Motiv« (M) weist auf die zu erwartende bzw. überwundene Gefahr der Expedition hin: Besprechung des Landganges; Landung – hier sogar doppelt, nämlich auch in rhythmischer Vergrößerung (Augmentation); Suche nach der Zeremonie; Beginn des Gesprächs Skipper/Häuptling (Denham: *Make him a friendly speech*!); Intervention des Medizinmannes (Skipper: *He says, the ceremony is spoiled.*); Kaufangebot für Ann (Denham: *Good Lord*!). Das »Opfertanz-Motiv« (O) »übersetzt« die in Eingeborenensprache gestellte Frage des Skippers an den Häuptling, was für ein Ritual gerade ablaufe und die Aussage des Häuptlings, er wolle Ann als Opfergabe kaufen. Am Ende des Ausschnitts ist das Motiv als Ankündigung zu verstehen: Es wird noch zum Opfer kommen (durch die Entführung Anns).

A Als »Mickeymousing« wird in der Filmmusik die exakte synchrone Umsetzung von Bewegungsabläufen in lautmalerische Musik bezeichnet. Der Name wie das Verfahren entstammen der Vertonung von Zeichentrickfilmen. Suchen Sie eine typische Stelle für die Anwendung des Mickeymousing in diesem Ausschnitt aus *King Kong*. Markieren Sie die Stelle in der Rubrik »Funktion« durch das Fachwort, und überlegen Sie, was Steiner bewegt haben könnte, dieses Verfahren hier einzusetzen.

K Die musikalische Untermalung der Schritte des Häuptlings sind eindeutig ein Fall von Mickeymousing, evtl. auch die instrumentale Begleitung des Medizinmannes. Die Macht des Häuptlings, seine massige Gestalt und die von ihm ausgehende, zunehmende Bedrohung werden durch die Musik vermittelt. Die Bewegung erscheint in doppelter Hinsicht »gewichtig«.

A Die Eingeborenen werden musikalisch gekennzeichnet durch ihre Opfermusik. Die Trommeln (s.o.) und der Gesang haben den Charakter von »Inzidenzmusik« (sog. »aktueller« Musik bzw. »Source music«). Damit wird Musik bezeichnet, deren Urheber im Bild zu sehen oder zu vermuten ist (z. B. der Barpianist in einer Kneipe, die Fanfarenbläser in einer mittelalterlichen Burg). Durch welche musikalischen Mittel versucht Steiner, die Ureinwohner der Insel als »urtümlich einfache« Kultur darzustellen? Untersuchen Sie auch die Gestalt des Opfertanz-Motivs! Wo sind die Urheber der Source music im Bild zu sehen (on-screen), wo nicht (off-screen)? Notieren Sie beide Ausdrücke in der Spalte »Funktion«. Warum handelt es sich auch bei den on-screen-Abschnitten eigentlich um off-screen-Musik?

K Einfaches rhythmisches Ostinato (vgl. *Bolero, Frühlingsopfer, Carmina burana*); nahezu echte pentatonische Tonleiter (nur der unbetonte Ton auf 4+ ist überzählig); dorisch als archaisch wirkender Modus. Lediglich einige Trommeln samt Spielern sind im Bild tatsächlich zu sehen; das Orchester ist nur im Studio anwesend, nicht auf der Insel.

A Das Verfahren Steiners, die Handlung und ihre Dialoge durchgängig von einer Musik zu begleiten, die sich völlig Bild und Ton anpaßt und unterordnet, wird als Underscoring bezeichnet. Als die Expedition schließlich die Opferzeremonie beobachten kann, zeigt der Film im Wechsel die Abenteurer und das, was sie beobachten, die Eingeborenen. Die Kamera nimmt dabei den Standort der Protagonisten ein (Point-of-view-shot). Überprüfen Sie, mit welchem Mittel Steiner auf dieses Detail der Bildgestaltung bei seiner Musik im Underscoring eingeht.

K Die Dynamik wechselt jeweils mit der Blickrichtung.

A Charakterisieren Sie die Funktion der Musik während des Gesprächs zwischen dem Skipper und dem Häuptling bzw. dem Medizinmann, und notieren Sie den Befund in der Spalte »Funktion«.

K Die Musik übersetzt für das Publikum synchron die Aussagen des Häuptlings bzw. des Medizinmannes, noch ehe sie der Skipper für Denham übersetzt hat. Die Zuschauer »verstehen« durch die Musik die fiktive Eingeborenensprache. Zugleich drückt die Musik aber auch den Grad der jeweiligen Bedrohung bzw. Angst der Eindringlinge aus.

A Überlegen Sie, welche weiteren Funktionen die Filmmusik in diesem Ausschnitt übernimmt, und ergänzen Sie die Spalte »Funktion« entsprechend.

K Um zu vermeiden, daß durch zu häufiges Betrachten dieser relativ langen Szene eine Ermüdung der Klasse einsetzt, sollten die Aufgaben entweder nur teilweise bearbeitet (fehlende Informationen ggf. vorab in das AB eintragen) oder aber simultan von einzelnen Arbeitsgruppen gelöst werden.

A Schauen Sie sich die Filmsequenz (in Ausschnitten) nochmals an, und schalten Sie dabei den Ton aus. Vergleichen Sie den Eindruck, den der Film jetzt auf Sie macht, mit den früheren Erfahrungen. Hat sich für Sie das Filmerleben durch den Fortfall der auditiven Schicht verändert? Tauschen Sie Ihre Erfahrungen im Plenum aus, und diskutieren Sie, welche Intentionen Steiner mit seiner Filmmusik verfolgt haben mag. Hat er Ihrer Meinung nach seine Absichten überzeugend verwirklicht?

K Bei den ersten Teilaufgaben geht es um den Austausch persönlicher Erfahrungen mit Filmmusik. – Die Intentionen Steiners dürften darin liegen, die Wirkung des Filmbildes zu verstärken und die emotionale Gestimmtheit des Publikums zu beeinflussen. Vom Bildinhalt her ambivalente Szenen werden durch die Musik eindeutig affektiv »eingefärbt«, in den Massenszenen wird die kultische Ekstase sowie die Größe der Menschenmasse und die einzelner Personen (vor allem: des Häuptlings) musikalisch überhöht.

Arbeitsblatt »Ankunft auf Skull Island« (King Kong)

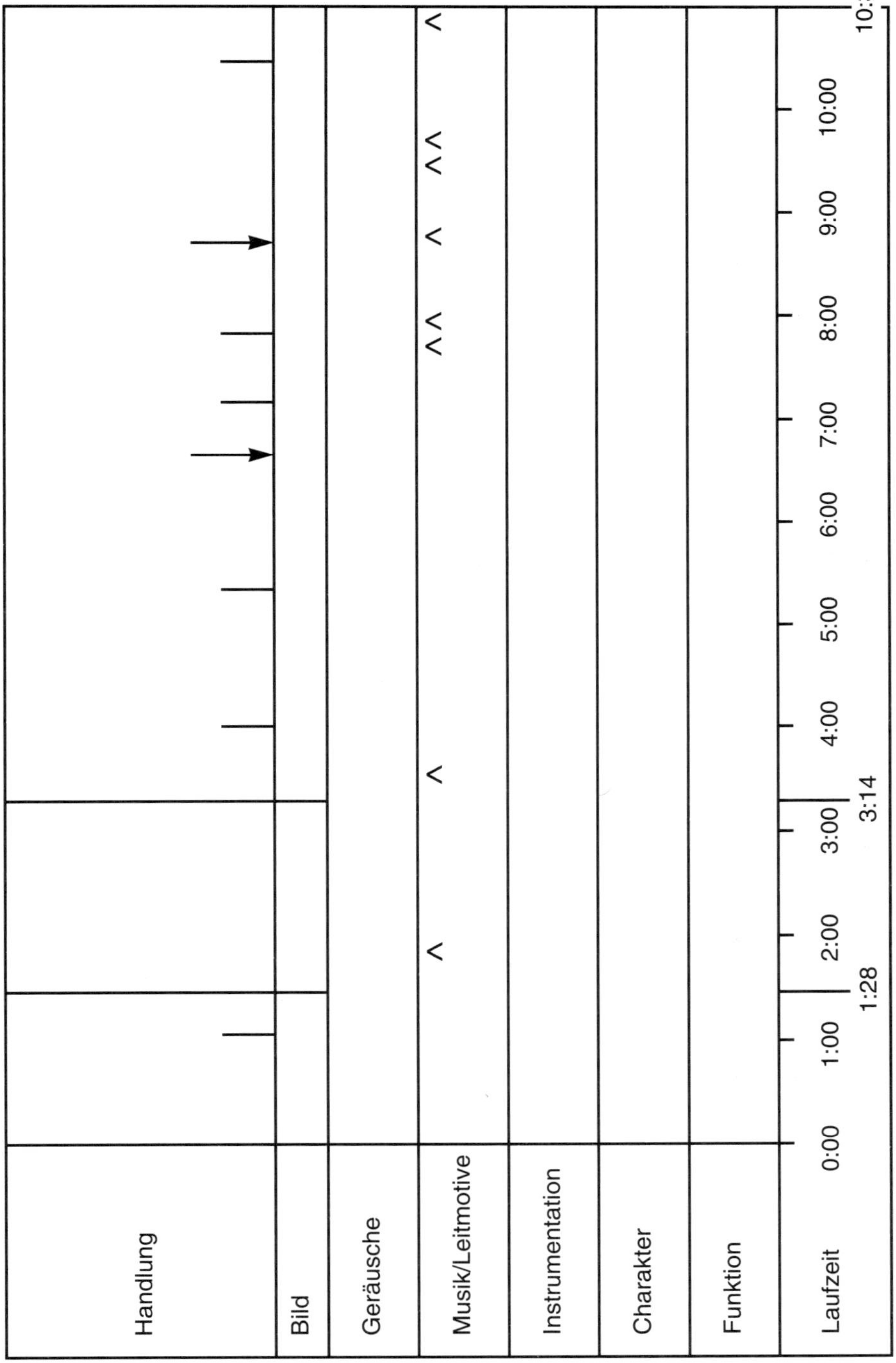

Arbeitsblatt »Ankunft auf Skull Island« (King Kong)

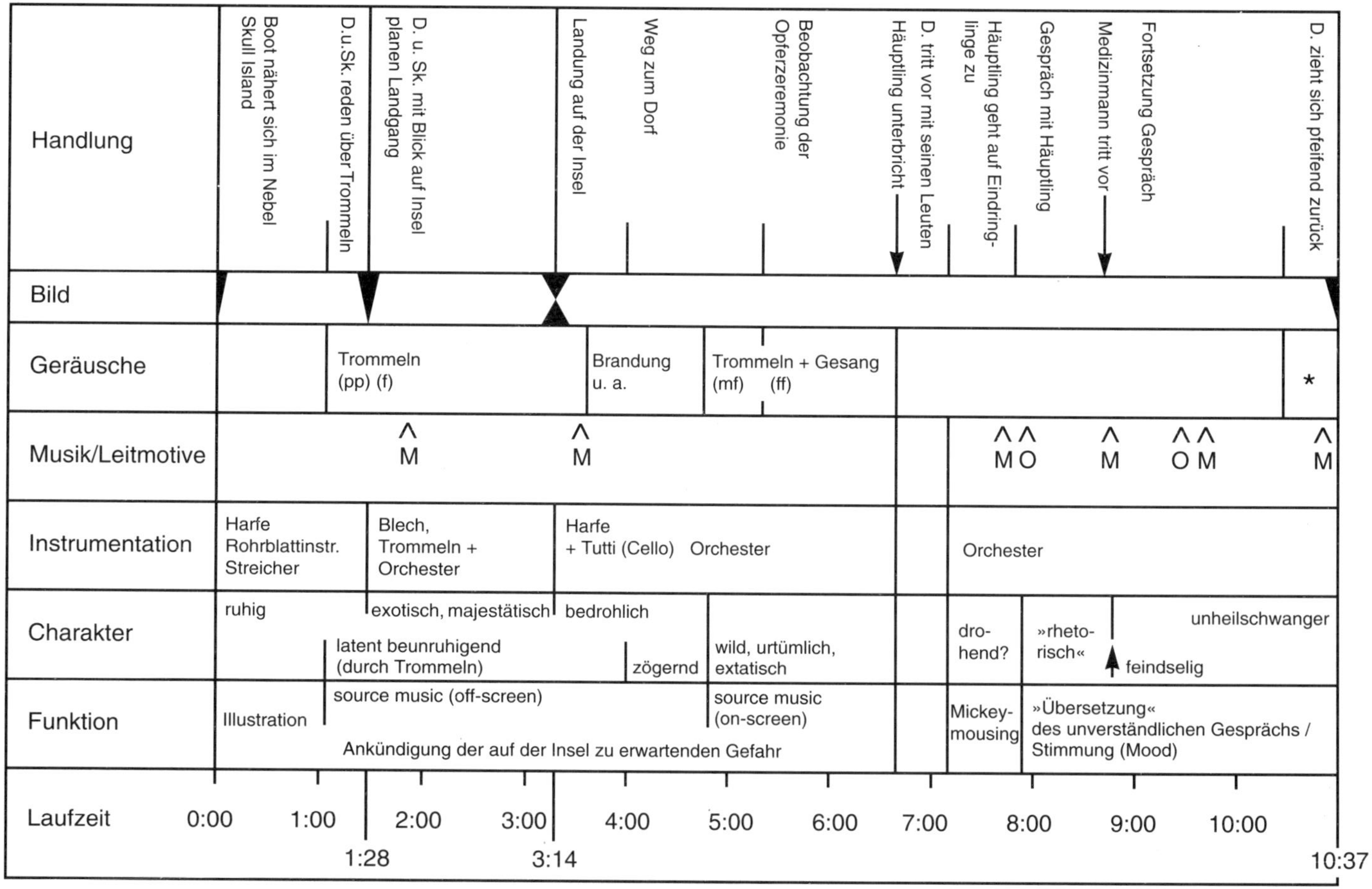

FA Opferszene

[36:00 - 43:17]

K In dieser Szene lassen sich die typischen Merkmale der Filmmusik Steiners exemplarisch aufzeigen. Außerdem taucht hier King Kong in der Filmhandlung erstmals leibhaftig auf. Sollte die Klasse im Verlauf der vorangegangenen Analyseaufgaben den Wunsch geäußert haben, endlich den Affen selbst zu Gesicht zu bekommen, so kann die Szene genutzt werden, diesem legitimen Ansinnen zu entsprechen. Auch für den Fall, daß die lange Szene der »Ankunft auf Skull Island« auf zu geringes Interesse der Schüler stieß, um alle Aspekte der Musik ansprechen zu können, lassen sich in der »Opferszene« und dem folgenden Filmbeispiel »Die Flucht« die entsprechenden Punkte nachträglich thematisieren. (Anmerkung: Bei dieser Szene ist es wichtig, darauf zu achten, daß sie nicht mißverstanden wird und sexistische Kommentare bei Schülern provoziert.)

A Mit dieser Szene tritt Kong erstmals im Film in Erscheinung. Das Nahen des Riesenaffen kündigt sich an, noch ehe er zu sehen ist. Wodurch vermittelt die Musik den Eindruck, daß sich ein gigantisches Wesen dem Opfer nähert?

K »Schwere« Akkordschläge stehen lautmalerisch für ein entsprechend langsam und gewichtig nahendes Wesen.

A Welche Leitmotive integriert Steiner in seine Musik und warum?

K Opfer-Motiv/Kong-Motiv/Gefahr-Motiv/Mut-Motiv; der Einsatz der Leitmotive deckt sich mit der jeweiligen dramatischen Situation (Das Opfer nimmt seinen Lauf/Kong tritt auf/Ann ist in Gefahr).

FA Die Flucht

[67:15 - 69:00]

K In dieser Szene ist vor allem das Mickeymousing extrem vertreten. Ansonsten gelten die Hinweise zum vorangegangenen Themenblock.

FA Theater-Marsch

[75:42 - 78:35]

A In dieser Sequenz verwendet Max Steiner völlig neues musikalisches Material, das auch in späteren Szenen des Films nicht wieder auftaucht. Welche Intention mag Steiner dazu bewegt haben, der Szene gerade diese Musik zuzuordnen?

K Die Musik kann durchaus als Inzidenzmusik bezeichnet werden (auch wenn keine Kapelle zu sehen ist). Sie läßt erkennen: Hier wird (billige) Massenunterhaltung geboten, »hier gibt's die absolute Show«!

A Obwohl dieses Filmmusikstück in sich abgeschlossen ist und selbständig wirkt, hat der Komponist es sorgfältig dem Film angepaßt. Suchen Sie nach einem Beleg für diese Behauptung.

K Das Ende des Musikstücks fällt genau auf den Beginn der Ansprache Denhams.

T-A Steiners Musik im Spiegel der Kritik

Hans-Christian Schmidt äußert sich zu den Filmmusiken Steiners und geht zunächst auf die Detailtreue bezüglich der Filmhandlung ein, hier als Paraphrasierung des Bildgeschehens durch die Musik bezeichnet:

> *Steinersche Paraphrasen sind vordergründig und haften dem Bild ohne jede Distanzierung an. Wie auch immer, sein Verfahren ist das einer gestischen Tautologie, ist ein musikalischer weißer Schimmel, ein tönender runder Kreis. Das Steinersche Verfahren hat für lange Zeit Geschichte gemacht, hat sozusagen einen der wichtigsten filmmusikalischen Standards begründet und – obgleich geschichtlich längst überwunden – lebt es heute noch dann und wann auf* [...].
>
> *Max Steiners Neigung zu einer detailgetreuen musikalischen Deskription ist jedoch nur die halbe Wahrheit. Die andere Hälfte besteht aus einer strikten Bindung musikalischer Themen an bestimmte filmische Personen. Wie das »Mickeymousing« den Bewegungszügen auf den Hacken bleibt, so strikt ist die Identität von Personen und dem einmal auf sie hin entworfenen Thema.*

(H.-Chr. Schmidt: *Filmmusik*, Kassel 1982, S. 49)

Um die Bedeutung der Musik hinsichtlich der Wirkung des Films auf das Publikum geht es im folgenden pointierten Zitat:

> *Wenn Sie Steiners Musik aus dem Film entfernen würden und an ihre Stelle die in den frühen Dreißigern übliche schmalbrüstige »eine Trommel, zwei Flöten, vier Geigen«-Behandlung setzten, könnten Sie gut und gerne bei der Komödie des Jahrhunderts ankommen.*

(Ray Bradbury* 1975, zitiert nach Randall Larson: *Musique Fantastique: a survey of film music in the fantastic cinema*, Metuchen, N. J. 1985, S. 1f.)

David Ewen, ein renommierter amerikanischer Musikwissenschaftler, gibt folgendes Urteil ab:

Es war in »King Kong«, wo Steiner erstmals seine Meisterschaft und Originalität zeigte beim Schreiben von Musik für die Leinwand. Von den einleitenden absteigenden Akkorden an, die unmittelbar eine Ahnung düsteren Schicksals heraufbeschworen, wurde Steiners Musik ein wichtiger Aktivposten, der dazu beitrug, »King Kong« zu einem filmischen Triumph des fantastischen Horrors zu machen.
(David Ewen*: *All the years of American popular music*, Englewood Cliffs, N. J. 1977, S. 405)

A Erörtern Sie im Plenum, welche der Zitate Ihnen angemessen oder zutreffend erscheinen und welchen Sie sich nicht anschließen möchten.

K Diese Aufgabe soll dazu dienen, die Schüler zu Wertungen über die Musik Steiners anzuregen und ihr Urteil durch Sachargumente zu untermauern. Zur Lenkung der Diskussion empfiehlt es sich, zunächst die Unterscheidung von Wertungen (normative Aussagen) und beschreibenden Sachaussagen (deskriptive Aussagen) anzustreben, die auch in den Zitaten vermischt zu finden sind. Systematisch betrachtet beziehen sich die Aussagen auf die kompositorische Gestalt der Musik (musikimmanent), auf die Funktion der Musik für den Film (Dramaturgie) bzw. die intendierte Wirkung der Musik auf das Publikum.

Wertungen sind immer abhängig von eigenen, vorgegebenen und übergeordneten Annahmen. Wird beispielsweise die Meinung vertreten, dem Kino falle die Aufgabe zu, das Publikum abzulenken und zu unterhalten und die Musik müsse sich dieser Aufgabe unterordnen, so wird die Musik Steiners in anderem Lichte erscheinen, als wenn dem Kino aufklärerische Bedeutung beigemessen wird.

Hanns Eislers Kritik an der Filmmusik Hollywoods

T-S Biographie Hanns Eisler

*6.7.1898 Leipzig, †6.9.1962 Berlin (Ost)

Nach Abitur (1916) und Wehrdienst (1. Weltkrieg) Einschreibung am Neuen Wiener Konservatorium und Privatunterricht bei Schönberg. Erste Anerkennung findet Eisler künstlerisch mit seiner 1. Klaviersonate (Kunstpreis der Stadt Wien). 1925 Übersiedlung nach Berlin, politisches Engagement führt ihn zur Bühnen- und Agitationsmusik und zum Film; seit 1930 verbindet ihn eine andauernde Freundschaft mit Brecht. 1933 muß Eisler als Sozialist emigrieren und siedelt 1938 in die USA über, wo er zunächst eine pädagogische Tätigkeit ausübt. Die Übernahme eines Forschungsprojekts der Rockefeller-Stiftung über Filmmusik führt zur Zusammenarbeit mit Adorno und schließlich zu der Publikation *Komposition für den Film* (1947). 1942–47 lebt Eisler in Hollywood, wo er insgesamt acht Filmmusiken komponiert. Die Kommunistenjagd der McCarthy-Ära hat trotz heftiger Proteste berühmter Künstler die Ausweisung Eislers aus den USA zur Folge. 1949 läßt er sich in der DDR nieder und übernimmt eine Musikprofessur. Bis zu seinem Tod entstehen weitere Filmmusiken, konzertante und szenische Werke.

Wichtige Filmmusiken: *Opus III* (1923); *Das Lied vom Leben* (1931; Musik unter Pseudonym H. Adams zusammen mit Franz Wachsmann [später: Waxman] und Friedrich Hollaender); *Kuhle Wampe oder: Wem gehört die Welt?* (1932); *Regan* (*Regen*, 1929/1941; neue Filmmusik für die Tonfilmfassung im Rahmen des Filmmusikprojekts für die Rockefeller-Stiftung); *Hangmen also Die!* (*Henker sterben auch*, 1943; Oscar-Nominierung); *None but the Lonely Heart* (1944; Oscar-Nominierung); *Nuit et brouillard* (*Nacht und Nebel*, 1955); insgesamt ca. 45 Filmmusiken und Filmadaptionen.

Weitere Kompositionen: zahlreiche Werke unterschiedlicher Gattungen; konzertante Bearbeitungen von Teilen seiner Filmmusiken.

T-L Zur Entstehung des Buches *Komposition für den Film*

Der filmerfahrene Komponist Hanns Eisler emigrierte als überzeugter Sozialist und Antifaschist 1938 in die Vereinigten Staaten. Obwohl er eine Stelle an einer Abenduniversität für Werktätige in New York antreten konnte, war es aus materiellen Gründen für Eisler sicherlich nicht unwillkommen, ein von der Rockefeller-Stiftung finanziertes Forschungsprojekt über die Zusammenhänge von Musik und Film zu übernehmen. Die Forschungsergebnisse flossen später in das Buch *Komposition für den Film* ein, das zusammen von Eisler und Adorno verfaßt wurde, auch wenn die Erstausgabe Adornos Autorenschaft verschweigt. (Adorno reklamierte später 95% des Buches als sein eigenes Werk; vgl. Adorno: *Gesammelte Werke* Bd. 15, S. 406.) Die im folgenden behandelte Kritik an der Filmmusik Hollywoods, bezeichnet als *Vorurteile und schlechte Gewohnheiten*, kann im inhaltlichen Kern als Eislers Werk gelten[74]. Innerhalb der *Komposition für den Film* stellt die Kritik als Einleitungskapitel den Ausgangspunkt für die weiteren Überlegungen der Autoren dar. In ihrer sehr konzentrierten Form sind die Kritikpunkte Eislers schwerlich angemessen zusammenzufassen, zumal auch kaum konkrete Filmbeispiele für die vermeintlichen Mißstände angeführt werden.

Zur Beurteilung der Position Eislers ist zu bedenken, daß er als Vertreter »avancierter« Musik die ästhetischen Normen Hollywoods als besonders einengend empfunden haben muß. Aus seinen harschen, kritischen Äußerungen spricht sozusagen der autonome Komponist, der musikästhetisch von der modernen Musik, funktional von der Dramentheorie Brechts geprägt ist – beides Positionen, die dem kommerziellen »mainstream« Hollywoods geradezu vollkommen entgegengesetzt waren (und noch sind). Dies ist vielleicht auch der Grund für das vernichtende Urteil, das Prendergast über das Buch fällt: *heftig und relativ wertlos*! (Prendergast* 1977, S. 3). Andererseits resümiert Gorbman: *eine bemerkenswerte Arbeit über die ideologische Situation der üblichen Filmmusik, geschrieben ein Vierteljahrhundert vor der analogen Beschäftigung der allgemeinen Filmtheorie mit dem filmischen System* {cinematic apparatus} (Prendergast* 1987, S. 108). Auf alle Fälle handelt es sich um recht schwierige Lektüre, die zumindest von historischer Bedeutung ist, sofern man die Standpunkte der Autoren nicht teilen mag.

T-A Eislers Kritik: *Vorurteile und schlechte Gewohnheiten*[75]

Die Entwicklung der Filmmusik war abhängig von der kruden täglichen Praxis. Sie hat sich teils nach den unmittelbarsten Bedürfnissen der Filmproduktion ge-

74 Einige sprachliche Merkmale wie die Adorno-typische Postposition des Reflexivpronomens und abschweifende Randgedanken verraten die Mitarbeit des Philosophen an der Ausformulierung der Ansichten Eislers.

75 Für die vorliegende Fassung wurden Streichungen vor allem der Anmerkungen vorgenommen und die Wortwahl und Satzstellung geringfügig variiert. Hierbei konnte weitgehend auf abweichende Editionen zurückgegriffen werden, die die verwendete textkritische Ausgabe nachweist. Nicht alle Änderungen sind im Text gekennzeichnet, damit die Übersichtlichkeit für die Textarbeit im Unterricht nicht in Mitleidenschaft gezogen wird. Es entfielen die Abschnitte *Melodie und Wohllaut* und *Standardisierung der musikalischen Interpretation*.

richtet, teils nach dem, was an Musik und musikalischen Vorstellungen gerade kurrent war. Es haben sich dabei eine Reihe von Erfahrungsregeln niedergeschlagen, die zu ihrer Zeit dem entsprachen, was die Filmleute ihren gesunden Menschenverstand zu nennen pflegten. Unterdessen aber sind diese Regeln durch die technische Entwicklung sowohl des Films wie der außerfilmischen Musik überholt. Trotzdem erhalten sie sich zäh am Leben: als wären sie ererbte Weisheit und nicht schlechte Gewohnheit. Sie stammen aus dem Vorstellungskreis der niedrigen Amüsiermusik, sind aber aus sachlichen und personellen Gründen so eingeschliffen, daß sie mehr als alles andere die eigenständige Entwicklung der Filmmusik zurückgehalten haben. Den Schein des Vernünftigen verdanken sie der Genormtheit der Filme selber, die genormte Musik provozieren.

Ohne Anspruch auf Vollständigkeit seien zunächst einige charakteristische Gewohnheiten solcher Art angeführt. Sie geben eine konkrete Vorstellung von der Sphäre, in der das Problem der Filmmusik heute gestellt wird und die man verfehlt, wenn man unmittelbar mit hochgespannten theoretischen Erwägungen an sie herantritt.

Leitmotiv

Immer noch wird die Kinomusik durch Leitmotive zusammengekleistert. Während ihr Erinnerungswert dem Betrachter handfeste Direktiven gibt, machen sie es zugleich dem Komponisten in der Hast der Produktion leichter: er kann zitieren, wo er sonst erfinden müßte.

Die Idee des Leitmotivs ist seit Wagner populär. Sein Massenerfolg hat stets mit der Leitmotivtechnik zusammengehangen: seine Leitmotive fungieren schon als eine Art von Warenzeichen, an denen man Figuren, Gefühle und Symbole hat erkennen können. Sie waren immer das gröbste Mittel der Verdeutlichung, der »rote Faden« für musikalisch nicht Vorgebildete. Durch hartnäckige und oft kaum veränderte Wiederholungen wurden sie bei Wagner in ähnlicher Weise eingeprägt wie heutzutage eine Schlagermelodie durch plugging[76] *oder eine Filmschauspielerin durch ihre Stirnlocke. Die Annahme war plausibel, daß diese Technik um ihrer Faßlichkeit willen für den Film, der in allen Stücken auf Faßlichkeit*

[76] Terminus technicus, der das *künstliche Populärmachen* (Eisler) von Musiktiteln bezeichnet. Ursprünglich war es die recht anrüchige Berufsgruppe der »Song Plugger«, die zur Tin Pan Alley-Zeit den aggressiven Absatz von Noten vorantrieb. Heute würde man sie auf Deutsch als »Drücker« bezeichnen. Das Song-plugging zielte später auf die allgemeine Medienpräsenz, d. h., es wurde häufiges Spielen eines Titels im Radio angestrebt, Berichte in Publikumszeitschriften etc. (G.M.)

hin angefertigt wird, besonders geeignet sein müsse. Dieser Glaube ist aber illusionär.

Die Gründe sind zunächst technischer Art. Der Bausteincharakter des Leitmotivs, seine Prägnanz und Kürze, stand von vornherein in Relation zu der Größe der musikalischen Form der riesigen Musikdramen der Wagnerschen und nach-Wagnerschen Ära. Gerade weil das Leitmotiv für sich musikalisch noch nicht entfaltet ist, verlangt es, um kompositorisch einen Sinn zu geben, der mehr als seine bloße Anzeigefunktion ist, nach breiten musikalischen Flächen. Der Atomisierung des Materials entspricht die Monumentalität des Baues. Dies Verhältnis ist im Film gänzlich aufgehoben, denn Filmtechnik ist von Grund auf Montagetechnik. Der Film verlangt notwendig Unterbrechungen eines Materials durch das andere, nicht Kontinuität. Der umschlagende Wechsel der fotografierten Schauplätze zeigt etwas über die Struktur des Films insgesamt an. Auch musikalisch handelt es sich durchweg um kürzere Formen, die Leitmotivtechnik gar nicht zulassen, da sie wegen ihrer Kürze in sich selbst ausgebildet werden müssen. Weder bedürfen sie in ihrer leichten Übersehbarkeit der Verkehrslichter des Leitmotivs, noch erlaubt die Kürze dem Leitmotiv, sich angemessen auszubreiten.

Dieser technische Sachverhalt ist unabtrennbar verbunden mit der Vorstellung vom symbolischen Wesen des Musikdramas. Das Leitmotiv soll nicht einfach Personen, Emotionen oder Dinge charakterisieren – obwohl es weithin immer so aufgefaßt worden ist -, sondern es soll im Sinn der eigentlichen Wagnerschen Konzeption die szenischen Vorgänge in die Sphäre des metaphysisch Bedeutenden erheben. Wenn im »Ring« das Walhallmotiv in den Tuben ertönt, so soll es nicht Wotans Wohnsitz anmelden, sondern Wagner wollte damit die Sphäre des Erhabenen, des Weltwillens, des Urprinzips ausdrücken. Nur um solcher Symbolik willen ist die Leitmotivtechnik erfunden worden. Im Film, der sich die genaue Abbildung der Wirklichkeit vorsetzt, ist für solche Symbolik kein Raum mehr. Die Leistung des Leitmotivs reduziert sich auf die eines musikalischen Kammerdieners, der seinen Herrn mit bedeutsamer Miene vorstellt, während den Prominenten ohnehin jeder erkennt. Die ehemals wirksame Technik wird zur bloßen Verdoppelung, unwirksam und unökonomisch. Zugleich führt die Leitmotivpraxis, wenn sie, wie im Film, nicht zu ihrer musikalischen Konsequenz entfaltet werden kann, zu äußerster Dürftigkeit der eigentlich kompositorischen Gestaltung.

Filmmusik soll man nicht hören

Es ist eines der verbreitetsten Vorurteile innerhalb der Filmindustrie, daß man die Musik nicht hören soll. Die Ideologie dieses Vorurteils ist die einigermaßen va-

ge Vorstellung, daß der Film als eine organisierte Einheit der Musik eine veränderte Funktion, nämlich einzig die dienende, zuweise. Im allgemeinen ist der Film eine Sprechhandlung, das materielle und das davon abgeleitete technische Interesse ist auf den Schauspieler konzentriert, und alles, was ihn in den Schatten stellen könnte, wird für störend gehalten. Es finden sich denn auch in den Drehbüchern nur ganz sporadische und vage Hinweise auf Musik. Sie ist lediglich auf Grund der Entwicklung der technischen Medien des Tonfilms in die kinematographischen Aufnahmeverfahren eingedrungen. Ihrem eigenen Inhalt nach ist sie gar nicht wirklich verarbeitet worden. Sie wird wie ein Außenseiter geduldet, auf den man irgendwie nicht verzichten kann. Teils spielt ein wirkliches Bedürfnis herein, teils handelt es sich um den fetischistischen Glauben, daß gegebene technische Kapazitäten ausgenutzt werden müssen.

Trotz der vielberufenen Erfahrung des Mannes vom Bau, der auch manche Komponisten zustimmen, ist die These, Musik dürfe nicht gehört werden, anzufechten. Es kann kein Zweifel daran bestehen, daß es im Film Situationen gibt, insbesondere solche, in denen das Medium des Wortes im Vordergrund steht, in denen ausgeführte musikalische Vordergrundsgestalten stören würden. Es ist weiter zuzugeben, daß solche Situationen gelegentlich dennoch einer akustischen Ergänzung bedürfen, dessen, was man in der Technik des Sendespiels Hörkulisse nennt. Gerade wenn man diese Forderung aber ernst nimmt, ist es besonders problematisch, angeblich unauffällige Musikstücke, die man nicht hören soll, an solchen Stellen einzusetzen. Dem Sinn nach müßten solche Hörkulissen der Sphäre des Geräusches näherstehen als der artikulierten Musik, und wenn sie in einen musikalischen Zusammenhang einbezogen werden sollten, so müßte es sich um etwas wie auskomponierte Geräusche handeln. Ein solcher Geräuschcharakter der Musik würde auch jenem »Realismus« des Films eher entsprechen. Bringt man aber an einer solchen Stelle Musik, die zwar Musik ist, aber nicht bemerkt werden soll, so verfährt man dabei nach dem Kinderreim[77]*:*

»Ich weiß ein schönes Spiel,
Ich mal mir einen Bart
Und halt mir einen Fächer vor,
Daß niemand ihn gewahrt.«

77 Aus: Lewis Carroll: *Through the looking-glass and what Alice found there* (1872); Quellenangabe nach E. Klemm, in: Eisler 1977, S. 211

Die Forderung nach der Unauffälligkeit von Musik bedeutet in der Praxis im allgemeinen nicht eine solche Annäherung ans Geräusch, sondern Banalität schlechtweg. Musik soll danach in demselben Sinn unauffällig sein wie das »Bohème«-Potpourri im Caféhaus.

Abgesehen davon aber ist der von der Produktion als typisch vorausgesetzte Fall, Musik dürfe nicht gehört werden, nur eine, und zwar die subalternste, unter sehr vielen Möglichkeiten. Der planmäßige Einsatz der Musik müßte beim Drehbuch beginnen, und die Frage, ob Musik ins Bewußtseinsfeld zu treten habe oder nicht, müßte nach den konkreten dramaturgischen Erfordernissen des Drehbuchs jeweils entschieden werden. Die Handlung zu unterbrechen und ein Musikstück sich ausbreiten zu lassen, kann zum wichtigsten Kunstmittel werden. In den als niedrigere Form der Unterhaltung betrachteten Musicals und Revuefilmen, so dramatische Psychologie fast ausgeschaltet ist, finden sich am ehesten Ansätze zu einer solchen Unterbrechungstechnik durch Musik und zu ihrem sinngemäßen selbständigen Gebrauch in Song, Tanz und Finale.

Der Gebrauch von Musik muß optisch gerechtfertigt werden
Es handelt sich dabei weniger um eine Regel als um eine Tendenz, die sich während der letzten Jahre abgeschwächt hat, aber immer noch zu konstatieren ist. Die Angst, durch Hereinnahme eines nicht in der Realität möglichen Phänomens naiv oder kindisch zu erscheinen oder dem Zuhörer Phantasieleistungen zuzumuten, die ihn von der Hauptsache abziehen könnten, führt dazu, daß häufig das Eintreten von Musik mehr oder minder rationalistisch gestützt wird. Entweder schafft man Situationen, in denen es für die Hauptperson »natürlich« sein soll, sich hinzustellen und zu singen, oder es wird wenigstens Musik in einer Liebesszene damit entschuldigt, daß der Held ein Radio oder ein Grammophon anstellt. Beispiel: Er wartet auf seine Geliebte. Es wird nichts gesprochen. Der Regisseur will die Stille ausfüllen. Er kennt die Gefahr des Stehenbleibens, der unausgefüllten Momente, der Spannungslosigkeit. Daher wird Musik verordnet. Zugleich aber lebt der Regisseur so in der Vorstellung des sachlichen und psychologischen Motivationszusammenhangs, daß ihm das unmotivierte Hereinbrechen von Musik bedenklich dünkt. So greift er denn oft zu den naivsten Tricks, um die Naivität zu vermeiden, und läßt den Helden mit einem Radioapparat spielen. Wie dünn der Trick ist, zeigen jene Filmstellen, wo der Held seinen Schlager »naturalistisch« acht Takte lang auf dem Klavier begleitet, worauf ihm sofort großes Orchester und Chor die Mühe abnehmen, ohne daß das Interieur sich im mindesten geändert hätte. Es ist selbstverständlich, daß, soweit dieser in den Anfängen des

Tonfilms vorherrschende Usus heute noch eine Rolle spielt, er jede wirklich konstruktive kontrastbildende Verwendung der Musik erschwert. Die Musik wird auf die Handlung nivelliert und zu einem Requisit, einer Art akustischem Möbelstück gemacht.

Illustration
Ein beliebtes Hollywood-Spottwort lautet: »Birdie sings, music sings«. Die Musik muß den optischen Vorgängen folgen, sie illustrieren, sei es, daß sie unmittelbar nachahmt, sei es, daß sie Klischees bemüht, die man mit dem Stimmungs- und Vorstellungsgehalt der erscheinenden Bilder assoziiert. Bevorzugt ist dabei die Natur. Natur ist im Sinne der trivialsten Denkgewohnheiten zu verstehen, als Gegensatz zur Stadt, als das Reich, wo die Menschen angeblich aufatmen können, angeeifert vom Leben und Treiben der Pflanzen und Tiere. Es ist der heruntergekommene und selber längst standardisierte Naturbegriff aus der Lyrik des neunzehnten Jahrhunderts, und zur ausverkauften Lyrik werden die entsprechenden Klänge hinzugeschmiert. Sobald Natur als solche handlungslos präsentiert wird, bietet sie eine besonders günstige Gelegenheit, Musik loszulassen, und diese gebärdet sich dann nach dem abgewirtschafteten Schema der Programmusik. Hochgebirge: Streichertremolo mit signalähnlichem Hornmotiv. Die Ranch, auf die der Naturbursche die intellektuelle junge Frau entführt hat: »Waldweben« mit Flötenmelodie. Boot auf einem von Weiden überhängten Fluß im Mondschein: Langsamer Walzer.

Die Frage der musikalischen Illustration steht hier nicht prinzipiell zur Debatte. Sicherlich ist Illustration nur eine unter andern dramaturgischen Möglichkeiten und eine so übermäßig beanspruchte, daß ihr eine Schonzeit gebührt oder zumindest die größte Aufmerksamkeit und Sorgfalt. An dieser gerade läßt es der herrschende Usus fehlen. Indem Musik aufs Stichwort Natur einschnappt, wird sie auf die billigste Stimmungsmache reduziert, und die Assoziationsschemata sind so allbekannt, daß längst nicht mehr wirklich etwas »illustriert«, sondern nur der Gedanke »aha, Natur« automatisch ausgelöst wird.

Es ergibt sich bei dem illustrativen Einsatz der Musik heute schädliche Verdoppelung. Sie ist unökonomisch, außer wo es sich um ganz spezifische Wirkungen, gleichsam um die Interpretation des Bildvorgangs im kleinsten handelt. Die alte Oper ließ in ihren szenischen Vorgängen stets einen gewissen Spielraum des Vagen und Undeutlichen, der von Tonmalerei ausgefüllt werden konnte: die Musik gerade der Wagnerschen Ära leistete neben anderem auch Verdeutlichung. Bild und Dialog im Film aber sind überdeutlich, konventionelle Musik kann der

Deutlichkeit nichts hinzufügen, sondern ihr nur etwas nehmen, indem jene Standardeffekte allemal hinter der bestimmten Ausprägung der szenischen Situation, noch im schlechtesten Film zurückbleiben. Wird aber einmal die Funktion der Verdeutlichung als überflüssig aufgegeben, so dürfte Musik sich überhaupt nicht darauf einlassen, die präzisen Vorgänge unpräzis mitzumachen, sondern müßte ihre Aufgabe – und wäre es selbst eine so fragwürdige wie »Stimmung« – unter Verzicht auf die Reduplikation alles ohnehin Sichtbaren leisten. Einstweilen mag als Forderung gelten: Musikalische Illustrationen sollten entweder überdeutlich, gleichsam überbelichtet und damit interpretierend sein oder fortfallen. Für Flötenmelodien, die den Ruf eines Vogels ins Schemabereich runder Nonenakkorde zwingen, ist unter keinen Umständen Raum.

Geographie und Geschichte
Zeigt eine Szene eine holländische Stadt mit Grachten, Windmühlen und Holzschuhen, so wird der Komponist dazu angehalten, sich von der Studiobibliothek ein holländisches Volksliedchen besorgen zu lassen, um es als musikalisches Thema zu verarbeiten. Da es nicht leicht ist, ein holländisches Volkslied als solches zu erkennen, insbesondere, wenn es den Prozeduren der Arrangeure einmal unterworfen worden ist, so läßt sich der Vorteil einer solchen Übung nicht ohne weiteres einsehen. Musik wird dabei so verwandt wie Kostüm oder Dekoration, ohne daß sie aber so schlagend charakteristisch wäre wie jene. Ein Komponist, der sich auf Grund des Dorftanzes der kleinen Holländermädchen seine holländische Volksmelodie selbst komponiert, kann etwas Plastischeres zuwege bringen, als wenn er sich an das Original hält. Ohnehin tendiert die kurrente Volksmusik aller Länder – abgesehen von jenen volksmusikalischen Typen, die prinzipiell jenseits des okzidentalen Musikraums liegen – zu einer gewissen Ähnlichkeit, die im nivellierenden Gegensatz zur differenzierten Kunstsprache, in der Beschränktheit elementarer rhythmischer Formeln, dem Assoziationsfeld von Festlichkeit und Gemeinschaftstänzen und ähnlichem begründet liegt. Das »Temperament« polnischer und spanischer Tänze, zumal in der konventionalisierten Form, die es im neunzehnten Jahrhundert angenommen hat, ist so schwer zu unterscheiden wie die Hillbilly songs von den oberbayrischen Schnaderhüpferln. Die übliche Kinomusik ist immerzu auf dem Sprung, nach dem Schema »Volksmusik überhaupt« zu verfahren. Spezifische nationale Charaktere könnten musikalisch erst getroffen werden, wenn von der Verpflichtung zur nationalen musikalischen Beflaggung im Ausstellungsstil dispensiert würde. Verwandt ist die historisierende Praxis, daß man Kostümfilme mit Musiken aus derselben Zeit zu versetzen habe.

Es ist das die Sphäre, in der Konzerte alter Musik in Barockschlössern bei Kerzenlicht auf dem Cembalo stattfinden, wobei ältere Pianistinnen im brokatenen Dirndlkostüm langweilige vor-Bachische Piècen vortragen. Durch den Widerspruch zur notwendig modernen Filmtechnik wird die Absurdität solcher kunstgewerblicher Veranstaltungen eklatant. Wenn durchaus Kostümfilme sein müssen, könnte ihnen wohl durch den rücksichtslosen Gebrauch avanciertester musikalischer Mittel aufgeholfen werden.

Stock music [Musik aus dem Fundus; Repertoirestücke]
Zu den übelsten Angewohnheiten rechnet die unermüdliche Anwendung einer kleinen Anzahl abgestempelter Musikstücke, die durch ihre wirklichen oder traditionellen Titel mit den Situationen zusammengebracht werden, die sie im Film begleiten. Also: Mondscheinnacht – der erste Satz der »Mondscheinsonate«, ganz sinnwidrig instrumentiert, indem die bei Beethoven im Klavier nur eben angedeutete Melodie von den Streichern aufdringlich und fett unterstrichen wird. Bei Gewitter – die »Tell«-Ouvertüre, bei Hochzeiten – der Brautmarsch aus »Lohengrin« oder der Hochzeitsmarsch von Mendelssohn. Diese Praxis, die übrigens abnimmt und nur noch in den billigen Filmen vorwaltet, hat ihre Entsprechung in der Beliebtheit von trademark-Stücken in der Kunstmusik, etwa des Beethovenschen Es-Dur-Konzerts, das unter dem apokryphen Namen »The Emperor« zu fataler Popularität gelangte, oder der »Unvollendeten« von Schubert, deren gegenwärtiger Erfolg mit der Assoziation zusammenhängt, daß der Komponist über der Ausführung gestorben sei, während er das Stück schon Jahre vor seinem Tod beiseite gelegt hat. Die Verwendung von Titelwarenzeichen ist ein barbarischer Unfug, wenn auch zugegeben werden muß, daß das kindliche Vertrauen auf die ewige Bildkraft von Brautchor und Trauermarsch gegenüber den ad hoc angefertigten Originalpartituren manchmal etwas Versöhnliches hat.

Verwendung musikalischer Klischees
Die Erörterung alles dessen führt auf einen allgemeinen Sachverhalt. Die Massenproduktion des Films hat zur Herausbildung von typischen Situationen, immer wiederkehrenden emotionalen Momenten, standardisierten Spannungsreizen geführt. Dem entsprechen Klischeewirkungen in der Musik. Die Musik tritt aber häufig gerade dort in Aktion, wo im Namen von »Stimmung« oder Spannung besonders charakteristische Wirkungen angestrebt werden. Die beabsichtigte starke Wirkung wird dadurch vereitelt, daß der Reizeffekt von unzähligen analogen Stellen her vertraut ist. Das Phänomen ist psychologisch doppelsinnig: zeigt das

Bild ein friedliches Landhaus, während die Musik wohlvertraut-sinistre Klänge produziert, so weiß der Zuschauer sofort, daß jetzt etwas Schreckliches geschehen muß, und die musikalische Vorankündigung verstärkt die Spannung und nimmt sie zugleich durchs sichere Bewußtsein des Kommenden zurück.

Der Einwand geht wie in vielen Fragen des gegenwärtigen Films nicht gegen die Standardisierung als solche: sind doch gerade die Filme, in denen die Grundmuster sich selber einbekennen, wie Gangster-Filme, Western-Filme und Horror-Filme, den prätentiösen »erstklassigen« Produktionen häufig an Unterhaltungswert überlegen. Schlecht ist nur die Standardisierung dessen, was mit dem Anspruch auftritt, ein Individuelles zu sein, oder umgekehrt die individuelle Verkleidung des Schemas. Genau das aber geschieht in der Musik. Was einmal in der Leitfadenliteratur zu Wagner »erregtes Motiv« hieß, die dumpf zuckende und rauschende Streicherfigur, wird beliebig und bedenkenlos eingesetzt, und das Wiedererkennen der Wirkung macht sie zum Kinderspott.

Die Fragwürdigkeit solcher musikalischen Konvention wird dadurch gesteigert, daß ihr Material im allgemeinen aus der jüngst-vergangenen Phase der autonomen Musik übernommen ist, die vom Standpunkt des Films aus immer noch für »modern« gilt. Vor vierzig Jahren, zur Blütezeit des musikalischen Impressionismus und Exotismus, galt die Ganztonskala als ein besonders erregendes, fremdartiges musikalisches Material, als »Farbe«. Heute, wo die Ganztonskala in der Einleitung jedes beliebigen Schlagers verwurstet wird, wird sie trotzdem im Film immer noch so gebraucht, als wäre sie frisch wie am ersten Tag. Dadurch entwickelt sich völlige Disproportion zwischen Mittel und Wirkung. Eine solche Disproportion kann zum Reiz werden, wenn sie, wie in gewissen Zeichentrick-Filmen, spielzeughaft die Absurdität eines naturalistisch unmöglichen Vorgangs hervorheben soll: Pluto galoppiert mit dem »Walkürenritt« übers Eis. Gruseln aber kann die im Amüsierbetrieb verbrauchte Ganztonskala keinen mehr lehren.

Die Klischees betreffen auch die Instrumentation. Der Tremolo-Steg-Effekt [sul ponticello], *der noch vor dreißig Jahren in der Kunstmusik unheimliche Spannung, zumal die Sphäre des Unwirklichen ausdrücken sollte, ist heute kleine Münze geworden. Insgesamt haben gerade Kunstmittel, die schon zu ihrer Blütezeit eher als Reizeffekte geplant waren, als daß sie aus der Konstruktion hervorgingen, auch innerhalb der autonomen Musik sich außerordentlich rasch abgeschliffen und verbraucht. Hier wie in vielen Stücken erweist die Filmindustrie sich als Vollstreckungsinstanz eines in der Kunstmusik längst gefällten Urteils, und es muß sogar von einer progressiven Funktion die Rede sein, insofern als der Ton-*

film jene Sphäre des Effektvollen, die dem Ohr des Künstlers längst als kitschig unerträglich geworden ist, auch in den Ohren des Publikums so kompromittiert, daß über kurz oder lang keiner mehr jene Klischees goutieren kann. Dann wird Bedürfnis und Raum für andere musikalische Elemente sein. Die Entwicklung der avancierten Musik während der letzten dreißig Jahre hat ein unerschöpfliches und noch nicht einmal angebrochenes Reservoir von neuen Materialmöglichkeiten entwickelt. Kein sachlicher Grund besteht, sie nicht in der Filmmusik zu verwenden.

(Theodor W. Adorno/Hanns Eisler: *Komposition für den Film*. Text eingerichtet nach der Ausgabe Leipzig 1977)

A In dem Kapitel *Vorurteile und schlechte Gewohnheiten* aus dem zusammen mit Theodor W. Adorno verfaßten Buch *Komposition für den Film* stellt der filmerfahrene Komponist Hanns Eisler einzelne, seiner Meinung nach zu kritisierende Eigenheiten der Filmmusikpraxis Hollywoods dar. Machen Sie sich mit Eislers Argumenten vertraut, wenden Sie sie auf Ihnen bekannte Beispiele an (falls möglich auf den Film *King Kong*), und wägen Sie ab, ob Sie Eislers Kritik eher für zutreffend oder für unberechtigt halten. Empfohlene Vorgehensweise: Beschreiben Sie zunächst den von Eisler angesprochenen filmmusikalischen Sachverhalt; stellen Sie die angeführten Argumente zusammen; suchen Sie Beispiele für den fraglichen Sachverhalt aus Ihnen bekannten Filmen; bestimmen Sie Ihre eigene Haltung gegenüber der Kritik Eislers. – Falls Einzel- oder Gruppenarbeit durchgeführt wird: Referieren Sie Ihre Arbeitsergebnisse im Plenum, und stellen Sie Ihre eigene Meinung zur Diskussion.

K Beispiele aus *King Kong* lassen sich finden für die Abschnitte *Leitmotiv*, *Illustration* (Mickeymousing), evtl. *Geographie und Geschichte* (die Eingeborenenmusik) und *Verwendung musikalischer Klischees* (Theatermarsch). – Eignet sich zur Einzel-, Partner- oder Kleingruppenarbeit.

T-A Kritik an Eisler

Hanns Eisler spricht sich scharf gegen die Technik der Leitmotive in der Filmmusik aus. [...]

Ich kann mich mit einer so scharfen Formulierung nicht einverstanden erklären. Das Leitmotiv kann unabhängig vom Typ der Handlung (mag es sich um die mythologischen Dramen Wagners handeln oder die realistischen Situationen des modernen Films) eine tiefere Bedeutung tragen, und zwar nicht nur eine »metaphysische« oder die der Ankündigung einer Gestalt oder Situation. Die Mängel liegen nicht in der Leitmotivtechnik selbst, sondern in der Art ihrer Anwendung. Allerdings stimme ich mit Eisler darin überein, daß die formschöpferische Funktion der Leitmotive im Film anders ist als z. B. im Wagnerschen Musikdrama. Leider geht Eisler nicht ausführlicher auf dieses Problem ein.

Wie die Leitmotive im Musikdrama als substantielle Grundlage der Einheitlichkeit des Klanggewebes nicht nur informative, sondern auch formschöpferische Funktionen erfüllen, so haben sie im Film ebenfalls die Aufgabe, das ganze Filmwerk, und zwar nicht nur seine klangliche Schicht, zu integrieren. Sie schaffen zwar keine Einheit der musikalischen Form, sind aber Grundlage der Einheitlichkeit des musikalischen Stoffes, der motivischen Substanz, die ihrerseits wieder unabhängig von der formalen Struktur der Musik, die Voraussetzung für das Gefühl der Einheitlichkeit des Ablaufes bilden kann. In der Filmmusik kann sich die Leitmotivtechnik, trotz der Nichtkontinuierlichkeit des Klanggewebes, unbeschränkt der motivischen Variation und Durchführung bedienen. Der nichtkontinuierliche Charakter der Filmmusik erfordert geradezu eine größere Einheitlichkeit der Klangstrukturen, und die Leitmotivtechnik trägt wesentlich dazu bei. In erster Linie darauf beruht die formschöpferische Bedeutung der Leitmotive im Film: Sie sollen nicht nur, durch ihre inhaltliche Belastung, der Charakterisierung von Personen und Elementen der Handlung dienen, sondern auch durch ihre Klanggestalt die musikalische Schicht integrieren. In der Oper ist die erste dieser zwei Funktionen die wichtigere, im Film dagegen die zweite.

(Zofia Lissa: *Ästhetik der Filmmusik*, Berlin (Ost) 1965, S. 109f.[78])

A Machen Sie sich mit den Argumenten Zofia Lissas vertraut, und bilden Sie sich Ihre Meinung. Stellen Sie ggf. die Argumente denen Hanns Eislers gegenüber. Welche der angesprochenen Gründe werden für Steiner eine Rolle gespielt haben bei der Entscheidung, in *King Kong* die Leitmotiv-Technik anzuwenden?

K Der Text kann für die Plenumsdiskussion zurückgehalten, der Bearbeitung des Teiltextes *Leitmotiv* (Eisler) beigegeben oder parallel zu den Eisler-Texten bearbeitet werden. Ein Vergleich mit der Überlegung, welche Absichten ein Komponist möglicherweise mit der Verwendung von Leitmotiven verfolgt (s. o.), ist angebracht.

78 Im Original mit einigen Fußnoten und Hervorhebungen.

Werbeplakat zu *Kuhle Wampe*

Eislers Musik zu *Kuhle Wampe oder: Wem gehört die Welt?*

T-S Filmographische Angaben

Kuhle Wampe oder: Wem gehört die Welt? (D 1932); 74 Min.; Buch: Bert Brecht, Ernst Ottwald; Regie: Slatan Th. Dudow; Musik: Hanns Eisler; Darsteller: Hertha Thiele, Ernst Busch, Martha Wolter, Adolf Fischer, Lili Schönborn.

T-A Inhaltsangabe

Kuhle Wampe oder: Wem gehört die Welt? ist ein Episodenfilm, dessen Handlung in Berlin zur Zeit der Weltwirtschaftskrise Anfang der 30er Jahre spielt. Bert Brecht, der zusammen mit Ernst Ottwald das Drehbuch verfaßte, beschreibt den Inhalt des Films so:

> *Der Tonfilm Kuhle Wampe oder Wem gehört die Welt? besteht aus vier selbständigen Teilen, die durch geschlossene Musikstücke, zu denen Wohnhäuser-, Fabrik- und Landschaftsbilder laufen, getrennt sind. Der erste Teil* [»Ein Arbeitsloser weniger«], *beruhend auf einer wahren Begebenheit, zeigt den Freitod eines jungen Arbeitslosen in jenen Sommermonaten, in denen auf Grund von Notverordnungen die Not der unteren Schichten vermehrt wurde: Die Arbeitslosenrente wurde für Jugendliche gestrichen. Der betreffende junge Mensch legte,* [be]*vor er sich aus dem Fenster stürzte, seine Uhr ab, um sie nicht zu zerstören. Der Beginn dieses Teils zeigt die Suche nach Arbeit als – Arbeit. Der zweite Teil* [»Das schönste Leben eines jungen Menschen«] *zeigt die Evakuierung der Familie auf Grund richterlicher Entscheidung (die auf das Unglück der die Miete nicht mehr zahlenden Familie das Wort »selbstverschuldet« anwendet). Die Familie zieht vor die Stadt, um in einer Zeltsiedlung namens Kuhle Wampe im Zelt eines Freundes der Tochter Zuflucht zu suchen. (Der Film sollte eine Zeitlang den Titel Ante portas führen.) Dort wird das junge Mädchen schwanger, und es kommt unter dem Druck der in der Siedlung herrschenden lumpenkleinbürgerlichen Verhältnisse (eine Art »Besitztum« an Grund und Boden sowie der Bezug einer kleinen Rente schaffen eigentümliche Gesellschaftsformen) zu einer Verlobung des jungen Paares. Sie wird durch den Entschluß des Mädchens gelöst. Im dritten Teil* [»Wem gehört die Welt?«] *werden proletarische Sportkämpfe gezeigt. Sie finden im Massenmaßstab statt und sind ausgezeichnet organisiert. Ihr Charakter ist durchaus politisch; die Erholung der Massen hat kämpferischen Charakter. In diesem Teil wirkten über 3000 Arbeitersportler der Fichtewandrer-Sparte mit. – Unter den*

Sportlern werden kurz die beiden jungen Leute aus dem zweiten Teil gezeigt: Das Mädchen hat mit Hilfe ihrer Freundinnen das Geld für die Entfernung der Frucht aufgetrieben, und das Paar hat den Gedanken an die Heirat fallengelassen. Der vierte [jedoch nicht durch Zwischentitel und Filmmontage eingeleitete] *Teil zeigt Heimfahrende im Waggon bei einem Gespräch über einen Zeitungsartikel, der von der Vernichtung brasilianischen Kaffees zum Zweck der Preisstützung berichtet.*

(Brecht ca. 1932, gezeichnet von Brecht, Dudow, Höllering, Kaspar, Ottwald, Scharfenberg; zitiert nach: Bertolt Brecht: *Kuhle Wampe. Protokoll des Films und Materialien*, Frankfurt a. M. 1981, S. 90f.)

A Die Weltwirtschaftskrise ab 1929 traf auch die deutsche Wirtschaft. Die Arbeitslosenzahlen stiegen von 10% (1928) über 15% (1929), 23% (1930) bis auf fast 45% im Jahr 1932 (zuzüglich 20% Kurzarbeiter). Das bedeutet, daß in diesem Jahr nur etwa jeder dritte Erwerbsfähige vollbeschäftigt war[79]. Überlegen Sie vor diesem Hintergrund, welche Intentionen die Filmautoren mit Ihrem Film verknüpft haben könnten. Welche Rolle spielen in diesem Zusammenhang die im Film dargestellten Einzelschicksale?

K Das Hauptanliegen dürfte sich pauschal als »politisch engagierte Volksaufklärung« etikettieren lassen: Die Krise soll als Produkt von Wirtschaftsinteressen erkannt und somit des Nimbus' der unentrinnbaren Naturkatastrophe entkleidet werden; das Proletariat wird als die Gruppe der Hauptleidtragenden gezeichnet. In der Filmfabel stellen die »Einzelschicksale« einen losen Zusammenhalt zwischen den Teilen her. Vor allem in der ersten Episode sind Aspekte vorhanden, die dem Publikum die Identifikation bzw. das »Mitleiden« (=sym-pátheia) ermöglichen. Mit dem Fortgang der Handlung entfernt sich der Film zunehmend von dem Einzelschicksal und entwickelt sich hin zu optimistischer Agitation (Sportfest) bzw. intellektueller verbaler Auseinandersetzung mit der Wirtschaftskrise (Gespräch in der S-Bahn).

Der Aspekt der Identifikation der Zuschauer mit den Protagonisten wird ausschließlich durch Brechts Wiedergabe des Inhalts nahegelegt, der filmischen Gestaltung ist dies völlig fremd. Durch Stilisierung wird die Individualität der Personen nahezu aufgehoben. Dies entspricht vor allem Brechts ästhetischen Prinzipien (s. u.).

A Wie verhält sich der Film zur Realität? Vergleichen Sie *Kuhle Wampe* unter diesem Aspekt auch mit *King Kong*.

79 Nach Happel, in: Korte (Hrsg.) 1980, S. 177

K Die gesamte Handlung spielt in einem realistischen Umfeld, auch wenn dieses z. T. fiktional gestaltet ist. Die Inhaltsangabe weist ausdrücklich auf dokumentarische Aufnahmen (Fabriken etc.), eine reale Handlungsvorlage (Selbstmordepisode) und konkrete zeitgeschichtliche Bezüge (Notverordnungen) hin. Die Unterschiede zur Handlung von *King Kong*, der nur oberflächlich die Alltagsrealität am Anfang und am Ende in die Handlung einbezieht, sind offensichtlich.

A Wie stellen Sie sich die Musik zu *Kuhle Wampe* vor? Begründen Sie Ihre Meinung.

K Eignet sich zur Partner- oder Kleingruppenarbeit. Die Vorschläge werden im Plenum vorgestellt, erörtert und können ggf. durch Klangexperimente oder Auswahl von Musikbeispielen (Tonträger) akustisch »veranschaulicht« werden. Ebenso wie bei *King Kong* kann es auch in diesem Fall keine »Lösung« für die Aufgabe geben.

T-S Entstehung des Films

Bert Brecht selbst schrieb über die Entstehung von *Kuhle Wampe*:

> *Im Sommer 1931 hatten wir durch die Ausnützung besonders günstiger Umstände* [...] *die Möglichkeit, einen kleinen Film herzustellen. Unter dem frischen Eindruck der Erfahrungen aus dem Dreigroschenprozeß*[80] *setzten wir, erstmalig in der Geschichte des Films, wie man uns sagte, einen Vertrag durch, der uns, die Hersteller, zu den Urhebern im rechtlichen Sinne machte. Dies kostete uns den Anspruch auf die übliche feste Bezahlung, verschaffte uns aber beim Arbeiten sonst unerlangbare Freiheiten. Unsere kleine Gesellschaft bestand aus zwei Filmschreibern, einem Regisseur, einem Musiker, einem Produktionsleiter und last not least einem Rechtsanwalt. Selbstverständlich kostete uns die Organisierung der Arbeit weit mehr Mühe als die (künstlerische) Arbeit selber, das heißt, wir kamen immer mehr dazu, die Organisation für einen wesentlichen Teil der künstlerischen Arbeit zu halten. Es war das nur möglich, weil die Arbeit als ganze eine politische war. Noch im letzten Moment der in allen ihren Momenten vor dem Abbruch stehenden Arbeit, als schon neunzehn Zwanzigstel des Films gedreht und beträchtliche Summen verbraucht, Kredite in Anspruch genommen waren, erklärte uns eine kreditierende Firma* [= TOBIS], *deren in ihrem Monopol befindliche Apparate wir brauchten, die Firma habe an dem Herauskommen unseres*

80 Im sog. »Dreigroschenprozeß« versuchte Bert Brecht vergeblich zu verhindern, daß bei der Verfilmung der *Dreigroschenoper* Änderungen gegen seinen Willen als Autor vorgenommen wurden.

Filmes kein Interesse und streiche lieber noch die schon kreditierten Gebühren, als uns ein Weiterarbeiten zu ermöglichen, weil durch qualitativ höherstehende Filme die Ansprüche der Presse, die sich nicht mit denen des zahlenden Publikums deckten, hochgeschraubt würden und weil der Film kein Geschäft werden könne, da der Kommunismus für Deutschland keine Gefahr mehr sei. Andrerseits gaben andere Firmen keine Kredite, weil sie die Zensur für den Film fürchteten und mehr als die des Staates die der Kinobesitzer selber. Die erstere ist eben nur der Ausdruck der letzteren, wie ja überhaupt der Staat nicht der übergeordnete dritte Unparteiische, sondern der Exekutor der Wirtschaft und damit der einen Partei ist.

(B. Brecht 1932, a.a.O., S. 89f.)

◀ Der Film *Kuhle Wampe* wurde gemeinschaftlich konzipiert und realisiert von Bert Brecht (Buch; sitzend), Hanns Eisler (Musik; links) und Slatan Th. Dudow (Regie; rechts). In dieses Kollektiv konnte Hanns Eisler schon frühzeitig seine Vorstellungen von der Filmmusik einbringen, wodurch der musikalischen Schicht des Films ein ungewöhnlich selbständiger Part zukam.

Die Sorge vor der Filmzensur war - wie sich zeigte - wohlbegründet, denn der Film wurde zweimal verboten und nur mit Schnittauflagen schließlich zugelassen, bis ihn die Nazis 1933 völlig aus dem Verkehr zogen.

Da der Komponist Hanns Eisler von Anbeginn mit an dem Filmprojekt *Kuhle Wampe* innerhalb eines Kollektivs aus Autoren, Regisseur, Komponist beteiligt war, waren die Entstehungsbedingungen für die Filmmusik grundsätzlich anders beschaffen als im Music department-System Hollywoods: Der Komponist konnte agieren und auf den Film Einfluß nehmen schon im Planungsstadium – im Gegensatz zum ausschließlichen Re-agieren des Hollywoodkomponisten nach Abschluß von Dreharbeiten und Filmschnitt; Zeitdruck und Arbeitsteilung waren weitgehend aufgehoben.

K Inhalt, Entstehung und Rezeption (inkl. das Verbot des Films durch die Zensurbehörde) finden sich ausführlich durch Quellen belegt in einem preiswerten Buch (Brecht, s. Literaturangaben).

T-A Musikdramaturgie

Die diskontinuierliche Erzählweise des Films Kuhle Wampe oder: Wem gehört die Welt? hat seine Auswirkungen auch auf Ton und Musik. Es gibt ausgedehnte stumme Passagen, die mit Orchestermusik Eislers unterlegt sind:

- *die Montagesequenzen zu Beginn eines jeden Film-Teils*
- *die »Jagd nach Arbeit« (erste Episode des I. Teils)*
- *die Assoziations-Montage »Visionen der Anni Bönike« im II. Teil des Films (innerhalb der Episode »Eine ungewünschte Schwangerschaft«).*

Eine wesentliche Rolle spielt das Chanson, besonders, wenn es im Off gesungen wird:

- *»Das Frühjahr« (gesungen von Helene Weigel) in der Episode »Das Frühjahr kommt«, II. Teil*
- *»Sportlied« (gesungen von Ernst Busch) in der Episode »Proletarische Sportkämpfe«, III. Teil*
- *»Solidaritätslied« (zur über 30m langen Schlußeinstellung des Films von Ernst Busch im Off gesungen).*

Das »Solidaritätslied« erscheint vor dieser Schlußeinstellung dreimal als integrierter Bestandteil des proletarischen Sportfestes und seiner Agitprop-Darbietungen; zur Montagesequenz, die den III. Teil einleitet, erklingt eine Orchester-Version dieses Liedes. Somit beherrscht dieser Song als Orchesterstück, als unmittelbarer Bestandteil des dokumentarisch abgefilmten Sportfestes und als im Off gesungenes Chanson diesen Teil des Films auf dreifache Weise und an mehreren Stellen.

Vorfabrizierte Musikstücke erscheinen meist als »musique d'ameublement« und sozialer Kommentar zugleich.

(Ulrich Rügner: *Filmmusik in Deutschland zwischen 1924 und 1934*, Hildesheim 1988, S. 275f.; Hervorhebungen vom Autor)

Zu ergänzen bleibt, daß Musik und Sprache (d. h. Dialoge) nie in direkte Konkurrenz zueinander treten: Mit Ausnahme vorfabrizierter Musikstücke wird Musik in dem Film nur dort eingesetzt, wo keine Dialoge vorgesehen sind.

A Klären Sie zunächst im Plenum Verständnisprobleme.

K Die römischen Zahlen der bezeichneten Filmteile beziehen sich auf die formale Gliederung des Films in Episoden, wie sie sich auch in der Inhaltsbeschreibung durch Brecht finden. Folgende Ausdrücke könnten mißverständlich sein: »diskontinuierliche Erzählweise« (gemeint ist die episodische Gliederung des Films); »Agitprop« (Agitation und Propaganda, im sozialistischen Selbstverständnis legitime Form der Aktivierung und Aufklärung der Arbeiterklasse); »musique d'ameublement« (Musik, die zum akustischen Umfeld einer Filmszenerie gehört, sozusagen Teil der Dekoration ist; hier: Straßenmusikanten, Musik aus einem im Bild zu sehenden Grammophon etc. → Inzidenzmusik).

A Rügner nennt drei Arten von Musik in seiner Zusammenfassung. Nur bei »Orchestermusik« und bei »Chanson« handelt es sich um Musik von Eisler, die für den Film erstellt wurde. Versuchen Sie sich einen Eindruck von Hanns Eislers Musik zu verschaffen, indem Sie nach Aussagen in Lexika und vor allem nach Klangbeispielen suchen.

K Je nach Vorwissen der Schüler sollte diese Aufgabe auch dazu genutzt werden, den Komponisten Eisler zumindest oberflächlich kennenzulernen. Für seine Biographie sind vor allem seine musikalische Herkunft aus dem Schönbergkreis und seine spätere Abkehr sowie sein politisches Engagement als überzeugter Sozialist von entscheidender Bedeutung.

A Ist Ihnen eine Filmmusik in Erinnerung geblieben, in der Lieder als Filmmusik eingesetzt wurden? (Gemeint sind keine Filme, in denen die Akteure selbst vor der Kamera singen, Musikfilme). Aus welcher Zeit stammen diese Beispiele?

K In jüngerer Zeit (ca. seit Ende der 60er Jahre) werden sehr häufig Pop/Rocksongs als Filmmusik eingesetzt (z. B. *Yentl*, *Against all Odds*, *The Woman in Red*). Abgesehen von Musikfilmen waren dagegen Solosongs oder -lieder in der früheren Zeit als Filmmusik eher unüblich. Das vielleicht berühmteste Filmlied von damals ist der Erfolgstitel *High Noon* (*Do not forsake me little darling*) von Dimitri Tiomkin aus dem Western *12 Uhr Mittags* (*High Noon*). Filmmusiksongs fanden sich hauptsächlich in Titelmusiken und sollten in die Stimmung oder Thematik des Films einführen (z. B. bei Henry Mancini: *Frühstück bei Tiffany* der Song *Moon River*, der gleichnamige Titelsong zu *Days of wine and roses* u.a.). Für die Komponisten boten sie die Chance zusätzlicher Einnahmen durch Schallplattenverkäufe, falls der Song zum Hit wurde. Ein erfolgreicher Song wiederum konnte zur Reklame für den zugehörigen Film werden. (Beispiel: *Saat der Gewalt - Blackboard jungle* - hatte als Titelsong den ersten Rock 'n' Roll-Hit, *Rock around the clock*; auch alle James Bond-Filme haben einen Titelsong von einem aktuell erfolgreichen Interpreten, während die eigentliche Filmmusik in der Regel von einem anderen Komponisten betreut wird.)

FA Filmtitel

[0:00 - 1:19]

A Betrachten Sie zunächst den Filmausschnitt ohne Ton. Suchen Sie nach Musik (Tonträger), die Sie für passend zu den Filmbildern halten. Stellen Sie sich dabei zwei unterschiedliche Filmstoffe vor: a) eine tragisch endende Liebesgeschichte in den Hinterhöfen von Berlin; b) Arbeitslose kämpfen gegen Ungerechtigkeit und Behördenwillkür.

K Durch diese Aufgabe sollen die Schüler erfahren, daß die Milieuaufnahmen, die dem Titel angeschlossen sind, keinen eindeutigen Stimmungscharakter aufweisen. Sie bedürfen der Musik, um auf die folgende Filmhandlung »einzustimmen«. (Die obige Formulierung der beiden Filmstoffe ist absichtlich pauschal und klischeehaft.)

NB Filmtitel

A Analysieren Sie das Notenbeispiel (Eislers Musik zur Titelsequenz) hinsichtlich seiner formalen Struktur, thematisch-motivischer Arbeit, rhythmischer und harmonischer Besonderheiten.

K Die Stimmen sind selbständig polyphon geführt, fugierende Stimmeneinsätze, die fortlaufenden Achtel im Klavier »treiben« die Musik voran (evtl. Assoziation: Bach-Präludien); Dur-Moll-tonal läßt sich die Musik nicht eindeutig zuordnen, da die tonartlichen Bezüge rasch wechseln; die rhythmische Struktur wird durch Akzente aufgebrochen.

Vorspiel zu *Kuhle Wampe oder: Wem gehört die Welt?* von Hanns Eisler

* 2 Klarinetten in B, ab 2.H. T. 3 zusätzlich 1 Klarinette in Es.
Alle Instrumente sind klingend, aber z. T. oktaviert notiert.

Kl
A Sax
T Sax
2 Trp in B
Pos
Tb
Klav
4 Vc, 2 Kb
5
6
7
8
ff
ff staccato
f
marcato

Kl
A Sax
T Sax
2 Trp in B
Pos
Tb
Klav
4 Vc, 2 Kb
9
10
11
12
fff hervor

13
14
15
16
Kl
fff grell
A Sax
p
T Sax
2 Trp in B
Pos
Tb
Klav
mf
4 Vc, 2 Kb
pizz.
p

A Betrachten Sie nun den Filmanfang mit Ton. Welche Erwartungen weckt der Film mit dieser Musik beim Zuschauer? Versuchen Sie zur Begründung Ihrer Annahme den Charakter der Musik (auch durch die Besetzung) zu beschreiben.

K Wahrscheinlich werden die Schülerantworten tendenziell in Richtung des Filmstoffs a) [Liebesgeschichte] liegen. Die Besetzung der Musik ist unkonventionell kammermusikalisch, eher spröde als volltönend (Trompeten, Klavier etc.). Eisler selbst beschrieb sie als *polyphones Präludium, Marcato-Charakter.*

T-A Dramaturgischer Kontrapunkt – Bewegung gegen Ruhe

> *Traurig verfallene Vorstadthäuser, Slumdistrikt in all seinem Elend und Schmutz. Die »Stimmung« des Bildes ist passiv, deprimierend: sie lädt zum Trübsinn ein. Dagegen ist rasche, scharfe Musik gesetzt, ein polyphones Präludium, Marcato-Charakter. Der Kontrast der Musik – der strengen Form sowohl wie des Tons – zu den bloß montierten Bildern bewirkt eine Art von Schock, der, der Intention nach, mehr Widerstand hervorruft als einfühlende Sentimentalität.*

(Th. W. Adorno/H. Eisler: *Komposition für den Film*, 1976, S. 35)

A Vergleichen Sie Ihre Arbeitsergebnisse mit dem Zitat von Hanns Eisler zu dieser Filmsequenz.

K Die Antwort wird davon abhängen, ob die Schüler die »Stimmung« der Bildebene als »passiv, deprimierend« eingeschätzt haben, oder ob (möglicherweise durch die Distanz zur Entstehungszeit des Films) der Stimmungsgehalt der Bilder als ambivalent angesehen wird.

A Der Komponist selbst bezeichnete das angewendete Verfahren als *dramaturgische*[n] *Kontrapunkt/Bewegung gegen Ruhe.* Versuchen Sie zu erläutern, was er mit dieser Bezeichnung meint, und überlegen Sie, ob Sie in der analysierten Szene die Bezeichnung für angebracht halten.

K Eisler leitete das obige Zitat mit nachstehender Erklärung ein: *Die folgenden Beispiele beziehen sich darauf, wie Musik, anstatt sich in der Konvention der Nachahmung des Bildvorgangs oder seiner Stimmung zu erschöpfen, den Sinn der Szene hervortreten läßt, indem sie sich in Gegensatz zum Oberflächengeschehnis stellt* (a.a.O., S. 34). Ob diese Intention auch für heutige Filmzuschauer nachvollziehbar ist, müssen die Schülermeinungen zeigen.

FA Die Jagd nach Arbeit

[1:55 - 6:36]

A Mit dieser Sequenz beginnt die Spielfilmhandlung des Films. Konzentrieren Sie sich zunächst auf die Bildgestaltung: Wodurch erreicht die Regie, daß die dargestellte Arbeitssuche als alltäglicher Vorgang erscheint und nicht als ein einmaliges Einzelschicksal?

K Die Arbeitssuche wird sehr stark stilisiert vorgeführt; außer kurzen Nahaufnahmen des jungen Bönickes werden keine individuellen Züge der Personen gezeigt; die Arbeitslosen sind als Gruppe gefilmt, z. T. symbolisiert durch ihre Fahrräder, die filmstilistisch wie eine Wettfahrt aufgenommen sind. Das Verhalten der Arbeitslosen läßt darauf schließen, daß sie die »Spielregeln« der Arbeitssuche durch zahllose Wiederholungen des Ablaufs genaustens kennen: Das Warten auf die Stellenanzeigen, das schnelle Durchlesen, das unauffällige Losfahren mit dem Fahrrad, das sofortige Umkehren, wenn die Stelle inzwischen besetzt ist.

A Analysieren Sie die Form der Musik zu dieser Sequenz. Welche Absicht mag Eisler dazu bewogen haben, gerade diese musikalische Form zu verwenden?

K Es handelt sich um ein Rondo. Das rondotypische stete Wiederkehren des Refrains stiftet die Beziehung zur stetigen Wiederkehr der (erfolglosen) Jagd nach Arbeit.

A Durch welche akustische Maßnahme wird verhindert, daß die Musik als Untermalung der Bilder wahrgenommen wird? (Das Ziel des Filmautorenkollektivs bestand offenbar darin, die Musik als gleichwertigen Part den Bildern gegenüberzustellen.)

K Es gibt keine Geräusche, die der Musik zugemischt wären. Dadurch wirken die Bilder durchaus im Brechtschen Sinne »verfremdet«.

A Ehe noch das erste Wort in dem Film gesprochen wird, wird ein drittes Musikstück eingeführt [ab 6:40]. Beschreiben Sie, um was für eine Art Filmmusik es sich handelt, und tauschen Sie im Plenum aus, welche Wirkung diese Musik bei Ihnen hervorruft.

K Da die beiden Hinterhofmusikanten im Bild zu sehen sind, handelt es sich eindeutig um Inzidenzmusik (Source music, → on-screen). Die Wirkungen lassen sich nicht verallgemeinern, werden aber vermutlich in die Richtung »trostlos, deprimierend, traurig« gehen. Die Intention der Filmautoren ist vermutlich darin zu sehen, daß die Musik dem jungen Bönicke die Trostlosigkeit seines Daseins deutlich macht und da-

FA/NB Montage »Kran«

H. Eisler: *Kuhle Wampe oder: Wem gehört die Welt?*

Die Taktart ist auch bei Taktwechseln nicht angegeben.

Vervielfältigung für Unterrichtszwecke ist in der erforderlichen Anzahl gestattet.

Nach: Ulrich Rügner: *Filmmusik in Deutschland zwischen 1924 und 1934*, Hildesheim : Olms, 1988 mit seinen Selbstmordentschluß bestärkt. Nicht intendiert dürfte dagegen sein, durch die Musik den Zuschauer zu rühren.

FA/NB Montage »Kran«

[44:15 - 45:50]

K Bei diesem Filmbeispiel handelt es sich um eine der nicht handlungstragenden Sequenzen, die die Episoden des Films voneinander trennen; Es korrespondiert mit der den Film eröffnenden Montage von Berliner Hinterhöfen etc. Deshalb ist es möglich, dieses Beispiel ggf. auszulassen. Aufgenommen in diese Unterrichtssequenz wurde es, da durch die vorliegende Analyse von Rügner (1988, S. 390-392) gut gezeigt werden kann, wie der Filmschnitt sich dem Takt der Musik anpaßt. Außerdem wird bereits an dieser Stelle des Films, zwischen der zweiten und dritten Episode, das den dritten Teil beherrschende *Solidaritätslied* (s. u.) musikalisch eingeführt.

A Vergleichen Sie das Analyseprotokoll von Rügner mit dem Filmbeispiel. Welche Schlüsse ziehen Sie aus dem Protokoll?

K Schnitt des Films und Takteinteilung der Musik sind fast durchgängig synchron. Da die Montage der Filmbilder in dieser Sequenz keinen inhaltlichen Vorgaben zu folgen hat, ist vermutlich zunächst die Musik komponiert und danach der Film passend montiert worden.

A Beschreiben Sie den Charakter der Musik, und analysieren Sie den Anfang: Wie erreicht der Komponist, daß sich das erste Motiv (ein Takt lang) beim Zuhörer gut einprägt?

K Die Musik gibt sich »selbstbewußt, marschmäßig, kämpferisch« o.ä. Durch den fugierenden Einsatz des Motivs in verschiedenen Stimmen prägt sich das Motiv (Anfang des *Solidaritätsliedes*) gut ein.

FA Solidaritätslied

[49:22 - 52:15]

A Die Teilnehmer an den Sportwettkämpfen singen das *Solidaritätslied* Hanns Eislers; es ist Inzidenzmusik (on-screen). Welche Funktion soll diese Musik Ihrer Meinung nach erfüllen?

K Durch das Lied soll die Solidarität der Arbeitersportler verdeutlicht werden sowie der *durchaus politisch*[e ... und] *kämpferische Charakter* (Brecht) der Wettkämpfe.

A Welche Rolle spielt Ihrer Meinung nach das Chanson in Verbindung mit der Bildmontage von den Sportwettkämpfen? Kennen Sie vergleichbare Fälle in anderen Filmen?

K Der Chansontext kommentiert die Bilder und weist ihnen eine eindeutige politische Aussage zu. Textlicher Pathos und die Emphase des Vortrags wirken heute eher befremdlich als überzeugend. Vergleichbare Fälle lassen sich in der Filmmusikgeschichte finden, sind aber relativ selten.

T-L Bert Brechts Dramentheorie

In *Kuhle Wampe* manifestieren sich Brechts Vorstellungen zur Gestaltung von Film und Theater. Die Vielzahl von theoretischen Schriften Brechts zu diesem Themenkreis lassen es angeraten erscheinen, entweder die Zusammenarbeit mit dem Deutschunterricht zu suchen oder aber sich auf eine kurze Information zu beschränken. In der Fachliteratur findet sich beispielsweise die folgende knappe Darstellung unter dem Stichwort »episches Theater«:

> *Episches Theater, von B. Brecht formulierte und ausgebildete Theater- und Dramenform im Sinne der marxistischen Kunsttheorie des →sozialistischen Realismus; fordert statt des illusionistischen Bühnenerlebnisses, das den Zuschauer suggestiv und gefühlsmäßig ergreift und im Miterleben seine Aktivität verbraucht, eine demonstrierend-erzählende Form, die durch Argumente aus der Handlung den Zuschauer zum rationalen Betrachter und Beurteiler macht, ihn der Handlung gegenüberstellt, zu eigenen Entscheidungen zwingt und durch Distanz seine Aktivität weckt (→ Verfremdungseffekt), ›Gegenstand der Untersuchung‹ sei der ›veränderliche und veränderte Mensch‹, die Spannung richte sich daher nicht wie beim illusionistischen Drama auf den Ausgang, sondern auf den Gang der Handlung, die in Einzelszenen, Kurven und Sprüngen (→ Montage) ohne ›evolutionäre Zwangsläufigkeit‹ abrolle. Die durch den Verfremdungseffekt gesteigerte antiillusionistische Haltung verzichtet auf Akteinteilung, Exposition und ›Natürlichkeit‹, da nicht Unterhaltung, sondern Kritik erstrebt wird* […].

(Gero von Wilpert: *Sachwörterbuch der Literatur*, 6. verb. u. erw. Auflage, Stuttgart 1979, S. 227)

Für den Film *Kuhle Wampe* sind vor allem die analytische »eludierende« (= antiillusionistische) Darstellungsform wesentlich, die auch durch die Musik stets eine gewisse Distanz des Zuschauers mit den Handlungsträgern wahrt, Verfremdungseffekte (sprachliche Schicht und filmische Montage) sowie die Gliederung in Einzelszenen.

Zusammenfassung und Wertung beider Filme

AB Vergleich von *King Kong* und *Kuhle Wampe*

Das Arbeitsblatt sollte folgende Kategorien aufweisen:
Entstehungsland - Filmlänge (ca.) - Musik von - musikalische Entstehungsbedingungen - Genre - Klangkörper - musikhistorischer Bezug - Dramaturgie des Musikeinsatzes - Verhältnis: Musik-Geräusch/Sprache - Bezüge Musik/Bild - filmbezogene Kompositionstechnik - typische musikalische Mittel - intendierte musikalische Wirkung.

A Rufen Sie sich nochmals die Analyseergebnisse beider Filme in Erinnerung, und vergleichen Sie diese, indem Sie die folgende Tabelle vervollständigen. Diskutieren Sie im Anschluß daran, wie Sie beide Filmmusiken einschätzen (persönliches Gefallen, Konsequenz in der Umsetzung einer bestimmten musikdramaturgischen Idee etc.).

K Die Tabelle kann die folgende Form haben:

	King Kong	**Kuhle Wampe**
Entstehungsland	USA 1932/33	D 1931/32
Filmlänge (ca.)	100 Min.	70 Min.
Musik von	Max Steiner	Hanns Eisler
musikalische Entstehungsbedingungen	Music department	künstlerisches Kollektiv
Genre	Monsterfilm	sozialkritischer Film
Klangkörper	großes Sinfonieorchester (+ Trommeln)	ungewöhnliches Kammerensemble, Gesang
musikhistorischer Bezug	Spätromantik	zeitgenössisch (»modern«)
Dramaturgie des Musikeinsatzes	weitgehend nonstop (total ca. 70 Min.)	episodisch
Verhältnis: Musik-Geräusch/Sprache	teilweise Vermischung und Überlagerung	deutliche Trennung (außer bei Inzidenzmusik)
Bezüge der Musik zum Bild	Illustration Inzidenzmusik Leitmotive, Mickeymousing (Möglichkeiten der Interpretation des Bildes durch die Musik)	kommentierende Liedtexte Inzidenzmusik musikalische Form/Handlung (Rondo) rhythmischer Schnitt »dramaturgischer Kontrapunkt«
filmbezogene Kompositionstechnik	Leitmotiv-Technik/Underscoring	entfällt (»autonom«)
typische musikalische Mittel	extreme Lagen Sequenzierungen Tempo- und Rhythmuswechsel	»spröde« Klangfarben Erweiterung des tonalen Bezugsrahmens
intendierte musikalische Wirkung	»illudierend« (Emotionalisierung, Identifikation)	»eludierend« (emotionale Distanzierung); Macht des Proletariats (Solidaritätslied).

K Das Vervollständigen der Tabelle soll dazu dienen, die Arbeitsergebnisse der gesamten Unterrichtsreihe den Schülern nochmals in Erinnerung zu rufen. Zu beachten ist, daß sich die Eintragungen nur auf die bekannten Filmausschnitte beziehen und deshalb nicht alle Aspekte der beiden Filmmusiken berücksichtigen. Bei der Erarbeitung empfiehlt es sich, unter zurückhaltender Gesprächsleitung des Lehrers, zunächst zu jedem Feld in der Tabelle Antwortvorschläge zu sammeln, diese dann zu diskutieren und erst dann nach einer sprachlich prägnanten Bezeichnung zu suchen. Ggf. können auch weitere Vergleichskategorien bzw. Eintragungen in die Tabelle aufgenommen werden.

Vorschläge zum Ablauf der Unterrichtsreihe

Sequenzierungen:

1. Die drei Sequenzen »King Kong«, »Eislers Kritik« und »Kuhle Wampe« können auch separat oder paarweise behandelt werden. Dieses Vorgehen ist besonders dann zu erwägen, wenn durch eine geringe Wochenstundenzahl die gesamte Unterrichtsreihe einen zu langen Zeitraum beanspruchen würde. Denkbar ist ferner, daß eine ausgelassene Sequenz in Ausschnitten zum Schwerpunkt einer Klausur gemacht wird; in diesem Fall kann sie mit dem behandelten Gegenstand konfrontiert werden (z. B. Darstellung der Musik Max Steiners unter dem Blickwinkel der Kritik Hanns Eislers).
2. Im Sinne des Oberstufenunterrichts ist es, einzelne Aspekte durch Referate o. ä. darstellen zu lassen und z. B. auch Rechercheaufgaben zu verteilen. Einige mögliche Schwerpunkte sind durch die T-L-Texte angedeutet.
3. Auslassungen sind vor allem möglich bei den Filmbeispielen: Opferszene, Flucht, Theatermarsch (*King Kong*) und »Kran«-Montage (*Kuhle Wampe*)

Anknüpfungsmöglichkeiten (Musik):

- Leitmotive in der Musik (bei Wagner und Berlioz) [→ *King Kong*]
- Programmusik (der sinfonische Soundtrack oder die Filmmusiksuite als sinfonische Dichtung) [→ *King Kong*]
- Musik und Politik [→ Hanns Eisler]
- Komponisten des 20. Jahrhunderts entdecken den Film (z. B. Schostakowitsch, Walton, Henze etc.) [→ Hanns Eisler]

Anknüpfungsmöglichkeiten (fächerübergreifend):

- Brechts episches Theater [→ *Kuhle Wampe*] (Deutsch, Literatur)
- Die Weltwirtschaftskrise [→ *King Kong*, → *Kuhle Wampe*] (Geschichte, Sozialkunde, Politik)
- Die Weimarer Republik und der Weg ins »Dritte Reich« [→ Kuhle Wampe] (Geschichte, Deutsch)
- *Die Schöne und das Tier* als Märchenstoff und literarisches Motiv [→ *King Kong*] (Deutsch, Literatur, Französisch)

Literatur

Adorno, Theodor W./Eisler, Hanns: *Komposition für den Film*, in: Adorno, Th. W.: *Gesammelte Schriften* Bd. 15, hrsg. von Rolf Tiedemann, Frankfurt a.M. 1976, S. 7-155 [Unter editorischen Gesichtspunkten besonders zu empfehlen ist die textkritische Ausgabe von Eberhardt Klemm, die in der ehemaligen DDR innerhalb der Eisler-Gesamtausgabe erschien. (Hanns Eisler: *Gesammelte Werke*: Serie III, Bd. 4, Leipzig 1977)]

Arnheim, Rudolf: *Kuhle Wampe*, in: ders.: *Kritiken und Aufsätze zum Film*, hrsg. von Helmut H. Diederichs, Frankfurt a. M. 1979, S. 158f. Original-Ausgabe München 1977 [Rezension von 1932 mit offensichtlichen (politisch kalkulierten?) Mißverständnissen der Intentionen des Urheber-Kollektivs.]

Bergman, Andrew: *We're in the money : Depression America and its films*, New York 1971

Bettelheim, Bruno: *Kinder brauchen Märchen*, 11. Aufl. der Taschenbuchausgabe, München 1988

Brecht, Bertolt: *Kuhle Wampe : Protokoll des Films und Materialien*, hrsg. von Wolfgang Gersch und Werner Hecht, 4. Auflage, Stuttgart 1981

Chateau, René/Lesseps, Marielle de: *King Kong Story*, Paris 1977 [Zur Entstehung des Films und über die vielfältigen Erscheinungsformen des *King Kong*-Stoffes vor allem in der Trivial- und Undergroundkultur.]

Eisler, Hanns: *Statement über die Untersuchungen von Musik und Film* [1940], in: ders.: *Materialien zu einer Dialektik der Musik*, Berlin 1987, S. 166-170 [Vorbereitender Planungstext zu *Komposition für den Film.*]

Everson, William K.: *Classics of the horror film*, Secaucus, N. J. 1974 [Knapper Text und großformatige Abbildungen zu *King Kong* und Nachfolgefilmen auf den Seiten 97-103.]

Ewen, David: *All the years of American popular music*, Englewood Cliffs, N. J. 1977

Gersch, Wolfgang: *Film bei Brecht*, München 1975 [Lizenzausgabe einer DDR-Ausgabe. *Kuhle Wampe* S. 101-139.]

Giesen, Rolf (Hrsg.): *Special effects : King Kong, Orphée und die Reise zum Mond*, Ebersberg 1985 [Erläuterung von Tricktechniken mit zahlreichen Hinweisen auf *King Kong*. Der Film selbst wird auf den Seiten 196f. vorgestellt.]

Goldner, Orville/Turner, George E.: *The making of King Kong*, South Brunswick 1975 [Definitive Darstellung der Entstehung des Films *King Kong*, illustriert durch zahlreiche, z. T. seltene Fotos. Die Musik wird vergleichsweise knapp abgehandelt ab S. 189.]

Gorbman, Claudia: *Unheard melodies : narrative film music*, Bloomington 1987 [Zu Max Steiner bzw. *King Kong* (S. 70ff.) und zu Adorno/Eisler (S. 99ff.).]

Harryhausen, Ray: *Animating the ape*, in: *The history of the movies*, hrsg. von Ann Lloyd, Neuauflage London 1988, S. 121–123

Haver, Ronald: *David O. Selznicks Hollywood*, München 1981 [Informationen und Materialien zu *King Kong* etwa ab S. 75.]

Korte, Helmut: *Film und Realität in der Weimarer Republik*, Frankfurt a.M. 1980, Original-Ausgabe München 1978. [Vor allem der Beitrag von Reinhold Happel ist wichtig: *Kuhle Wampe oder Wem gehört die Welt* – eine exemplarische Analyse, S. 169–212.]

Kracauer, Siegfried: *Von Caligari zu Hitler : eine psychologische Geschichte des deutschen Films*, Frankfurt a.M. 1984 [Zu *Kuhle Wampe* s. S. 256–261 und S. 536–541 (= zeitgenössische Kritik Kracauers); die Musik findet keine wesentliche Berücksichtigung.]

Larson, Randall D.: *Musique Fantastique : a survey of film music in the fantastic cinema*, Metuchen, N. J. 1985

Lexikon des internationalen Films, Reinbek 1987

Lissa, Zofia: *Ästhetik der Filmmusik*, Berlin (Ost) 1965

Maas, Georg: *King Kongs musikalischer Kammerdiener : Max Steiners Musik zu King Kong (1933) im Blickwinkel der Kritik Hanns Eislers*, in: *Zweites film- und fernsehwissenschaftliches Kolloquium/Berlin '89*, hrsg. von Hans J. Wulff in Zusammenarbeit mit Norbert Grob und Karl Prümm, Münster i. W. 1990, Sp. 153–166

Möbius, Hanno/Vogt, Guntram: *Drehort Stadt: das Thema »Großstadt« im deutschen Film*, Marburg 1990 [Zu *Kuhle Wampe* vor allem S. 44ff.]

Palmer, Christopher: *Max Steiner*, in: *New Grove Dictionary of American Music*, Vol. 4, London 1986, S. 302f.

Prendergast, Roy M.: *Film music – a neglected art*, New York 1977, Erw. Neuauflage 1992

Pusch, Harald: *King Kong* [1933], in: *Lexikon des Phantastischen Films*, hrsg. von Norbert Stresau, Meitingen 1986

ders.: *King Kong* [1976], in: *Lexikon des Phantastischen Films*, a.a.O.

Rügner, Ulrich: *Filmmusik in Deutschland 1924–1933*, Hildesheim 1988 [Analyse von *Kuhle Wampe* auf S. 267–291 und S. 388–398.]

Schmidt, Hans Christian: *Filmmusik*, Kassel 1982 [Zu *Kuhle Wampe* S. 44–46, zu *King Kong* S. 48f.]

Seeßlen, Georg/Weil, Claudius: *Kino des Phantastischen: Geschichte und Mythologie des Horror-Films*, Reinbek 1980 [Zu *King Kong* S. 70–72 (fehlerhafte Inhaltsangabe): Analyse des Films als Horror-Klassiker, keine Ausführungen zur Musik.]

Steiner, Fred: *King Kong – Analysis of the score ; the music.* (Liner notes zu *King Kong – Original 1933 motion picture score composed by Max Steiner*) o.O. : Entr'acte Recording Society, 1976 [Beilage zur LP (Silva Screen Records); die CD-Beilage wurde ohne Einverständnis Fred Steiners wesentlich gekürzt.]

G.M.

Unterrichtsmodell 6 Sekundarstufe II

Hollywood im Umbruch: Leonard Bernsteins Musik zu Elia Kazans Film *On the Waterfront*

Übersicht

Wir sind alle froh darüber, daß Mr. Bernstein sich in der Lage sah, der Einladung [...] zu folgen und seine musikalischen Fähigkeiten einem Hollywoodfilm zu widmen, denn das endgültige Filmprodukt ist das Verdienst sowohl des Filmes selbst als auch seines Komponisten.
Gordon Hendricks, Filmkritiker (1955)

Ich glaube, die Musik hat dem Film geschadet.
Elia Kazan

Vorbemerkung

In den 30er Jahren erstarrt die Filmmusik Hollywoods zu einem zwar perfekten, aber dadurch umso standardisierteren Klischee, dessen romantisch-sinfonischer »Sound« zwar der Filmhandlung entsprechend variabel handhabbar, aber in seinem dem 19. Jahrhundert verpflichteten Klangbild nicht weniger gleichförmig ist als die Mehrzahl der Produktionen von Hollywoods durchorganisiertem Studiosystem. Der Bruch tritt (nach ersten Vorläufern in der »Schwarzen Serie« der 40er Jahre) schließlich um 1950 als Verkettung politischer und ökonomischer Faktoren auf, die auf Filmhandlung wie Filmmusik entscheidenden Einfluß haben.

Politisch waren die frühen 50er geprägt von den Verwicklungen der USA in den Korea-Krieg sowie und vor allem von den Aktivitäten des »Komitees für Unamerikanische Umtriebe« des legendären Senators McCarthy, das die zunehmende Politisierung Hollywoods trotz der Zerstörung von Einzelschicksalen und der Etablierung eines Klimas von »Hexenjagd« jedoch nicht verhindern konnte.

Ökonomisch war diese Umbruchzeit gesteuert durch die Entscheidung des obersten Gerichtshofes der USA, die den Filmgesellschaften auferlegte, ihre Kinoketten und damit sichere Absatzmöglichkeiten abzustoßen, sowie durch den Siegeszug des Fernsehens (und des Autos!), der zu einem veränderten Freizeitverhalten und damit endgültig zur Krise des starren Studiosystems Hollywoods führte. In Folge dieser Krise hatten erstmals unabhängige Produzenten mit neuen Stoffen und Ideen eine Chance, mußten die etablierten Studios zu vielfältigen Verfahren greifen, um sich den geänderten Bedingungen anzupassen.

Die genannten Faktoren führten schließlich zur Realisierung und stärkeren Popularisierung von Filmen, die Mißstände ökonomisch-sozialer wie soziologisch-psychologischer Art thematisierten und gleichzeitig mit der thematischen Änderung auch zur weitgehenden Aufhebung des filmmusikalischen Standardsounds und zur

Etablierung vielfältiger musikalischer Arbeitsweisen führten. Ein solcher Film ist Elia Kazans *On the Waterfront* (*Die Faust im Nacken*, USA 1954). Mit der sozialkritischen Behandlung von Gewerkschaftskriminalität im New Yorker Hafen verarbeitet Elia Kazan eigene Erfahrungen als Zeuge vor McCarthys Komitee. In der Filmwissenschaft gilt der Film deshalb oft (in einer tieferen Verständnisebene) als Verteidigung von Kazans Verrat an seinen ehemaligen Kameraden vor diesem Komitee.

Leonard Bernsteins einzige Filmmusik verdeutlicht dabei in ihrer Vielfalt sowohl die neuen Möglichkeiten, die sich der Filmmusik jetzt beispielsweise in der Verwendung des Jazz oder von Formen der Musik des 20. Jahrhunderts boten, als auch durch die dabei realisierten (standardmäßigen) filmmusikalischen Funktionen deren offenbare Allgemeingültigkeit. Dabei ist Bernsteins filmmusikalischer Eklektizismus auch typisch für seinen üblichen Kompositionsstil, wodurch sich aufzeigen läßt, daß auch eine (progressive) Betrachtung und Wertung der Musik unter rein funktionalem Aspekt die vielfältigen Bezugspunkte einer Filmmusik nicht allein erfassen kann. Ein Blick auf die filmmusikalischen Standards der Zeit (und die Versuche, diese zu überwinden) sowie die Berücksichtigung des spezifischen Personalstils sind neben anderem Voraussetzungen einer sachgerechten Analyse und Wertung der jeweiligen Filmmusik. Besonders günstig schließlich für die Erarbeitung im Unterricht ist Bernsteins Beschränkung auf nur einige Grundthemen, die z. T. durch Veränderung weniger Parameter unterschiedlichen Funktionszusammenhängen angepaßt und so auch der schulischen Analyse leicht zugänglich gemacht werden.

Lehrziele

- Am Beispiel der Umbruchzeit der frühen 50er Jahre die vielfältigen politischen und ökonomischen Bedingungen kennenlernen, die einen Film und seine Musik prägen;
- eine komplexe Filmmusik, die unterschiedliche Musikstile miteinander verbindet, in Faktur und Funktion analysieren;
- bei der Analyse auch den kompositorischen Hintergrund dieser komplexen Gestaltung berücksichtigen;
- Kenntnis einer filmmusikalischen Gesamtdramaturgie (in Anlehnung an die Dramaturgie des Films) erhalten, die das Formproblem von Filmmusik zu überwinden versucht;
- Kenntnisse und Fähigkeiten in der Analyse von Leitthemen/Leitmotiven erwerben.

Es ist dabei natürlich Entscheidung der Lehrperson, inwieweit sie über ein für die Bild/Musik-Zuordnung notwendiges Mindestmaß an filmischer Erarbeitung hinausgeht. Auch ein den interdisziplinären Bezügen der Oper gerecht werdender Musikunterricht, der nicht nur ein in einer Klausur abfragbares Analysekönnen vermitteln möchte, wird ja Inszenierungsfragen zum Unterrichtsthema machen. Zumindest zwei filmische Lehrziele sind noch erreichbar bzw. anzustreben: ein (exemplarisches) Verständnis der Entwicklung von Film und Fernsehen in ihrem historischen Kontext bzw. in ihrer historischen Bedingtheit sowie die Kenntnis der speziellen Ausdrucks- und Gestaltungsmittel des Films.

Materialien

T-S Filmographische Angaben

On the Waterfront (*Die Faust im Nacken*, USA 1954), sw, 103 Min.; Produzent: Sam Spiegel für Horizon Pictures; Verleih: Columbia Pictures Corporation; Buch: Budd Schulberg, nach einer Originalgeschichte von Budd Schulberg basierend auf Artikeln von Malcolm Johnson; Regie: Elia Kazan; Musik: Leonard Bernstein; Kamera: Boris Kaufmann; Darsteller: Marlon Brando (Terry Malloy), Lee J. Cobb (Johnny Friendly), Karl Malden (Pater Berry), Rod Steiger (Charlie Malloy), Eva Marie Saint (Edie). Der Film erhielt acht Oscars.

T-A Inhaltsangabe

Der junge Hafenarbeiter Terry Malloy wird ohne sein Wissen in den Mord an seinem Kollegen Joey verwickelt. Terry lockt diesen auf ein Dach, von dem Joey zu Tode gestürzt wird. Joey wollte vor der Polizei gegen den Gewerkschaftsboß Johnny Friendly aussagen, der die Docks mit einem Netz von Korruption überzogen hatte. Friendly ließ ihn, wie andere vor ihm, umbringen, um seine Geschäfte zu schützen. Die Polizei versucht Terry als Zeugen zur Aussage zu bewegen, doch dieser lehnt ab, zum »Verräter« an seiner Gewerkschaft zu werden. Die Gewalttätigkeit von Friendlys Leuten gegenüber dem Hafengeistlichen Pater Berry, der die Arbeiter aufzurütteln versucht, schließlich der Mord an seinem Kollegen Dugan, der von Pater Berry zur Aussage überredet wurde, lassen ihn jedoch zunehmend an der Richtigkeit seiner Treue zu der korrupten Gewerkschaft zweifeln. Darüber hinaus verliebt er sich in die junge Edie, die Schwester des ermordeten Joey, die diesen Mord aufzuklären versucht. Als es Terrys Bruder Charlie, Anwalt und rechte Hand des Gewerkschaftsbosses, nicht gelingt, Terry endgültig davon zu überzeugen, nicht vor dem Untersuchungsausschuß auszusagen, wird Charlie ermordet. Terry findet ihn, nachdem ein Mordversuch auf ihn selbst fehlgeschlagen ist, und sucht Johnny Friendly, um seinen toten Bruder mit dem Revolver zu rächen. Pater Berry gelingt es, ihn statt dessen zur Aussage vor der Polizei zu überreden. Nach Terrys Aussage vor dem Untersuchungsausschuß ist Friendly politisch erledigt, Terry selbst jedoch wird von den Hafenarbeitern als Verräter geschnitten. Er entschließt sich zur direkten Konfrontation mit Friendly. Als dieser ihm die Arbeit verweigert, kommt es zur blutigen Schlägerei, die Friendly mit Hilfe seiner Leibwächter gewinnt. Jetzt erst solidarisieren sich die Arbeiter mit Terry – sie streiken und nehmen die Arbeit erst dann wieder auf, als Terry, als ihr neuer Führer, dies auch tut.

◀ Auch wenn *On the Waterfront* (*Die Faust im Nacken*) ein Film mit sozialkritischer Tendenz ist, wird nach bewährtem Hollywood-Muster dem Publikum durch die Dramaturgie Anlaß zum Mitleiden mit den Protagonisten gegeben.
In diesem Sinne entwickelt sich die Romanze zwischen Terry Malloy (Marlon Brando) und Edie (Eva Marie Saint) komplementär zu Terrys Widerstand gegen den Gewerkschaftsboß Jonny Friendly (Lee J. Cobb). Der Zaun trennt die beiden Liebenden nicht nur physisch, sondern steht als bildliche Metapher für die »Welten«, die – noch – zwischen den beiden jungen Menschen liegen.

T-S Entstehung des Films

Der Film geht ursprünglich auf den amerikanischen Dramatiker Arthur Miller zurück, der sich schon seit 1949 mit der Idee zu einem Stück über die Docks von New York beschäftigte, das vor allem die Versuche einer realen Gestalt, des später ermordeten Peter Panto, beschreibt, in den 30er Jahren die Dockarbeiter zu organisieren. Nach Fertigstellung des ersten Scripts 1951 nahm Miller Kontakt zu Elia Kazan auf, um daraus einen Film zu machen. Nachdem der Versuch fehlgeschlagen war, den Film von Kazans Studio, der Twentieth Century-Fox, finanzieren zu lassen, wandten sich die beiden an Harry Cohn, den Präsidenten der Columbia Pictures, der wiederum Roy Brewer einschaltete – Präsident mehrerer Hollywood-Gewerkschaften und strammer Antikommunist. Cohn und Brewer versuchten Miller und Kazan dazu zu bringen, aus den Kriminellen, die in dem Stück die Docks regierten, Kommunisten zu machen (es war die Zeit des Korea-Krieges), doch diese lehnten ab. Damals wurde Kazan zweimal als Zeuge vor das »Komitee für Unamerikanische Umtriebe« geladen, um über seine Kontakte zur Amerikanischen Kommunistischen Partei zu berichten. Im Gegensatz zu anderen Filmemachern, im Gegensatz vor allem zu Arthur Miller, sagte Kazan aus und nannte Namen ehemaliger Parteigenossen. Die gegensätzliche Haltung von Miller und Kazan zu dem Komitee und der Verfolgung der Linken in Hollywood, die Miller in verdeckter Form in seinem Stück *Hexenjagd* beschrieb, entzweite die beiden.

Kazan wandte sich jetzt an den kritischen Autor Budd Schulberg, der wie er selbst als ehemaliges Mitglied der Kommunistischen Partei vor dem Komitee ausgesagt hatte. Schon 1951 hatte Schulberg ein Drehbuch zur Kriminalität auf den Docks vorgelegt, das auf die Pulitzer-Preis-gekrönte Artikelserie von Malcolm Johnson in der *New York Sun* zurückging. 1952 waren die Docks von New York ein Ort ständiger Korruption und Gewalttätigkeit, was schließlich zur Einrichtung eines von den Medien mit großem Interesse betrachteten Untersuchungsausschusses führte.

Im Frühjahr 1953 übernahm Sam Spiegel als Produzent für die unabhängigen Horizon Pictures die Rechte für das Drehbuch, und die Dreharbeiten konnten vor Ort im New Yorker Hafen beginnen. Lee J. Cobb, der wie Kazan und Schulberg vor dem Komitee ausgesagt hatte, übernahm die Rolle des Gewerkschaftsbosses Johnny Friendly, die ehemaligen Mitglieder des *Actors' Studios* und des *Group Theatres* Marlon Brando, Karl Malden und Eva Marie Saint die weiteren Hauptrollen, Leonard Bernstein, schon damals ein sehr populärer Komponist, der ebenfalls mehrfach vor das Komitee geladen wurde, die Musik – seine erste Filmkomposition. Der fertige Film wurde zu seiner Zeit ausgesprochen populär und gewann allein acht Oscars, wenn die Kritik ihn auch sehr unterschiedlich aufnahm: Neben begeisterter Zustimmung gab es harsche Kritik, insbesondere an der mangelnden Ausleuchtung der gesellschaftlichen Aspekte der Dockkriminalität, da jegliches Aufzeigen der Hintergründe fehlte.

T-S Die filmische Umbruchzeit der frühen 50er Jahre

Die Dekade der 50er Jahre war zu Beginn geprägt von den Verwicklungen der USA in den Korea-Krieg und den Aktivitäten des »Komitees für Unamerikanische Umtriebe« (HUAC) des Senators McCarthy. Das HUAC wollte verhindern, daß – wie dieses Komitee befürchtete – eine kommunistische Verschwörung zahlreiche amerikanische Institutionen, so auch Hollywood, unterwanderte. Es kam zu öffentlichen Anhörungen, in denen Schauspieler, Autoren, Regisseure Stellung beziehen mußten zu ihrer wirklichen oder angeblichen kommunistischen Vergangenheit. Durch die Verdächtigung weiterer Kollegen konnten sie sich von ihrer Vergangenheit lossagen. Manche - so Elia Kazan - »kooperierten« und durften weiter in Hollywood arbeiten, andere lehnten es ab, Kollegen zu belasten und erhielten Gefängnisstrafen oder Berufsverbote. Es kam zu einem allgemeinen Klima von Hexenjagd, von gegenseitiger Verdächtigung: *Wo du einen Intellektuellen im Bezirk findest, da wirst du wahrscheinlich auch einen Roten finden*[81].

Dennoch konnte das Komitee die zunehmende Politisierung Hollywoods nicht verhindern. Dieser Prozeß begann bereits in den 30er Jahren als Teil einer allgemeinen Politisierung des kulturellen Lebens, hervorgerufen durch die Wirtschaftskrise und die »New Deal«-Periode: Vor allem Journalismus und Theaterleben wurden von einem *Geist sozialer Wachsamkeit*[82] durchdrungen, der sich an der Bühne etwa an dem New Yorker *Group Theatre* durchsetzte und in Hollywood vor allem durch das Hinüberwechseln theater- und journalismusbewährter Autoren und Regisseure noch verstärkt wurde. Im Film wurde dieses Klima schon in den 40er Jahren an einer Reihe sehr realistischer Produktionen deutlich.

Für die Änderung des Filmschaffens gerade Anfang der 50er Jahre waren daneben die ökonomischen Probleme von Hollywood selbst verantwortlich: Der Aufschwung des Fernsehens, aber auch die Entscheidung des obersten Gerichtshofes der USA, die den Filmgesellschaften auferlegte, ihre Kinoketten und damit sichere Absatzmöglichkeiten abzustoßen, führten um 1950 zur schwersten Krise der amerikanischen Filmwirtschaft. In der Folge dieser Krise hatten erstmals unabhängige Produzenten mit neuen Stoffen und Ideen eine Chance, mußten die etablierten Studios zu vielfältigen Verfahren greifen, um sich den geänderten Bedingungen anzupassen[83]. Die genannten Faktoren führten schließlich zur Realisierung und stärkeren Popularisierung sozial engagierter Filme, die zahlreiche Mißstände kritisierten und dabei Themen aufgriffen, die der »Production Code«, die Selbstzensur der amerikanischen Filmindustrie[84], bisher unterdrückt hatte.

81 Ein typischer Slogan dieser Zeit, zitiert nach: Jost 1982, S. 128

82 Gregor/Patalas 1976, S. 337

83 So etwa durch technische Neuerungen wie den Breitwandfilm, der das Fernseherlebnis zu Hause übertrumpfen sollte, aber auch durch Entdeckung der Jugend als Zielgruppe, die durch neue Stars wie James Dean und Marlon Brando dem elterlichen Wohnzimmer entzogen werden sollte.

84 Der Code schrieb vor, was in bezug auf heikle Themen wie Sexualität, Drogensucht u. ä. darzustellen erlaubt war.

T-S Biographie Elia Kazan

Geboren 1909 in Istanbul; seit 1913 nach Emigration seiner Familie in den USA; trat 1932 dem von Lee Strasberg geleiteten *Group Theatre* bei; arbeitete als Schauspieler und Regisseur in verschiedenen radikalen Theatergruppen; war 1934 bis 1936 Mitglied der amerikanischen kommunistischen Partei; drehte seinen ersten Spielfilm nach erfolgreicher Theaterarbeit am Broadway über die Jugend in einem New Yorker Slum; gründete 1948 mit Cheryl Crawford, dann mit Lee Strasberg das *Actors' Studio*; drehte mehrere sehr erfolgreiche Filme mit sozialer Themenstellung, darunter *A Streetcar Named Desire* (*Endstation Sehnsucht*), *On the Waterfront* (*Die Faust im Nacken*), *Viva Zapata* und *East of Eden* (*Jenseits von Eden*); sagte 1952 vor dem Komitee für Unamerikanische Umtriebe aus und nannte die Namen ehemaliger Parteigenossen, ein Akt, der vor allem in Intellektuellenkreisen zu heftigen Kontroversen führte und den er später in Zeitungsanzeigen zu rechtfertigen versuchte.

T-S Biographie Leonard Bernstein[85]

Dirigent, Komponist und Pianist; geboren am 25.8.1918 in Lawrence (Massachusetts) als Sohn jüdischer Einwanderer aus der Ukraine; wurde nach Studien an der Harvard-Universität und dem Curtis Institute of Music in Philadelphia 1942 Assistent von Sergej Kussewitzky am Berkshire Music Center in Tanglewood; ein Jahr später Assistant Conductor der New Yorker Philharmoniker. Am 14.11.1943 sprang Bernstein kurzfristig für den erkrankten Bruno Walter als Dirigent dieses Orchesters ein und erlangte so den Durchbruch; verschiedene Aufgaben als Dirigent folgten. Nach mehreren erfolgreichen Kompositionsarbeiten, u. a. seiner 1. Symphonie *Jeremiah*, hatte Bernstein 1944 großen Erfolg mit seinem später zu dem Musical *On The Town* umgewandelten Ballett *Fancy Free*. 1951 wurde er Professor an der Brandeis University in Waltham (Massachusetts) und übernahm die Leitung der Orchesterklasse in Tanglewood. In der Fernsehserie *Omnibus* vermittelte er drei Jahre später einem breiten Publikum auf unterhaltsame Weise musikalische Kenntnisse. Im gleichen Jahr schrieb er die Musik zu Elia Kazans Film *On The Waterfront*. Die hierbei besonders bei der abschließenden Sitzung zur Tonmischung gemachte Erfahrung, daß ein Filmkomponist keinen endgültigen Einfluß auf die Musik des fertigen Films hat – so wurden Teile seiner Musik weggelassen, um der eher der Filmrealität entsprechenden

85 Der vorliegende Text stützt sich im wesentlichen auf die Darstellung Karl Dietrich Gräwes, in: Danuser/Kämper/Terse 1987, S. 307-310

Geräuschebene mehr Aufmerksamkeit zu lassen -, verhinderte weitere Arbeiten für den Film. 1957 errang Bernstein mit seinem Musical *West Side Story* einen überwältigenden Erfolg. Ein Jahr später wurde er für elf Jahre Chefdirigent der New Yorker Philharmoniker, eine Zeit, in der er sich besonders für zeitgenössische amerikanische, aber auch für europäische Komponisten wie Gustav Mahler einsetzte. Seit den 50er Jahren widmete sich Bernstein neben seinen kompositorischen Aufgaben auch Dirigieraufträgen in Europa. Bernsteins Kompositionsstil ist typisch eklektisch: Der Jazz, amerikanische Volksmusik, Anlehnungen an die Verkettungstechnik Schönbergs wie die Rhythmik und Ostinatotechnik Strawinskys prägen seine Kompositionen, deren Vorlage oft biblische und religiöse Themen bildeten. Leonard Bernstein starb am 14.10.1990 in New York.

FA/NB 1 Szene 1 (Anfangsszene des Films)

[Filmzeit 0:21 - 3:33]

A Beschreiben Sie die inhaltliche Situation der Szene, und nennen Sie Funktionen, die die Musik in dieser Eingangssequenz hat. Erarbeiten Sie anhand der Partitur die musikalische Gestaltung der Szene insbesondere in bezug auf die drei Themen selbst, und setzen Sie Wirkung/Funktion und musikalische Machart miteinander in Verbindung.

K Die für dieses Buch angefertigten Notenbeispiele sind Arbeitspartituren, die nach Kontrolle einer Videokopie des Films aus folgenden Quellen erstellt wurden:

- Kopie der handschriftlichen Originalpartitur,
- L. Bernstein: *On the Waterfront, Symphonic Suite from the Film* (Boosey & Hawkes),
- William Hamilton: *On the Waterfront*, in: *Film Music* 14 (1954), No. 1, S. 3-14.

Passagen, die in keiner dieser drei Quellen erschienen, wurden vom Videoband transkribiert. Die Auszüge berücksichtigen in der Regel nur die themenführenden Stimmen, transponierende Instrumente sind klingend notiert.

K Für Hollywood unüblich beginnt der Film ohne Anfangsmusik, mit den credits (Angaben zu den an der Produktion beteiligten Personen) in völliger Stille. In diese Stille hinein erklingt ein einzelnes Horn mit dem erste Thema, das Leonard Bernstein selbst der *tragische(n) Würde hinter der oberflächlichen Grausamkeit und Gewalttätigkeit der Hauptperson* zugeordnet hat[86]. Typisch für dieses sechstaktige Thema

86 Bernstein* 1964, S. 232

FA/NB 1 Szene 1 (Anfangsszene des Films), L. Bernstein: *On the Waterfront*, [Dauer 3:12, Filmzeit 0:21–3:33]

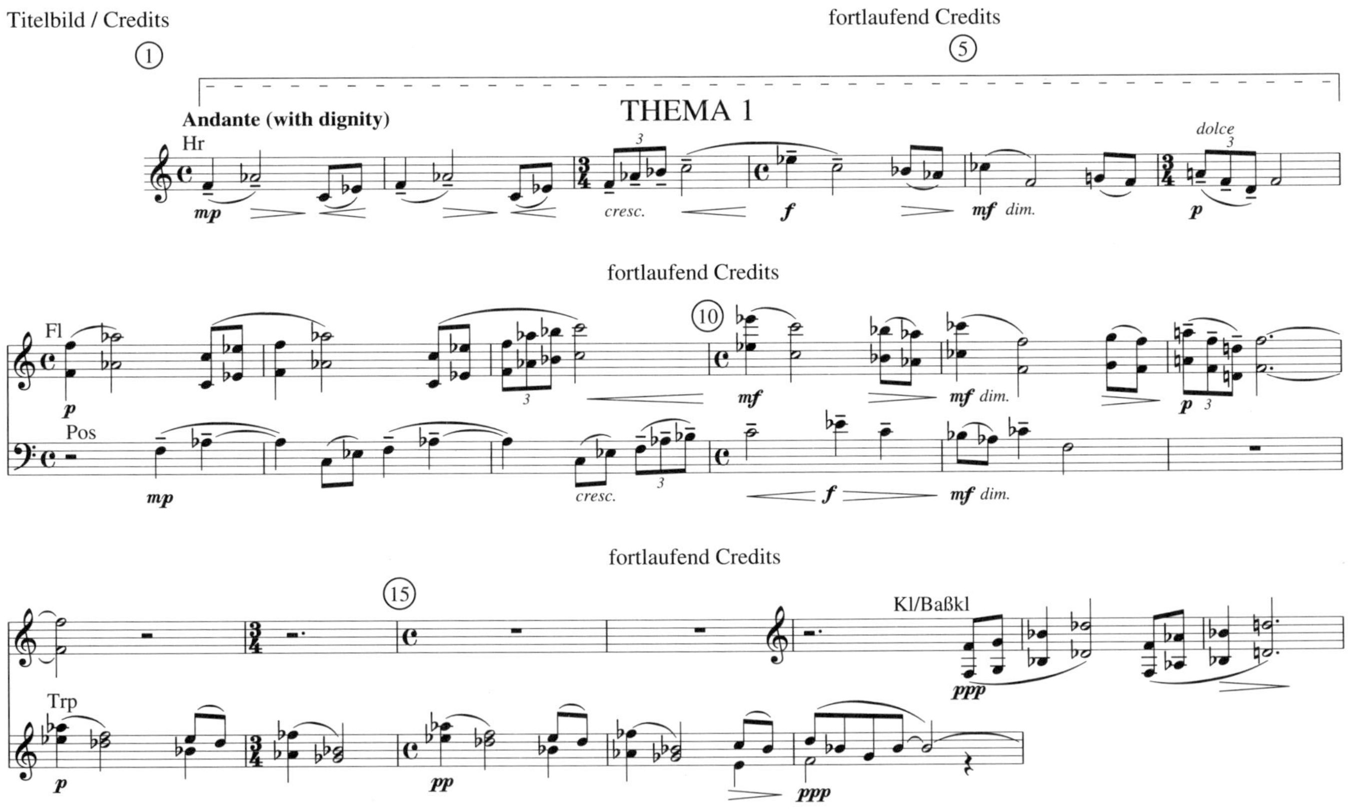

Totale: Hafen mit großem Schiff im Hintergrund, kleine Gestalten verlassen eine Hütte.
THEMA 2
20
Presto barbaro
Pk hard sticks
p
25
30
35
p
Pk
mp marc.
p
Tuned Drums
mp
Totale, kleinerer Bildausschnitt: J. Friendly geht mit Terry und seinen Leuten zum Wagen.
40
cresc.
mf cresc.
f

J. Friendly: „Also mach's richtig, Terry, hab' keine Angst, er soll nur einen Denkzettel kriegen."
45
A Sax
fff
50
THEMA 3
f
f
f
Überblendung: Abend, Terry geht (von oben gefilmt) durch eine Häuserschlucht.
55
sffz

Terry in Nahaufnahme vor dem Haus, ruft nach Joey.
60
65
Fl/Ob/Kl/Trp
fff
+Vl
cresc.
cresc.
cresc.
Fl/Ob/Kl/Trp/Vl
70
Gespräch Terry/Joey
Vc/Cb
75
Gespräch Terry/Joey
Drums

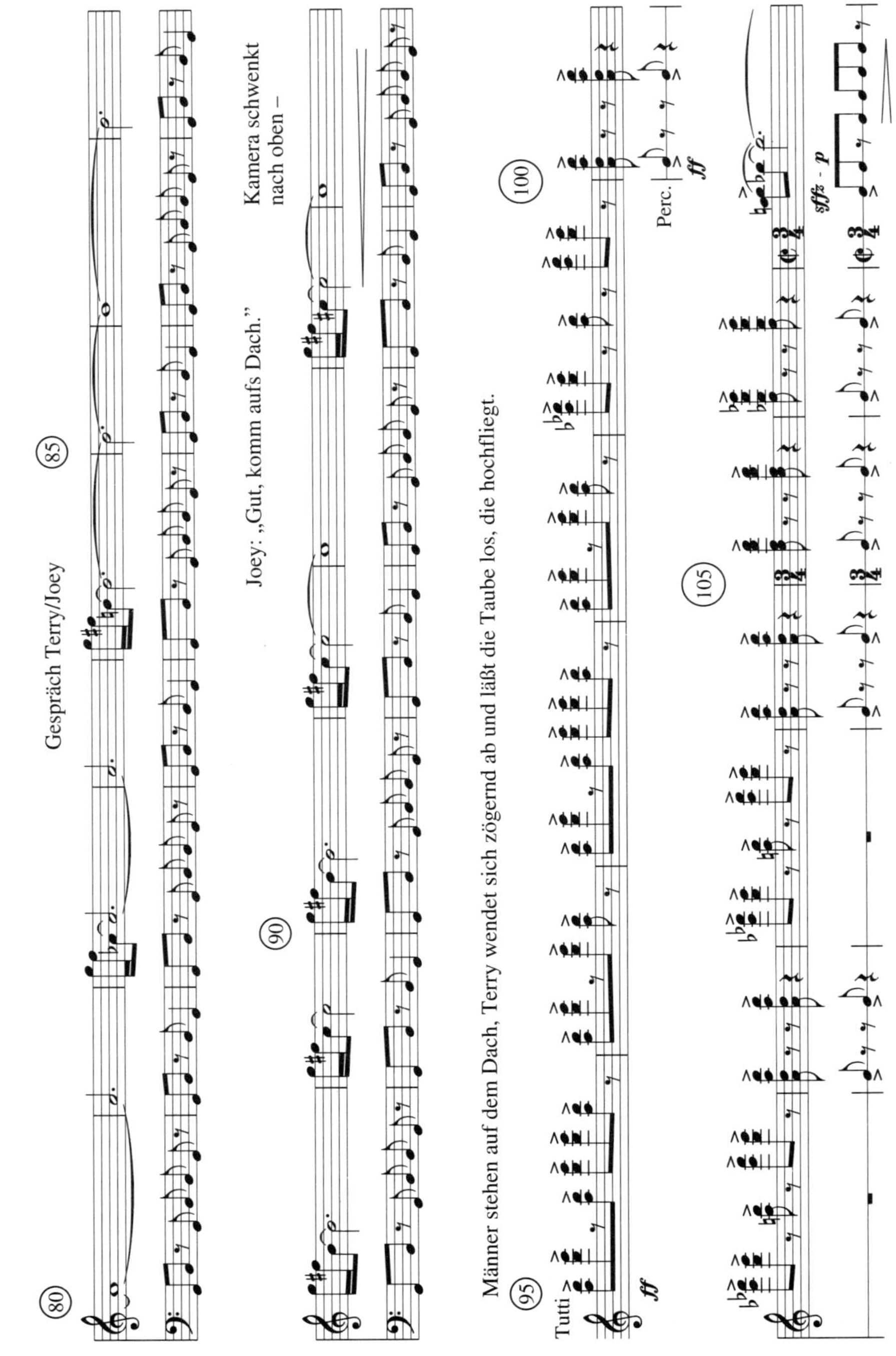
Gespräch Terry/Joey
80
85
Joey: „Gut, komm aufs Dach."
Kamera schwenkt nach oben –
90
Männer stehen auf dem Dach, Terry wendet sich zögernd ab und läßt die Taube los, die hochfliegt.
95
Tutti
ff
100
Perc.
ff
105
sffz - p

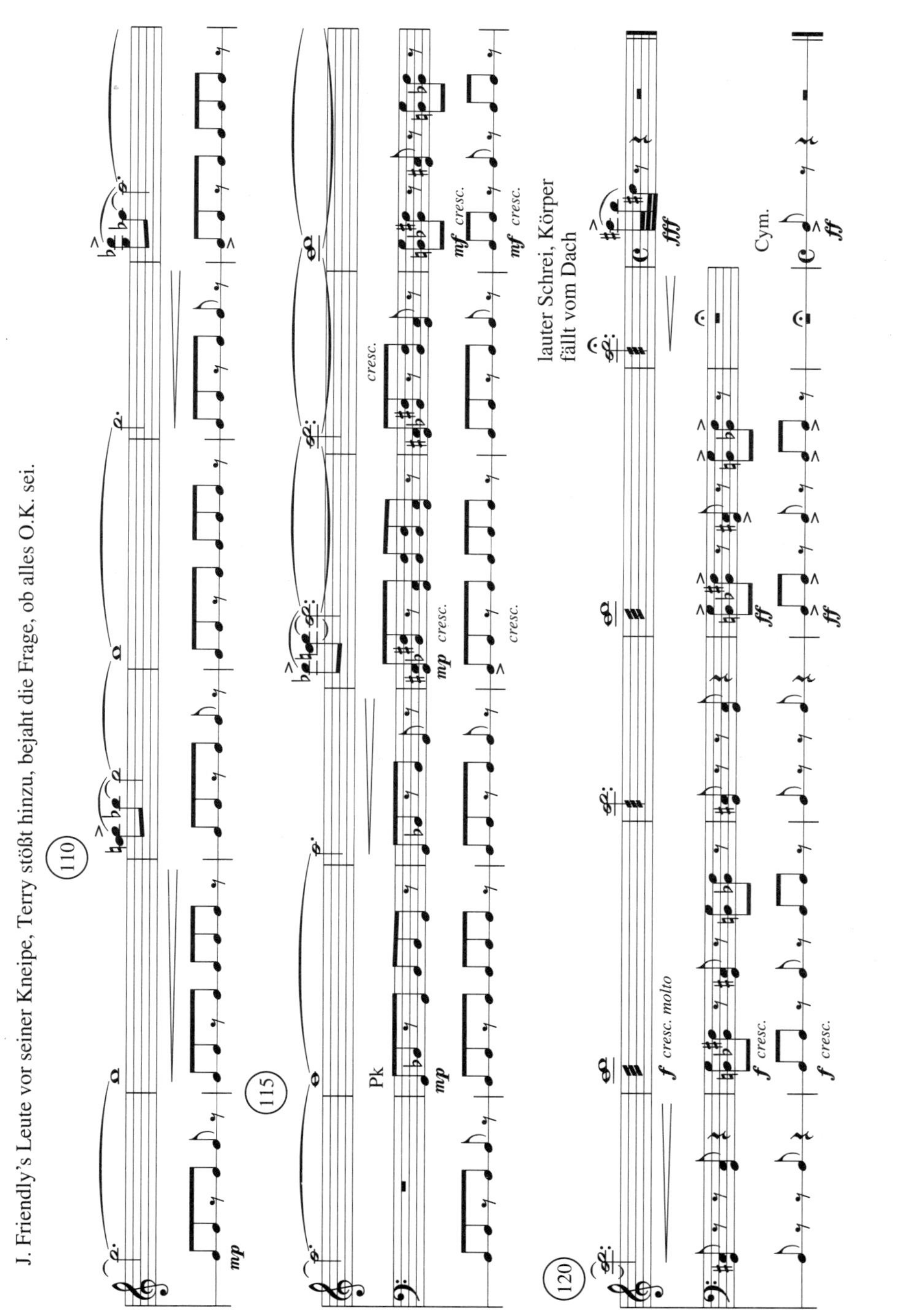
J. Friendly's Leute vor seiner Kneipe, Terry stößt hinzu, bejaht die Frage, ob alles O.K. sei.
110
mp
115
Pk
mp
mp cresc.
cresc.
cresc.
mf cresc.
mf cresc.
120
f cresc. molto
f cresc.
f cresc.
ff
ff
lauter Schrei, Körper fällt vom Dach
fff
Cym.
ff

sind die Terzen als hervorstechende Intervalle sowie die verminderte Quinte auf betonter Zählzeit im 5. Takt, die ein jazztypisches Intervall ist und die reguläre musikalische Sprache Hollywoods schon in den Anfangstakten erweitert. Nachdem das erste Thema anschließend in – ebenfalls untypischer – Polyphonie in Form eines zweistimmigen Kanons fortgeführt wird, erklingt ab T. 20 das zweite Thema, das von Bernstein selbst als *Element der Gewalt* bezeichnet wird[87]. Nach William Hamilton soll Bernstein geplant haben, jeden der drei Morde des Films mit diesem »gewalttätigen« Thema beginnen zu lassen. Elia Kazan machte diese Dramaturgie jedoch zunichte, als er auf die Musik vor dem zweiten Mord zugunsten einer realitätsnäheren Hafen-Geräuschkulisse verzichtete[88].

Auch das zweite Thema hat als auffälligstes Intervall die kleine Terz des ersten Themas, erweitert noch um die kleine Sekunde. Rhythmik und Beibehaltung des Themas als Ostinato auch während des anschließenden Erklingens des dritten Themas erinnern an Strawinsky; auch die polyphone Gestaltung ab T. 28 in Form eines schließlich dreistimmigen Fugatos ist völlig untypisch für die Filmmusik Hollywoods.

Ab T. 46 schließlich tritt das dritte Thema hinzu, das mit der kleinen Sekunde des zweiten Themas eingeleitet wird und die fallende Quart und kleine Sept als weitere Intervalle einführt. Der Wechsel von sehr kleinen und extrem großen Notenwerten (Achteln und 6½ Viertel andauernden Tönen) geben ihm einen hektischen Charakter. Beim Gespräch zwischen Terry und Joey ab T. 66 tritt die Musik etwas zurück, Thema 3 und die kleine Sept aus dessen Ende (auf- und abwärtsgeführt) erklingen gleichzeitig, während ab T. 95 wieder Thema 2, diesmal in vollem Orchester, dominiert. Die musikalische Ebene der Eingangssequenz wird somit völlig von den ersten drei Themen gebildet.

F u n k t i o n a l gibt das erste Thema dem Anfang des Filmes einen melancholischen, traurigen Charakter, dessen Assoziation von »Einsamkeit« vor allem durch die Wahl des Soloinstrumentes noch verstärkt wird. Die ersten Bilder dagegen erhalten durch das zweite Thema unmittelbar einen bedrohlichen Charakter; Johnny Friendlys Worte, *er soll*[e] *nur einen kleinen Denkzettel kriegen*, werden durch Thema 3 gleich in Frage gestellt. Auch bei der Verabredung Joeys und Terrys, auf dem Dach die Taube zu übergeben, sind die Bilder zwar neutral, das plötzlich im Fortissimo im ganzen Orchester erklingende zweite Thema verdeutlicht jedoch die Situation, gibt den auf dem Dach stehenden Männern die ihnen zukommende Bedeu-

87 Bernstein* 1964, S. 232
88 Vgl. Hamilton 1954, S. 3

tung. Das Gespräch zwischen Terry, seinem Bruder Charlie und dessen Leuten vor der Kneipe wird durch die beiden typischen filmmusikalischen Elemente zur Spannungserzeugung und -steigerung begleitet: langanhaltende Töne und Ostinati, die – ebenfalls typisch – zum Schluß noch im Crescendo gesteigert werden. Der Schluß des ersten Musikeinsatzes bringt eine typische filmmusikalische Standardtechnik Hollywoods: das Underscoring, d. h., Joeys Sturz vom Dach wird synchron begleitet durch eine abfallende Melodielinie, die fallende Sept des dritten Themas. Fürs Auge sichtbar ist nur der fallende Körper, der an der Kamera (und damit dem Auge des Betrachters) vorbeifällt. Die Illusion (oder Information) des tödlichen Aufpralls wird lediglich durch den musikalischen Akzent vermittelt.

FA/NB 2 Szene 4 (Terry und Jimmy auf dem Dach)

[10:58 - 11:55]

A Erarbeiten Sie anhand der Partitur, wie Leonard Bernstein bekanntes Material wiederverwendet und welche filmmusikalische Funktion die Veränderung des Themenmaterials hat. Benennen Sie anschließend die Funktion, die Thema 3 insgesamt für den Film zu haben scheint.

K Zum besseren Verständnis der Szene sollte der Klasse eine kurze Information über den Gang der Handlung zwischen der 1. und 4. Szene gegeben werden: Die Polizei versucht vergeblich, Informationen über Joeys Tod zu erhalten. Edie, die Schwester des Ermordeten, erklärt, ihr Ziel sei es herauszufinden, wer Joey ermordet habe. Johnny Friendly warnt Terry, der entsetzt über die Tat und seine eigene Verstrickung darin ist: Jedem, der die Gewerkschaft bei der Polizei verpfeifen wolle, werde es genauso ergehen wie Joey Doyle.

Die Szene hat einen sehr ruhigen Charakter, der durch die gleichbleibenden Flötentremoli noch verstärkt wird. Melodisches Gerüst der Szene bildet das dritte Thema, diesmal stark verlangsamt und in veränderter (quasi »zögernder«) rhythmischer Variante. Während die Themen 1 und 2 auch durch Bernstein selbst eine eindeutige Zuordnung erhalten haben, dient das dritte Thema als eine Art »neutrales Element« ohne spezielle Zuordnung, das durch entsprechende Veränderungen vielseitig funktional einsetzbar ist und dennoch durch die Ähnlichkeit des Materials eine gewisse Einheit in der auditiven Schicht des Films stiftet.

FA/NB 2 Szene 4 (Terry und Jimmy auf dem Dach), L. Bernstein: *On the Waterfront,* [Dauer 0:57, Filmzeit 10:58–11:55]

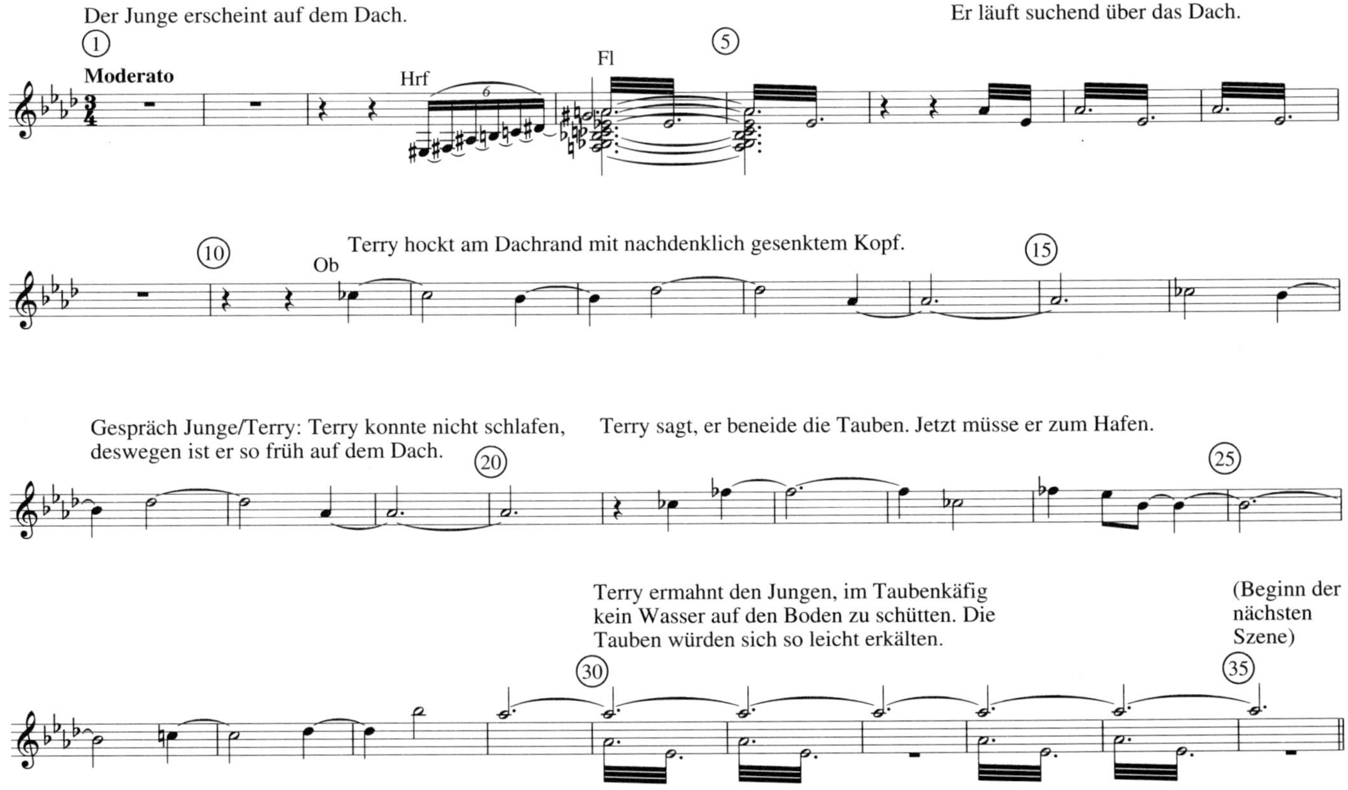

FA/NB 3 Szene 8 (Terry und Edie im Park), L. Bernstein: *On the Waterfront*, [Dauer 0:35, Filmzeit 28:29–30:04]

Gespräch Edie/Terry: Sie haben amüsiert entdeckt, daß sie sich schon als Kinder kannten. Terry hat schon als kleiner

Junge viel angestellt.

Edie meint, man hätte ihn damals anders behandeln sollen. Mit Liebe und Güte könne viel erreicht werden.

Sie stehen sich dicht gegenüber. Terry wird verlegen, er will sie nach Hause bringen, damit niemand sie belästigt.
20
Er fragt, ob sie sich wiedersehen werden.
Vl
p
pp
mp
Sie reagiert erstaunt – lehnt ab.
25
Enttäuscht wendet er sich um und geht, winkt ihr aber, ihm zu folgen, was sie auch tut.
cresc.
f
dim.
(pp)
dim. molto
5 Takte Überleitung zur nächsten Szene

FA/NB 4 Szene 14 (Nach Dugans Ermordung), L. Bernstein: *On the Waterfront*, [Dauer 1:07, Filmzeit 54:12–55:19]

FA/NB 3 Szene 8 (Terry und Edie im Park)

[28:29 - 30:04]

A Beschreiben Sie die musikalische Gestaltung des vierten Themas, benennen Sie seine offensichtliche Zuordnung, und setzen Sie musikalische Gestaltung und Zuordnung miteinander in Beziehung.

K Edie und Terry haben sich - bei einer Prügelei auf den Docks jedoch unter negativem Vorzeichen - flüchtig kennengelernt. Als Pater Berry Mitglieder der Gewerkschaft sowie Edie in der Kirche versammelt, nimmt auch Terry (obwohl ungern) teil, der für seinen Bruder Spitzeldienste leisten soll. Als Johnny Friendly die Kirche überfallen läßt, hilft Terry Edie; sie entkommen in den Park.

Das vierte Thema beginnt mit der Sept, dem Intervall, mit dem das dritte Thema geendet hat (diesmal jedoch als große Sept). Es ist offensichtlich Edie bzw. der (kommenden Liebes-) Beziehung zwischen Terry und Edie zugeordnet. Entsprechend ist es zuerst mit Flöte, dann mit den für Liebesthemen und -szenen typischen Violinen instrumentiert. Die wellenförmig aufsteigende melodische Linie, die erst in T. 14 ihren höchsten Ton erreicht, gibt dem Thema etwas Vorwärtsstrebendes, Triumphierendes.

FA/NB 4 Szene 14 (Nach Dugans Ermordung)

[54:12 - 55:19]

A Vergleichen Sie musikalische Gestaltung und filmmusikalische Funktionen in den Partiturausschnitten aus den Szenen 1 und 14. Gehen Sie dabei auch auf Leonard Bernsteins Aussage ein, das Ihnen bekannte Thema 2 wäre ein Element der Gewalt.

K Nach Joeys Tod war ein weiterer Hafenarbeiter, Dugan, zur Aussage gegen die korrupten Machenschaften seiner Gewerkschaft bereit. Die Gewerkschaft läßt Dugan im Laderaum eines Schiffes ermorden, indem - als Unfall getarnt - die schwere Last eines Ladekrans auf ihn fallengelassen wird. Neben dem toten Dugan hält Pater Berry, der gegen die Machenschaften der Gewerkschaft zu Felde zieht, eine Rede.

Aus dem (drohenden) Thema 2, der Gewalt zugeordnet, wird in Szene 14 ein trauernder Kommentar. Die melodische Linie des zweiten Themas bleibt weitgehend erhalten, verändert sind besonders die Notenwerte und die vor allem in Quarten ausgesetzte Harmonik. Die drei Oberstimmen und die ruhigen Akzente in der Baßstimme wirken wie Frage und Antwort, wobei die Antwort der Baßstimme die Bestätigung des Unfaßlichen, des neuerlichen Mordes gibt. Visuell handelt es sich um eine Analogie zur Kreuzigungsszene: Dugan, der sein Leben für seine Gewerkschaftskollegen gelassen hat, liegt im Laderaum mit ausgestreckten Armen in Form eines Kreuzes. Nach Pater Berrys Ansprache wird der tote Dugan im Ladegeschirr nach oben gezogen, flankiert von Pater Berry und dem alten Mr. Doyle. Dem Vorgang des Heraufziehens von Dugan entspricht eine musikalische Steigerung, die sich im Crescendo, zunehmend komplexer werdender Harmonik und steigendem Tonhöhenverlauf ausdrückt. Zwei ruhige Akkorde in Quarten, übermäßiger Quart und kleinen Septen heben abschließend die Endgültigkeit der Handlung hervor.

FA/NB 5 Szene 19/20 (Charlies Ermordung)

[70:31 - 79:04]

A Beschreiben Sie den musikalischen Ablauf der Szene (T. 1-79), und nennen Sie die vermuteten filmmusikalischen Funktionen. Gehen Sie bei Ihrer Analyse auch auf Kenneth Heys Interpretation des Schlusses dieser Szene ein.

T-A Interpretation zu Szene 20

Wenn Terry und Edie sich in ihrem Appartement gegenüberstehen, kommen wieder ambivalente Gefühle an die Oberfläche [...]. *Die blonde Edie kauert in ihrem weißen Unterrock in der Ecke unter einem Kruzifix. Als Terry klopft, wirft sie ihr Haar zurück, bewegt sich Richtung Tür und schreit »Hau ab«; Handlungen und Worte widersprechen sich. Die Worte mißachtend, tritt Terry die Tür ein, sie zieht sich zurück, erinnert ihn dabei an seine Verantwortung. Vor Wut zitternd, schreit er ihr zu, sie solle aufhören, über Gewissen zu reden, das sei alles, wovon er höre. Er beharrt dann auf ihrer Beteuerung, daß sie ihn liebe, und erbittet dies in einer ganz anderen Art, als dies das Eintreten der Tür vermuten läßt. Den Druck zwischen Handlungen und Gefühlen nochmals betonend, antwortet sie: »Ich habe nie gesagt, daß ich Dich nicht liebe, ich sagte, laß mich allein!« Während der Szene zieht sie sich immer tiefer in ihr Appartement zurück. Er folgt ihr, drängt sie schließlich in eine Ecke und zwingt sie zu einer leidenschaftlichen Umarmung. Anders als bei Stanley Kowalskis Vergewaltigung von Blanche Du Bois* [gemeint ist eine Szene aus *A Streetcar Named Desire*, in dessen Verfilmung von Kazan ebenfalls Marlon Brando die Hauptrolle, die des Stanley Kowalskis, spielte - A.S.] *ist es der Effekt dieser Verbindung von Körpern, gegensätzliche Kräfte zu vereinen. Gewalt und Liebe, Brutalität und Zärtlichkeit, das Körperliche und das Geistige treffen schließlich zusammen. Edie und Terry haben ihre grundsätzlichen*

Extreme aufgegeben und sich auf eine Mitte zubewegt, bei der moralische Entscheidungen dem einzelnen überlassen werden.

(Kenneth Hey*: *Ambivalence as a Theme in »On the Waterfront« (1954): An Interdisciplinary Approach to Film Study*, in: *American Quarterly* 31 [1979] No 5, S. 686)

K Die einleitenden Takte von NB 5 wiederholen den vorhergehenden Musikeinsatz aus Szene 18, in der Johnny Friendly Charlie den Überredungs- bzw. Mordauftrag an Terry gab. Die »drohenden« aufsteigenden Töne münden in dem nur kurz angespielten, allgegenwärtigen Thema 3, bevor ein neues, wiederum Thema 3 integrierendes Thema (T. 14ff.) erklingt, das offensichtlich Charlie bzw. der Beziehung der beiden Brüder zugeordnet ist. Die gleichmäßigen Achtel und die wellenförmige Melodieführung sowie die Harmonik geben dem Thema und damit (funktional) dem Gespräch zwischen Terry und Charlie einen traurigen Charakter – die Rede ist von vergangener Schuld. Entgegen Friendlys Anweisung führt Charlie den Mordauftrag nicht aus und gibt Terry seinen eigenen Revolver zur Verteidigung. Die offene Frage, welche Konsequenzen er nun zu tragen habe, wird schnell beantwortet – als das entschlossene Gesicht des Fahrers ins Bild kommt, erklingt eine ostinate Sechzehntelfigur, die rhythmisch abgehackte, akzentuierte und dissonante Teile des dritten Themas begleitet. Die gleiche Musik erklang bereits in Szene 7, bei dem Angriff von Friendlys Leuten auf die Kirche. Diese gewaltverheißende (und als solche dem Zuschauer bekannte) Musik endet jedoch nicht, als Charlie zu Friendly gebracht wird, der sein Schicksal später entscheidet – sie wird fortgesetzt, als Terry gewaltsam in Edies Zimmer eindringt, dann jedoch von dem Liebesthema (Thema 4) abgelöst, das in vollem Orchesterklang und mit akzentuierten Einzelnoten einiges von seiner Lieblichkeit verloren hat. Erst als die physische Bedrohung Edies durch Terry zunimmt, Terry Edies Protest schließlich zwar in einer Umarmung, jedoch gewaltsam unterbricht, erklingt die gleiche Musik wie vorher, die mit einem Akzent endet und den nun von Edie erwiderten Kuß unerwarteter Stille überläßt, die dem Kuß einen Anschein der Ruhe und des Friedens in feindseliger Umgebung gibt.

Kenneth Hey betont in seiner Interpretation dieser Szene den Aspekt der Ambivalenz: *Gewalt und Liebe, Brutalität und Zärtlichkeit, das Körperliche und das Geistige treffen schließlich zusammen.* Musikalisch wird dies auf verschiedenartige Weise deutlich – durch den Gegensatz zwischen dem eigentlichen Liebesthema und seiner fast aggressiven Spielweise des jeden einzelnen Ton betonenden Orchesters, zwischen Edies Aussage, Terry solle sie in Ruhe lassen, und dem Erklingen des Liebesthemas, zwischen der (wenn auch gewaltsamen) Umarmung und derjenigen Musik, die vorher im Film einer Gewalttat, dem Überfall auf die Kirche, zugeordnet war.

FA/NB 5 Szene 19/20 (Charlies Ermordung), L. Bernstein: *On the Waterfront*, [Dauer 8:33, Filmzeit 70:31–79:04]

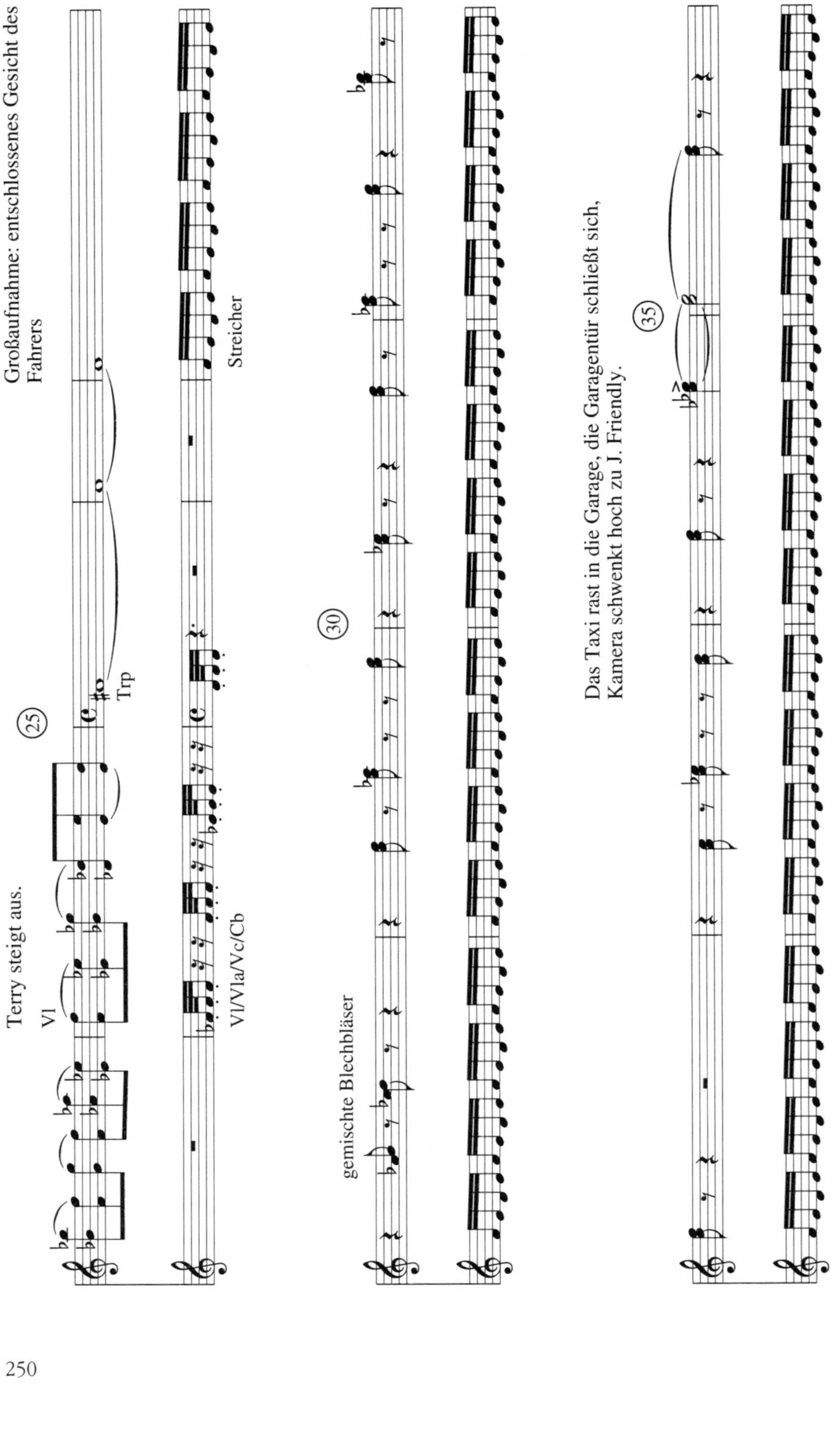
Terry steigt aus.
Vl
25
Trp
Großaufnahme: entschlossenes Gesicht des Fahrers
Vl/Vla/Vc/Cb
Streicher
gemischte Blechbläser
30
Das Taxi rast in die Garage, die Garagentür schließt sich, Kamera schwenkt hoch zu J. Friendly.
35

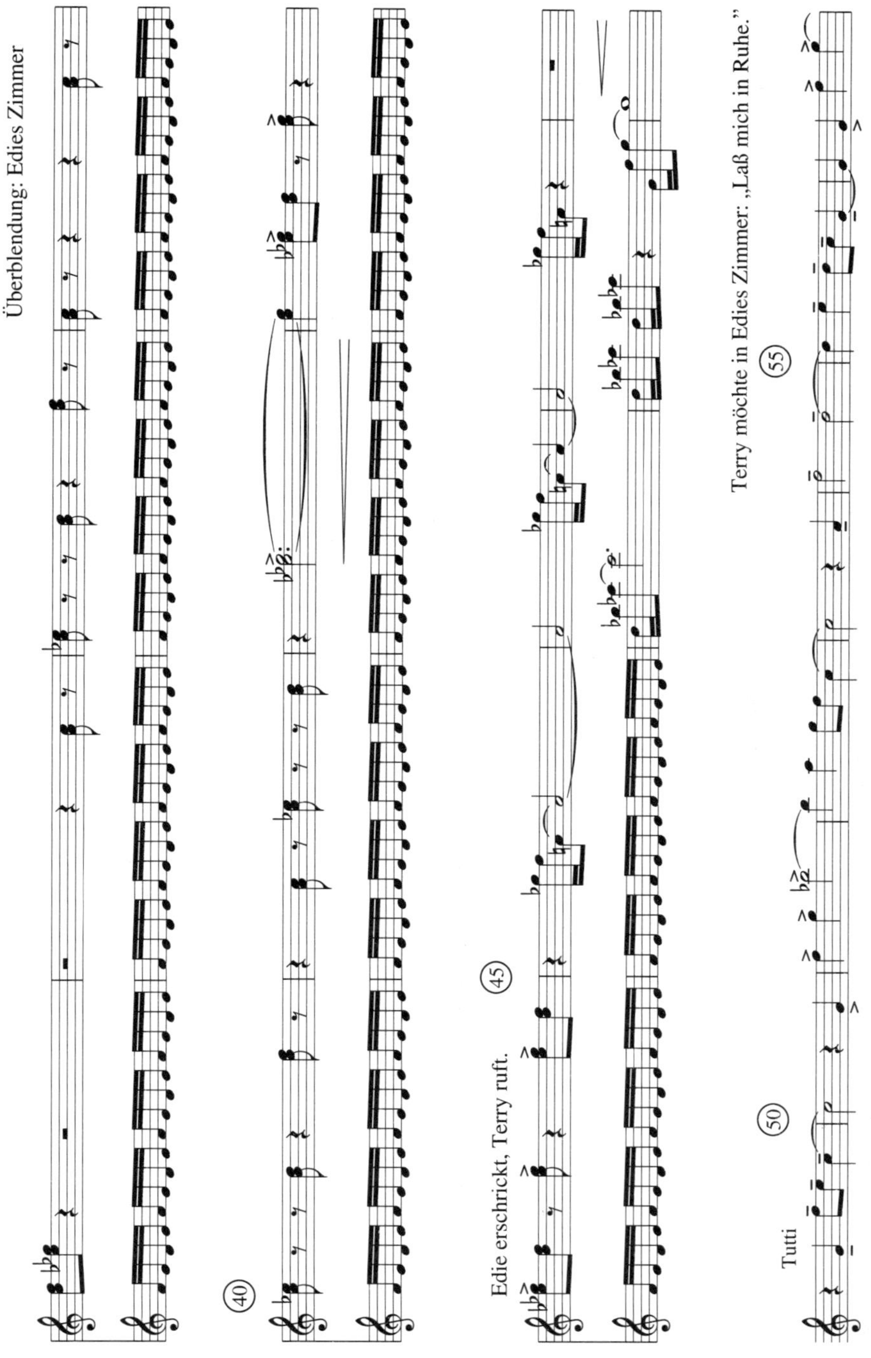
Überblendung: Edies Zimmer
40
Edie erschrickt, Terry ruft.
45
Tutti
50
Terry möchte in Edies Zimmer: „Laß mich in Ruhe.“
55

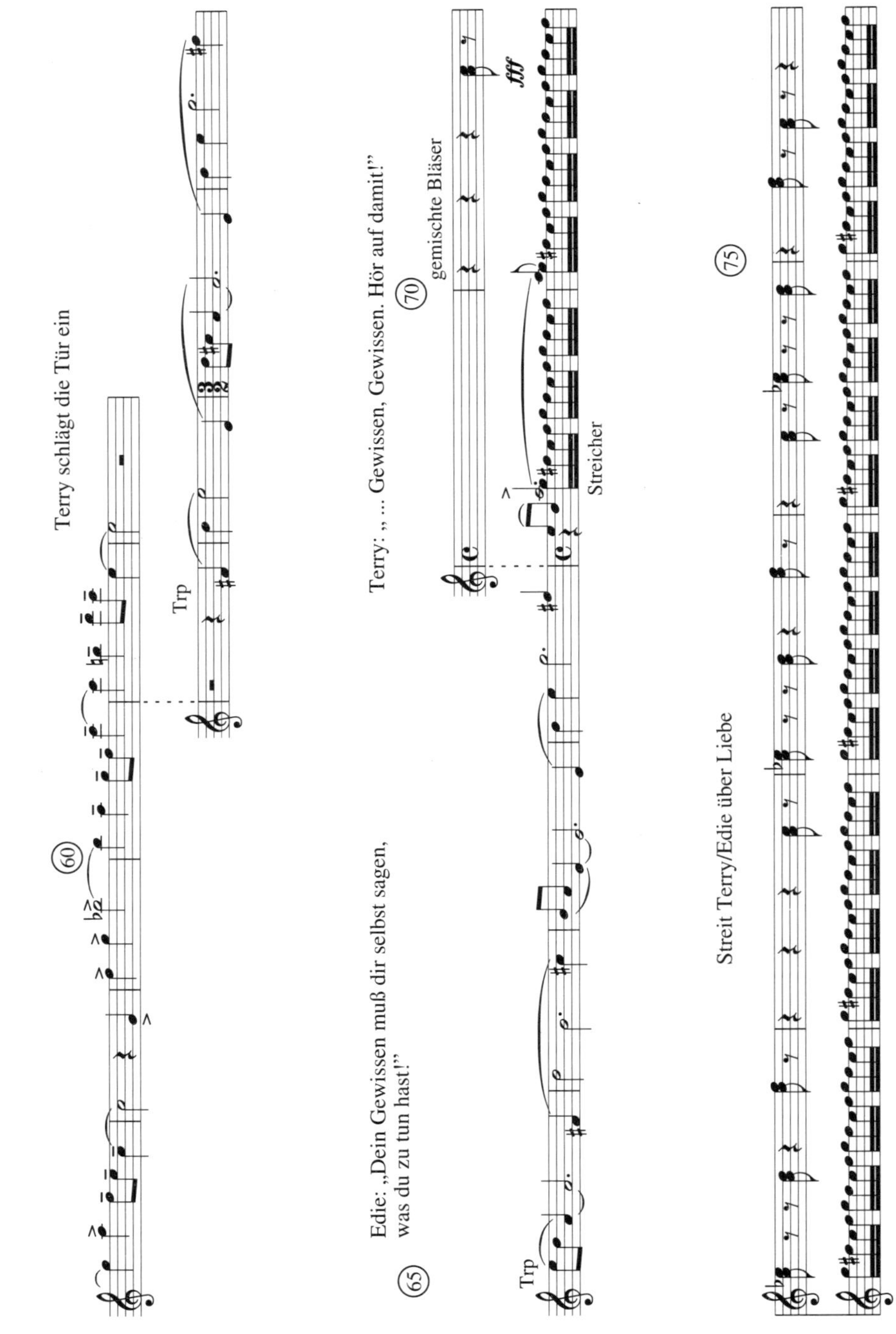

60
Terry schlägt die Tür ein
Trp
65
Edie: „Dein Gewissen muß dir selbst sagen, was du zu tun hast!"
Trp
Terry: „... Gewissen, Gewissen. Hör auf damit!"
70
gemischte Bläser
fff
Streicher
Streit Terry/Edie über Liebe
75

Terry erstickt ihren Protest in einer gewaltsamen Umarmung. Großaufnahme: Sie küssen sich (lange!).

Terry wird gerufen: Sein Bruder sei unten.
Er geht zum Fenster, schaut hinunter: – leere, dunkle Straße (Vogelperspektive)

Terry will hinunter, ist mißtrauisch,

Edie bittet ihn um Vorsicht.
95
Edie läuft zum Fenster, schaut hinunter: –
100
sffz
Terry geht die dunkle Straße (allein) entlang.
Fl/Ob/Kl/Trp
fff

105
weitere Rufe: „Terry, dein Bruder wartet auf dich!“
110
(abwechselnd:) Edie klettert
Vl
die Feuerleiter hinab. –
115
Terry geht die dunkle Straße entlang. –
Vc/Cb
120
Eine Frau in dem Haus hört die Rufe und geht vor die Tür.
125

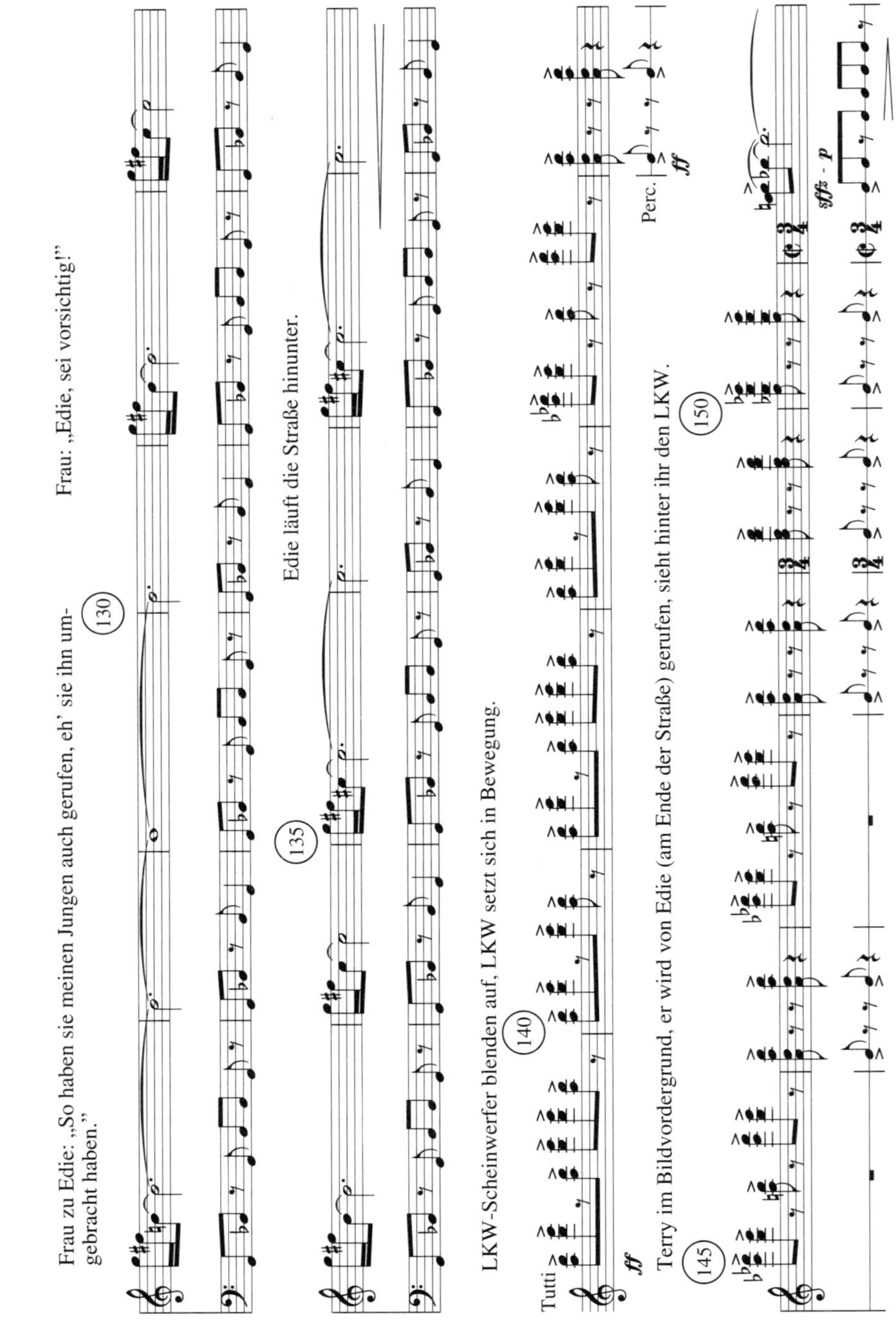
Frau zu Edie: „So haben sie meinen Jungen auch gerufen, eh' sie ihn um-gebracht haben.“
130
Frau: „Edie, sei vorsichtig!“
135
Edie läuft die Straße hinunter.
LKW-Scheinwerfer blenden auf, LKW setzt sich in Bewegung.
140
Tutti
ff
Perc.
ff
Terry im Bildvordergrund, er wird von Edie (am Ende der Straße) gerufen, sieht hinter ihr den LKW.
145
150
sffz - p

Beide laufen aufeinander zu, Edie vom LKW verfolgt.
155
Terry sieht ihm nach.
Sie können in einen Eingang fliehen, der LKW rast vorbei.
160
Pk
Der LKW verschwindet und –
gibt den Blick frei auf
165
cresc. molto

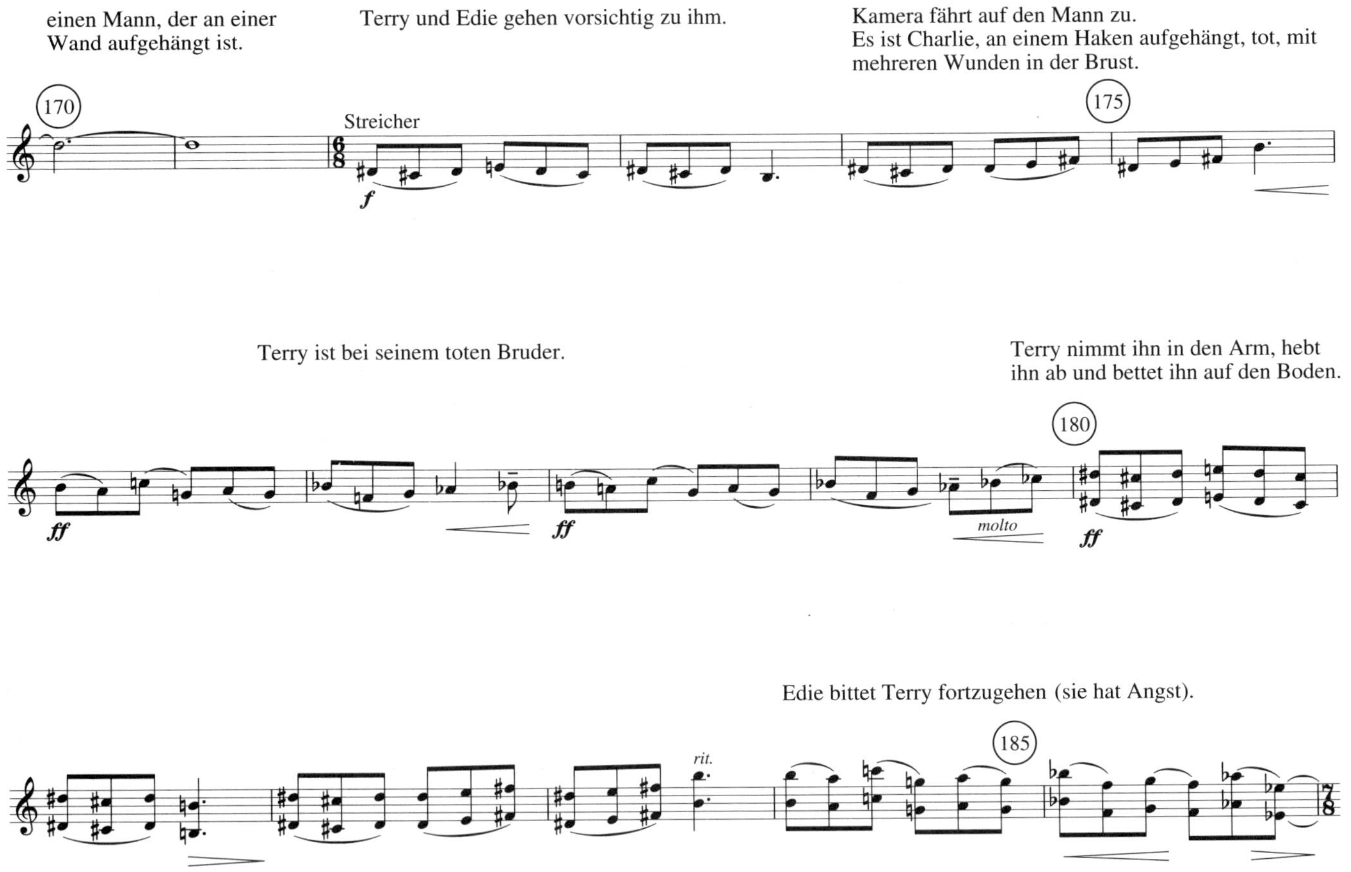
einen Mann, der an einer
Wand aufgehängt ist.
Terry und Edie gehen vorsichtig zu ihm.
Kamera fährt auf den Mann zu.
Es ist Charlie, an einem Haken aufgehängt, tot, mit
mehreren Wunden in der Brust.
170
Streicher
175
Terry ist bei seinem toten Bruder.
Terry nimmt ihn in den Arm, hebt
ihn ab und bettet ihn auf den Boden.
180
molto
Edie bittet Terry fortzugehen (sie hat Angst).
rit.
185

Terry schwört Rache und nimmt seinen Revolver.
mp
Kl/Fg/Pos
Edies Flehen ist umsonst:
Terry verläßt sie mit dem Revolver in der Hand.
190
cresc.
f
Terry betritt J. Friendly's Kneipe, den Revolver in der Hand,
ff
p
bleibt suchend stehen.
fff
+Hr/Trp

A Beschreiben Sie kurz den musikalischen Ablauf der Szene (T. 80 - Schluß). Gehen Sie dabei besonders auf die Verwendung und Veränderung bereits bekannter Themen ein. Analysieren Sie anschließend die filmmusikalischen Funktionen der Szene, und nehmen Sie unter Hinzunahme Ihrer Analyseergebnisse Stellung zu Bernsteins und Prendergasts Äußerungen in den entsprechenden Arbeitstexten.

T-A Bernstein als Filmmusikkomponist

Und nachdem alles gesagt und getan ist, haben die anderen recht. Der ganze Film ist es, was zählt, und der Komponist muß ihn nicht als Komponist betrachten, sondern als Theatermann. Dann bekommt er einiges zurück: Der Komponist sieht, wie die Filmmusik geholfen hat, verschiedene Atmosphären ineinander übergehen zu lassen, Kontinuität zu verwirklichen oder eine Dimension hinzuzufügen, indem eine »innere« Geschichte erzählt wird, die im Dialog oder in der Handlung nicht offenkundig wird.

(L. Bernstein*: *The Joy of Music*, New York 1959, S. 69)

Bernsteins Mangel an Erfahrung auf dem Gebiet der Filmkomposition führt im Rahmen des Films dazu, das zu zerstören, was eigentlich sehr schöne Musik ist. Das gleiche Material als Filmmusik klingt an manchen Stellen vom dramatischen Standpunkt aus betrachtet jedoch aufdringlich und unpassend. [...] *Bernstein zeigt seine falsche Auffassung der Funktion von Filmmusik, wenn er sagt, »manchmal werde die Musik für einige Sekunden ganz ausgeblendet, damit eine Textzeile für sich alleine deutlich wirken könne - und werde dann wieder eingeblendet. Manchmal würde die Musik, die als Komposition mit Anfang, Mittelteil und Ende ausgelegt ist, sieben Takte vor dem Ende aufhören.«*

(Roy M. Prendergast*: *Film music - a neglected art*, New York 1977, S. 130-132[89])

K Diese letzte Aussage, daß die Musik geplant worden sei als eine *Komposition mit Anfang, Mittelteil und Ende* ist vielleicht die erhellendste, wenn die Probleme und Schwächen dieser Filmmusik diskutiert werden. Eine Komposition, die *Anfang, Mittelteil und Ende* hat, impliziert eine Komposition von höchst linearer Qualität. Wie jedoch im Kapitel über die Ästhetik ausgeführt wurde, ist der Großteil der linearen Musik für Filme nicht geeignet, da sie mit der Handlung konkurriert, indem sie zuviel Aufmerksamkeit auf sich selbst zieht.

89 Die Zitate (*) entstammen L. Bernsteins eigenen Ausführungen zu seiner Filmmusik in dem Aufsatz *Notes Struck at »Upper Dubbing«*, California, in: *New York Times*, May 30, 1954, S. 5

Die Musik zu der Szene beginnt mit dem zweiten Thema, das ab T. 10 durch Thema 3 ergänzt wird und schließlich in einer akzentuierten abfallenden Sept endet. Diese Sept bildet auf- und abwärtsgeführt das Gerüst der Takte 30–59, in denen ab T. 34 Thema 3, ab T. 42 Thema 2 hinzutritt. Eine Verengung des Septmotivs über mehrere Takte bis zum Tritonus geführt, bildet die Vorbereitung zu einer rhythmisch sehr akzentuierten Fassung des zweiten Themas im ganzen Orchester ab T. 60, das schließlich, unterlegt vom Rhythmus des Themas, in langanhaltenden Tönen endet, die jeweils durch die kleine Sekunde oder die Quart, die charakteristischen Intervalle von Thema 3, eingeleitet werden. Die Musik entspricht so weitgehend der Anfangsszene des Films, der Ermordung Joey Doyles. Inhaltlich wirkt die Szene ab T. 80 eher neutral – Terry wird gerufen und löst sich aus Edies Armen. Musikalisch jedoch ist die Drohung, die Ankündigung des Mordes bzw. des aufgedeckten Mordes, bereits perfekt. Das Wiederaufgreifen der Anfangsmusik bewirkt dabei ein Spiel mit der Rezeption des Zuschauers: Leitet die Übertragung des zweiten Themas ins volle Orchester in der Anfangsszene den eigentlichen Mord ein, so erfolgt hier eine Rettung in letzter Sekunde – die angstvolle Erwartung wird aufgebaut, jedoch nicht erfüllt. Ist schließlich die direkte Bedrohung für Terry und Edie vorbei, ist an der Wand im Hintergrund ein Toter zu sehen, so signalisiert das schon aus der ersten Hälfte dieser Szene bekannte Thema, daß es sich um Charlie handelt, der am Ende – man denke an das Gespräch im Taxi – seine Schuld doch gesühnt hat. Bildet Thema 2 in Originalgestalt in Analogie zur Anfangsszene die Ankündigung des Todes, so erklingt nach Auffinden des toten Charlie seine stark verlangsamte und rhythmisch veränderte Fassung, die schon nach Dugans Ermordung zu hören war: Trauer ausdrückend und die Endgültigkeit des Ereignisses betonend. Als filmmusikalischer Standard wird die Musik anschließend in den Beginn der nachfolgenden Szene hinübergezogen – als Klammer zwei räumlich und zeitlich getrennte Ereignisse miteinander verbindend.

Prendergasts Aussage, lineare und damit nicht punktuell eingesetzte Musik im Film würde die Aufmerksamkeit zu sehr auf sich selbst lenken, kann ohne empirische Untersuchungen natürlich kaum zugestimmt werden. Bernsteins Absicht zumindest ist es gewesen, eine Kontinuität der auditiven Schicht zu erreichen, indem er wenige Standardthemen immer wieder verwendet, vor allem das dritte Thema in entsprechenden Veränderungen zur Erzeugung differenzierter Stimmungen gebraucht und zwischen den einzelnen Themen und Motiven Verbindungen knüpft, die der Punktualität der einzelnen Filmmusikeinsätze entgegenwirken sollen. Auch Szene 23 ist ausschließlich aus bekanntem Material aufgebaut. Dabei werden Bezüge hergestellt zwischen dem gefundenen Toten (als realisierte Mordszene) und dem drohenden Mord an Terry in dieser Szene einerseits und den vorausgegangenen Mordszenen des Films andererseits. Vorausdeutung wird dabei durch die Wiederaufnahme von in entsprechender Szene bereits zugeordneten Themen erreicht, konkret durch die Verknüpfung der Themen 2 und 3 aus der Anfangsszene, die den ersten Mord des Films vorbereitet haben. Auch die Wiederaufnahme des Themas, das die Beziehung zwischen Terry und seinem Bruder kennzeichnet, in dem Augenblick, als ein noch unbekannter Toter zu sehen ist, gibt als Information an den Zuschauer nur dann einen Sinn, wenn diese Zuordnung durch den entsprechenden Musikeinsatz an vorausgegangener Stelle bekannt ist, wenn die Bezüge zwischen den einzelnen Musikeinsätzen eines Films entsprechend auskomponiert sind. Auch Bernsteins Technik, motivische Beziehungen zwischen den einzelnen Themen aufzubauen, ist in Szene 23 zu erkennen. So entspricht das oben erwähnte Thema in seiner zweiten Hälfte dem dritten Thema, das mit seinem charakteristischen Sekund- und Quartsprung einen Grundbaustein für einen Großteil der musikalischen Schicht des Films bildet.

Auch Bernsteins eigene Aussage in bezug auf die Möglichkeit des Filmkomponisten, musikalisch Kontinuität zu schaffen, läßt sich an den genannten Beispielen belegen. Die Verbindung verschiedener Atmosphären wird vor allem im Übergang der Takte 89ff. deutlich: Der letzte, langanhaltende Ton der Musik, die den mittels LKW versuchten Mord begleitet, geht unmittelbar in das langsame 6/8-Takt-Thema über, das die vorsichtigen Schritte Terrys und Edies hin zu seinem toten Bruder begleitet. Hier ließe sich auch der dritte der von Bernstein genannten Punkte festmachen: die Möglichkeit, filmmusikalisch eine »innere« Geschichte zu erzählen. So macht die Musik eine konkrete Aussage über die Beziehung der beiden Personen im Bild, den an der Wand Aufgehängten und den auf diese Gestalt Zugehenden, die musikalisch als die beiden Brüder der vorhergehenden Szene identifiziert werden.

Bernsteins Ambitionen in bezug auf seine Filmmusik verlangen insgesamt eine innere Entwicklung, eine *Komposition mit Anfang, Mittelteil und Ende*. Seine Arbeit für *On the Waterfront* gibt ihm dabei weitgehend Recht. Dennoch ist dies für einen Filmkomponisten ein riskantes Spiel – der Regisseur hat es in der Hand, zu kürzen und damit die musikalische Dramaturgie zu verfälschen oder gänzlich aufzuheben. Insgesamt wird hier eine weder für den Schüler noch für den Lehrer, auch nicht von Filmkomponisten oder Regisseuren selbst lösbare Frage angesprochen: die des dramaturgischen Stellenwertes von Musik innerhalb des Gesamtkunstwerkes Film.

FA/NB 6 Szene 23 (Nach der Verhandlung)

[87:26 - 91:47]

A Schildern Sie die musikalische Vorgehensweise Bernsteins, und nennen Sie die filmmusikalischen Funktionen der Szene. Gehen Sie dabei auch auf Bernsteins Aussage ein, das erste Thema würde erst wieder kurz vor Ende des Films erscheinen, wenn *das edle Element dramatisch offensichtlich wird*[90].

K Terry hat vor dem Untersuchungsausschuß gegen Friendly ausgesagt. Als Folge meiden ihn jetzt sogar die wohlmeinenden Mitglieder der Gewerkschaft.

NB 6 führt ein neues Thema ein, das im Kern auf den Intervallsprüngen von Thema 3 basiert, in den Intervallgrößen selbst jedoch leicht variiert. Die Takte 13/14 bringen sequenzierend eine Überleitung, bevor kurz Thema 3 im Original erklingt. Die Musik wird mit der Themenvariante fortgesetzt, bevor in T. 29f. wieder die Überleitung erklingt. Thema 3 schließt sich an, verlangsamt dann jedoch durch Änderung der Notenwerte das Tempo und verharrt auf einem langanhaltenden Ton. In diesen Ton hinein ertönt das von einer Solotrompete gespielte Thema 1, das erstmals nach der Anfangsszene wieder erklingt und kurz darauf ein auskomponiertes Duo mit dem Liebesthema eingeht, in dem die melodischen Bewegungen des einen Themas jeweils während der Ruhetöne des anderen erklingen.

Bildete die neueingeführte Themenvariante von Thema 3 lediglich den passenden melancholischen Rahmen zur deprimierten Stimmung Terrys, zu Edies vergeblichen Versuchen, diese zu verbessern, zu Terrys Wunsch nach Einsamkeit, so deutet das Wiedererklingen von Thema 1 (während Terry auf seinen geliebten Hafen, auf die Einfahrt eines großen und schönen Passagierdampfers schaut) eine Änderung seiner Stimmung an, das Wachsen eines Entschlusses, den er kurz darauf auch verbalisiert: Er will den Kampf gegen Friendly aufnehmen, sich nicht vertreiben lassen. War seine Aussage vor dem Untersuchungsausschuß nicht von der Einsicht ins Gute, sondern von dem bloßen Wunsch nach Rache geprägt, so kommt jetzt - will man Bernstein folgen - das *edle Element*[91] in ihm hoch, damit also die Erkenntnis, daß Friendlys Macht noch nicht gebrochen ist und es eines letzten Einsatzes bedarf. Schließt man sich Bernstein jedoch nicht an, reduziert sich Terrys Motivation auf die Gefühle eines Mannes, der seine eigene Ehre wiederherstellen muß. Entsprechend

90 L. Bernstein* 1964, S. 232
91 Ebd.

FA/NB 6 Szene 23 (Nach der Verhandlung), L. Bernstein: *On the Waterfront*, [Dauer 4:21, Filmzeit 87:26–91:47]

Ein Arbeitskollege hat Terry gefragt, ob jetzt die Politiker seine neuen Freunde seien.

Terry geht deprimiert in seine Wohnung, wo Edie auf ihn wartet. Er setzt sich schweigend ans Fenster, sie folgt ihm.

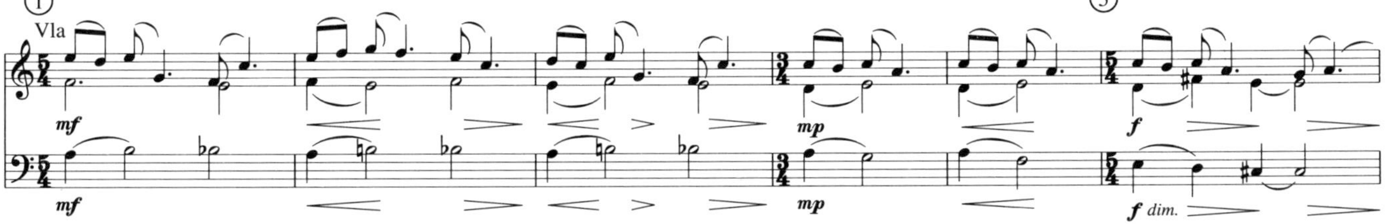

Er beklagt sich, nicht einmal seine Freunde würden mit ihm reden, geht deprimiert aufs Dach.

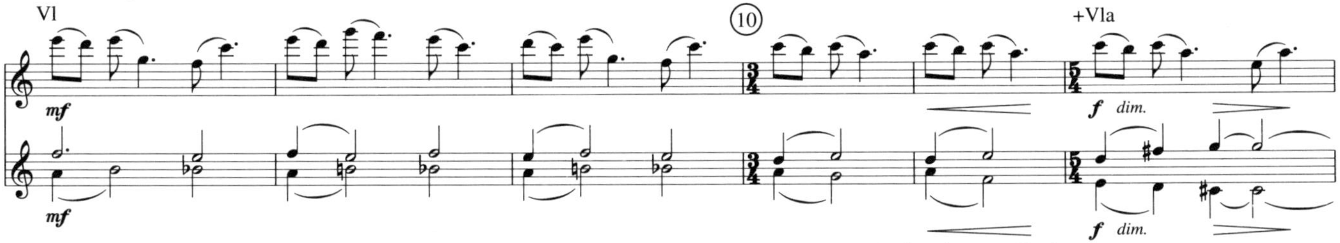

Der Junge verläßt den Taubenkäfig, rennt weg, wirft etwas nach Terry:

Es ist eine tote Taube.

„Ich bin fertig mit Dir, Du bist ein Verräter!“ Terry betritt den Taubenkäfig.
Im Hintergrund erscheint Edie, nähert sich vorsichtig.
20
nur Streicher
dim.
mf
p
mf
25
f dim.
Terry sitzt deprimiert im Käfig: Der Junge hat alle Tauben umgebracht.
30
Ob +Streicher
Edie hat Angst um Terry, will ihn überreden fortzugehen.
Fl + Streicher
ff
dim.
mp
pp
Terry sieht ein großes Passagierschiff den Hudson heraufkommen.
35
Trp

Er nimmt seinen Ladehaken, steht auf. Sie wirft ihm vor, er wolle nur zeigen, daß er keine Angst habe.
40
Holzbläser
pp
Hr
mf
p
pp
Er betont, er wolle sich nicht ausbooten lassen, er wolle nur sein Recht. Terry: „Verstehst Du das?“
45
mf
f
f
dim.
Überblendung: Hafen. Terry gesellt sich zu den wartenden Arbeitern, stellt sich vor sie.
50
pp
Trp
pp
Trp
pp
pp
Hr
ppp

der Deutung von Terrys Gefühlen ist auch das Zwiegespräch, der Zweikampf zwischen Thema 1 und dem Liebesthema (4) am Ende dieser Szene zu interpretieren: entweder (positiv) als Entscheidungskampf in Terry zwischen dem letzten Opfergang (Thema 1) und Edie, die ihn jetzt aus reiner Besorgnis zur Flucht bewegen will (Thema 4), oder (negativ) zwischen seinem eigenen verletzten Ehrgefühl (Thema 1) und Edie, die ihn zur Vernunft bringen will (Thema 4).

FA/NB 7 Szene 24 (Schlußszene)

[99:24 - 103:19]

A Analysieren Sie die Schlußszene des Films, und nehmen Sie zu den Aussagen der Autoren Kazan, Anderson, Prendergast und Hey unter Hinzunahme Ihrer Analyseergebnisse Stellung. Begründen Sie Ihre Meinung.

T-A Die Rolle der Musik in der Schlußszene

Michel Ciment: »On the Waterfront« weist einige der besten Szenen aus dem ersten Abschnitt Ihrer Karriere auf: Auf dem Dach oder die Szene zwischen Steiger und Brando im Auto, aber beim Ende des Films haben Sie die Regie übertrieben.

Elia Kazan: Vielleicht. Möglicherweise nutzte ich das Ende zu sehr aus. Meine erste Frau sagte gewöhnlich, daß ich eine Szene, wenn ich mich unsicher fühlte, ausdruckvoller machte. Das ist wahr [...]. *Ich könnte mit Ihnen über die Idee der Szene streiten, die für mich wichtig ist; aber ich stimme zu, daß ich sie zu eindringlich drehte. Heute würde ich die Hafenarbeiter sachlicher an die Arbeit zurückgehen lassen. Es sah aus wie eine Armee, – erinnern Sie sich – aber ich würde es weniger zusammenhängend machen. Ich glaube, die Musik hat dem Film geschadet. Bernstein ist ein brillanter Kerl, aber – erinnern Sie sich – der Film fängt mit einer Art Trommelschlag an, der den Film gleich auf die Ebene eines Melodramas bringt, statt daß er nur den Mord, den fallenden Körper zeigt, es einfach nur zeigt – dies allein ist wirkungsvoll genug* [...].

(Michel Ciment*: *Kazan on Kazan*, London 1973, S. 108)

Denn die Wahrheit ist, daß diese quälende Wallfahrt den Kai herunter zwecklos ist. Der Mob ist diskreditiert worden; Friendlys Einfluß ist gebrochen; die Dockarbeiter haben es in ihrer Hand, ihre eigenen Herren zu sein. Doch statt sich der Lage gewachsen zu zeigen, bewegen sie sich wie führerlose Schafe auf der Suche nach einem neuen Führer. »Wenn Terry geht, gehen wir auch.« Wenn hier ein Prinzip entwickelt wird, ist es sicherlich nicht das der Demokratie. Die Menschen oder – kollektiv formuliert – »das Volk« werden sowohl unfähig gezeigt zur Selbstverwaltung als auch zu gegenseitiger Hilfe. Die Dockarbeiter sind feige, zuerst meiden sie den Mann, der ihren Feind an die Justiz ausgeliefert hat; sie folgen ihm versuchsweise; sie sehen passiv zu, während er verprügelt wird. Sogar Friendlys Blamage ist halb zufällig: Er verliert sein Gleichgewicht und fällt ins Wasser. Und als ihr Unterdrücker bezwungen ist, kommen sich die Dockarbeiter selbst offensichtlich verloren vor. An wen sollen sie sich wenden? An einen starken Mann, auch wenn er verletzt ist und blutet. Zuerst muß er aber rituell Überlegenheit demonstrieren. »Wenn Terry geht, ...«

Die Konzeption dieser Sequenz scheint mir implizit (wenn auch unbewußt) faschistisch [...].

(Lindsay Anderson*: *The Last Sequence of »On the Waterfront«*, in: *Sight and Sound* 24 [1955], Jan. - March, S. 128)

Die Musik hier ist absolut heldenhaft, wie sie sein sollte, und sie ist so effektiv, daß sie beinahe viele der schlechten musikalischen Momente, die in dem Film vorherrschend scheinen, ausgleicht.

(Roy M. Prendergast*: *Film music – a neglected art*, New York 1977, S. 133)

Die Musik betont den zarten Charakter des Sieges eines Reformers. Eine strenge, tonale Kadenz vermeidend, sind Bernsteins abschließende musikalische Passagen, die vom Waterfront-Thema abgeleitet sind, versetzt mit Dissonanzen (Quarten und kleine Nonen) [...]. *Der Schlußton der Musik ist kein ausgehaltener Grundton, was eine gleichbleibende Lösung bedeuten würde. Stattdessen ist die letzte Note ein Stakkato, eine akzentuierte Achtelnote* [...]. *Die Bilder, die Musik und die Dialoge erzählen von vorübergehenden Siegen, zerbrechlichen Erfolgen, die durch die Korruption wieder bedroht werden. Diese filmischen Elemente spiegeln die historische Situation genau. Selbst der optimistische Geistliche John Corridan kommentierte, daß »die Verhaftung, Verfolgung und Verurteilung von ein paar Kriminellen im Hafenviertel die Situation an den Docks nur vorübergehend verbessern werde.«*

(Kenneth Hey*: *Ambivalence as a Theme in »On the Waterfront« [1954]: An Interdisciplinary Approach to Film Study*, in: *American Quarterly* 31 [1979], No. 5, S. 691)

K Im abschließenden Kampf zwischen Terry und Johnny Friendly wurde Terry von Friendlys Männern schwer zusammengeschlagen. Als der Reeder die Männer auffordert, die Arbeit aufzunehmen, verweigern sie dies. Sie wollen erst weiterarbeiten, wenn auch Terry Arbeit erhält.

Nach einer Überleitung, die als verlangsamte und rhythmisch veränderte Variante die Musik der beiden Kampfszenen aufgreift (Überfall auf die Kirche, Kampf Terry/Friendly), erklingt ab T. 9 das Thema 1, Terrys Entschluß, den letzten Gang zu gehen, hervorhebend. Wenn sein Leidensweg beginnt, erklingen zunächst schwere Viertel in tiefen Streich- und Blasinstrumenten, die in Underscoring-Manier Terrys schwere Schritte betonen. Hat er schließlich den Reeder erreicht, warten er selbst, seine Gewerkschaftskollegen und die Zuschauer auf dessen Reaktion: zwei Takte lang, auf einem dissonanten Akkord, eingeleitet von dem Beginn des allgegenwärtigen dritten Themas. Nachdem der Reeder Terry als neuen Anführer akzeptiert hat, sein Opfergang erfolgreich war, erklingen parallel – analog zu NB 6 – das erste und vierte Thema, jetzt durch ihre Spielweise den Triumph verdeutlichend.

Die vier Texte sind insgesamt zu komplex, um hier detailliert besprochen zu werden. Im Unterricht sollten auf jeden Fall die sehr emotionsgeladene Gestaltung des Schlusses und die Rolle, die die Musik hier zur Verstärkung spielt, thematisiert werden.

Kazan versucht den Vorwurf, er habe übertrieben, etwas auf Leonard Bernstein abzuwälzen – eine Gelegenheit für den Unterricht, Bernsteins Rolle für die Wirkung des Films insgesamt zu thematisieren.

Anderson ist derjenige, der mit dem Vorwurf, das Ende des Films sei tendenziell faschistisch, die härteste und provokanteste Kritik übt. Dieser lediglich auf der Sehnsucht nach einer starken Führerfigur basierende Vorwurf ist sicherlich überzogen, mag aber der angloamerikanischen Tradition entsprechen, die das komplexe Phänomen des Faschismus – nachvollziehbarerweise – etwas weniger differenziert reflektiert hat als die deutschsprachige Soziologie. Auch hier bietet sich jedoch die Möglichkeit, Schlußgestaltung und Rolle der Musik bei der Zeichnung und Überhöhung der neuen Führerfigur zum Anlaß einer umfangreichen Diskussion über die musikalische Gestaltung als Teil der Filmrezeption zu nehmen.

Prendergasts Aussage, die Musik sei so heldenhaft, wie sie sein solle, bildet einen Gegenpart sowohl zu Kazans Kritik, Bernstein habe seine Musik überzogen, als auch zu Andersons Kritik an der »Heldenrolle« Terrys und läßt sich ihnen somit als Diskussionsanreiz entgegenstellen. (Klausurthema!)

Heys Text schließlich differenziert am meisten und geht als einziger auch auf musikalische Details ein. Er bietet somit Anlaß zu detailgenauer Überprüfung der Aussagen durch die Schüler.

FA/NB 7 Szene 24 (Schlußszene), L. Bernstein: *On the Waterfront*, [Dauer 3:55, Filmzeit 99:24–103:19]

Großaufnahme: Terrys zerschlagenes Gesicht. Die Arbeiter wollen, daß Terry mitkommt. Sie erklären, sie würden sonst nicht mit der Arbeit

⑤ anfangen.

Pater Berry fordert Terry auf, zum Pier zu laufen. Die Männer wollen ihn begleiten, als Zeichen für den Reeder, daß die Arbeiter sich von der Gewerkschaftsführung nichts mehr vorschreiben lassen.

Terry will

aufstehen, er schafft dies mit Hilfe der anderen.

Pater Berry macht ihm Mut.

Terry will es versuchen.

Terry geht los.
20
Vibr/Hr
pp
Vl/Vla
pp
Vc/Cb
pp
poco cresc.
mp
Terry stoppt, wird von Pater Berry
in die richtige Richtung geschoben.
25
Holzbläser
Terry geht taumelnd auf den wartenden Reeder zu,
Trp

durch die Reihe der wartenden Männer.
30
+Vl/
Vla
Vc/Cb
Terry stoppt vor dem Reeder,
sieht in an – der Reeder reagiert:
„Also gut, Leute,
los, fangt an!"
35
Terry geht in die Halle, die wartenden Arbeiter folgen
ihm. J. Friendly versucht vergeblich, sie zurückzuhalten.

Pater Berry und Edie schauen den Arbeitern glücklich nach.
40
ff
Das Tor senkt sich bis zum Boden.
(Schlußcredits)
45
fff
Kamera blen-det ins Schwarz.
50
ffff
sffz
p

A Versuchen Sie anhand der bisherigen Analyseergebnisse, Grundzüge von Bernsteins dramaturgischer Konzeption aufzuzeigen.

K Im folgenden werden die wesentlichen Züge von Bernsteins Filmkomposition zusammengefaßt. Es hängt dabei natürlich von den einzelnen Schülerleistungen sowie vom Vorwissen der Schüler ab, inwieweit diese Charakteristika hier bereits alle erarbeitet werden können. Erwartet werden kann jedoch die Nennung der beiden zuerst aufgeführten Aspekte. Die anschließenden Punkte können dann im weiteren Verlauf der Unterrichtsreihe erarbeitet und von den Schülern ergänzt werden.

Grundzüge von Bernsteins Komposition zu *On the Waterfront* sind:

- große Bedeutung von musikalischen Themen und ihren musikalisch-dramaturgischen Veränderungen;
- inhaltliche Bezüge zwischen Filmstellen durch Wiederaufnahme von Themen (Wiederaufnahme des ambivalenten Terry-Themas in den Entscheidungsphasen auf dem Dach und während der Schlußszene, durchgehend Ankündigung von Gewalt und Nachkommentar zur Gewalt durch Thema 2 bei den jeweiligen Mordszenen des Films);
- motivischer Zusammenhang zwischen den Themen sowie die häufige Verwendung des dritten Themas (in der jeweils dem Kontext der Filmszene angepaßten Variante) zur Schaffung musikalischer Kontinuität auch und gerade zwischen den einzelnen Musikeinsätzen;
- typisch filmmusikalische Arbeit, aber auch Versuch der Erneuerung der Filmmusik (z. B. durch Polyphonie, durch Einbezug weiterer musikalischer Elemente wie die des Jazz);
- musikalischer Eklektizismus (analog zu Bernsteins auch in autonomen Werken typischem Stil).

T-A Zum filmmusikalischen Standard der Zeit

A Zeigen Sie anhand der Textauszüge von Hansjörg Pauli, in welchem Verhältnis Leonard Bernsteins Filmmusik zum filmmusikalischen Standard der 50er Jahre steht.

Nun fällt freilich auf, daß der Wechsel vom Kompilat [der Aneinanderreihung fertig existierender Musikstücke – A.S.] *zur Komposition die äußere Erscheinungsform von Filmmusik kaum nennenswert beeinflußte: Insbesondere blieb der im späten Stummfilm etablierte romantisierende Tschaikowsky-Rachmaninoff-Sound unangetastet* [...].

Als Träger dramaturgischer Konstruktion spielten sich in der Filmmusik der dreißiger Jahre zwei einander diametral gegenüberstehende Verfahren ein. Man kann sie an die Namen ihrer Exponenten binden: Max Steiner bzw. Alfred Newman.

Max Steiner ordnete den Protagonisten seiner Filme bestimmte, sie charakterisierende thematische Gestalten zu und übertrug die Beziehungen zwischen den Protagonisten in Beziehungen zwischen den thematischen Gestalten. Er bediente sich also einer Art Leitmotivtechnik. Solche Leitmotivtechnik subsumieren Adorno und Eisler in ihrem Buch dem Kapitel »Vorurteile und schlechte Gewohnheiten«, übrigens ohne Steiner beim Namen zu nennen. Ihr Verdacht, es handle sich bei dieser Adaption Wagnerscher Prinzipien schlicht um einen Versuch, sich vom Erfinden zu dispensieren, ist angesichts der Produktionsbedingungen, denen Filmmusik unterliegt, nicht ganz von der Hand zu weisen; ihre Behauptung aber, das Leitmotiv verkomme im Film zum bloß noch anzeigenden Etikett, zum musikalischen Label, läßt sich nur an übelsten Beispielen belegen. Steiners wichtigere Arbeiten nämlich statten nicht nur die handelnden Personen über die Eigenart des Leitmotivs von allem Anfang an mit einer Geschichte und einer Perspektive aus, sondern erläutern über Variierungen und Vertauschungen der thematischen Gestalten auch ihr Verhalten.

Während Steiners Verfahren ohne die Innovationen des Tonfilms undenkbar gewesen wäre, lehnte Alfred Newmans »mood technique« sich enger an die Stummfilmpraxis an. Sie zielte im wesentlichen darauf ab, in je abgeschlossenen, wenn auch nicht liedförmig gerundeten, stimmungsdichten, wenn auch nicht unbedingt statischen Tonbildern die visuellen Vorgänge entweder zu unterstreichen oder zu kommentieren.

(Hansjörg Pauli: *Filmmusik, ein historisch-kritischer Abriss*, in: *Musik in den Massenmedien Rundfunk und Fernsehen*, hrsg. von H.-Chr. Schmidt, Mainz 1976, S. 102–104)

Untersucht man die Hollywood-Partituren der dreißiger und vierziger Jahre, so entdeckt man tatsächlich, wie aufgrund der sich verschiebenden funktionellen Intentionen, aus reinen Sachgründen also wiederum, mehr und mehr vokabulare Elemente in die vordem fast ausschließlich gestisch orientierten Sätze eindrangen. Noch wurden freilich die Vokabeln den Gesten kompositorisch integriert; noch blieb der sinfonische Anstrich intakt und mit ihm das romantisierende Klangbild – der Prozeß läßt sich demzufolge nur in bescheidenem Maße an materialen Neuerungen ablesen, eher schon daran, daß Instrumentalkombinationen nicht mehr abstrakt als Substrat des motivisch-thematischen Geschehens gesetzt werden, sondern differenzierter: so, daß die Timbres selber an Aussagekraft gewinnen. Mit einiger Logik aber mündete er anfangs der Fünfziger in der Durchbrechung des tradierten Tschaikowsky-Rachmaninoff-Sounds. Der Bedarf an Vokabeln hatte sich vergrößert; man deckte ihn, indem man Anleihen bei Genres aufnahm, die bis dahin der Begleitmusik ferngehalten wurden. Zunächst so erklärt sich der Trend zum Jazz, der als Musik der Schwarzen bündig signalisierte, was die weiße Bevölkerung der USA den Schwarz-Amerikanern als Rasse unterstellt (und antut): Vitalität, Triebhhaftigkeit (und mangelndes Sozial-Prestige). (Ebd., S. 108)

K Beide Texte zusammenfassend, läßt sich sagen, daß die 30er und 40er Jahre, die »goldene Zeit« Hollywoods, von einem romantisch-symphonischen Stil (*Tschaikowsky-Rachmaninoff-Sound*) geprägt waren, der sich bereits in Stummfilmzeiten etabliert hatte und fast unverändert in den Tonfilm übernommen wurde. Neben der von Pauli an dieser Stelle nicht erwähnten Underscoring-Technik, bei der die Musik eine das Bild verdoppelnde Funktion hat, waren für diese Zeit die Mood-Technik Alfred Newmans, die die Stimmung eines Filmabschnittes koloriert, und die Leitmotiv-Technik Max Steiners typisch.

Nach ersten Anfängen in den 30er und 40er Jahren wurden diese traditionellen Techniken, dieser traditionelle »Sound«, schließlich in den 50er Jahren abgelöst durch eine Musik, die verstärkt mit semantisch besetzten musikalischen Vokabeln wie dem Jazz arbeitet[92].

Leonard Bernsteins Filmmusik orientiert sich einerseits an der typischen filmmusikalischen Vorgehensweise Hollywoods: durch Verwendung eines grundsätzlich sinfonischen (wenn auch nicht romantisch-sinfonischen) Sounds, durch Verwendung filmmusikalischer Standardfunktionen und -elemente wie etwa das Underscoring bei dem Todessturz Joey Doyles und durch eine ausgeprägte Leitmotiv-Technik. Neu sind dagegen (und hier zeigt sich der Versuch, die Musik der – neben dem Jazz – typischsten amerikanischen Kunstform, des Films, zu innovieren) drei Elemente, die bereits in der Anfangsszene deutlich werden: die vor allem intensitätssteigernde

92 Typisch für den Jazz etwa, dessen Herkunft aus dem Rotlichtmilieu New Orleans' die amerikanische weiße Mittelschicht nie vergessen konnte, ist Elmer Bernsteins Begründung für seine Verwendung von Jazz in dem Film *Der Mann mit dem goldenen Arm*: *Ich wollte ein Element, das wirklich sprechen konnte von Hysterie und Verzweiflung, ein Element, das diese Gefühle lokalisieren konnte zu unserem Land, vielleicht einer großen Stadt. Also – den Jazz.* (E. Bernstein* 1956, S. 3)

Polyphonie, die an Strawinsky erinnernde Rhythmik und Ostinatotechnik und der Jazz, der in den frühen 50er Jahren fast typisch wurde in Filmen sozialkritischen Charakters.

NB 8 Zusammenstellung der Themenanfänge

Thema 1

Thema 2

Thema 3

Thema 4

Während des Kampfes,
Terry/J. Friendly

Nach dem Kampf,
Terry hat verloren

L. Bernstein: *On the Waterfront*

T-A Gestalterische Parallelen zwischen visueller und musikalischer Ebene

A Zeigen Sie an den aufgeführten Themen, inwiefern Leonard Bernstein seine Absicht erreicht hat, die *notwendigerweise fragmentarische Qualität der Musik (eines Filmes) durch eine deutliche thematische Integration dieser Filmmusik* (*strong* [...] *thematic integration of the score*[93]) zu kompensieren, indem Sie die Beziehung der entscheidenden Intervalle dieser Themen von Thema zu Thema aufzeigen. Vergleichen Sie diese Vorgehensweise mit dem im folgenden Text dargestellten Versuch, auf visueller Ebene Kontinuität zu erreichen.

> *Kaufmann* [der Kameramann – A.S.] *vertrat die Meinung, daß Bildgestaltung und Sujet eine Einheit bilden sollten und daß Cinematographen*[94] *in erster Linie die visuelle Kontinuität von Szene zu Szene sicherstellen müßten. Dieses Anliegen berührte auch seine Arbeit an »On the Waterfront«. Als der Film* [...] *gedreht war, betraf Kaufmanns größte Sorge die Durchgängigkeit der Beleuchtung. Um dieses bohrende Problem zu lösen, das vom New Yorker Winterwetter verstärkt wurde, ließ er während der Dreharbeiten Müll verbrennen. Das Resultat war ein gleichmäßiges, diffuses Licht, obwohl der Film einige schlecht passende Szenen enthält, die die Kontinuität brechen. Diese einfache Lösung eines technischen Problems machte die Szenerie bedeutsamer und trug dazu bei, Atmosphäre und Charakterisierung zu verknüpfen. Wegen eines drängenden Drehplans wurden viele Szenen einschließlich der ganzen Abschlußszene nachts aufgenommen. Um die visuelle Kontinuität zu sichern, setzte Kaufmann zusätzlich zum künstlichen Licht Sprühnebel ein, der half, das konzentrierte Licht zu zerstreuen.*

(Kenneth Hey*: *Ambivalence as a Theme in »On the Waterfront« [1954]: An Interdisciplinary Approach to Film Study*, in: *American Quarterly* 31 [1979], No. 5, S. 684)

K Die Entwicklung der entscheidenden Intervalle der vier Hauptthemen wurde bereits bei dem Kommentar zu den Notenbeispielen 1 und 3 aufgezeigt. Die letzten beiden Beispiele von NB 8 sollen darüber hinaus verdeutlichen, daß auch die übrigen Themen aus den wenigen Hauptintervallen Sekunde, Terz und Quarte aufgebaut sind; Sekundtonfolgen über mehrere Tonstufen etwa fehlen.

[93] L. Bernstein* 1964, S. 232
[94] Gemeint ist der Chefkameramann, der für die visuelle »Komposition« eines Films verantwortlich zeichnet.

Zu erwarten ist von den Schülern der Hinweis, daß neben der Verbindung der einzelnen Intervalle auch die Dominanz des dritten Themas, das in mehreren Varianten im Film vorkommt, eine gewisse Kontinuität der musikalischen Ebene des Films gewährleistet. Vor allem dieses häufige Wiederauftreten des dritten Themas läßt sich vergleichen mit dem Versuch, auf visueller Ebene Kontinuität durch eine spezifische, weitgehend gleiche Beleuchtung zu erreichen. Die Differenziertheit der Vorgehensweise entspricht hier der Differenziertheit des Materials. Bietet der visuelle Bereich auch eine unendliche Anzahl von Alternativen, so sind die Möglichkeiten der Beleuchtung insgesamt (im Vergleich zur Kompositionskunst Leonard Bernsteins) eingeschränkt; sie sind zwar effektiv, aber in sich natürlich nicht so entwickelt wie Bernsteins Versuch der thematischen Integration.

T-A Bernsteins Personalstil und dessen musikalische Quellen

A Erarbeiten Sie anhand der Zitate, inwieweit sich Leonard Bernstein bei seiner Filmmusik auf seinen in autonomen Werken verwendeten typischen Kompositionsstil gestützt hat. Beschreiben Sie diesen mit Hilfe der Ihnen in den Fachtexten gegebenen Informationen.

Für eine ernsthafte Beschäftigung mit der Musik Leonard Bernsteins sollte man den oft mißbrauchten Begriff des Eklektischen, der auch in der Literatur über Mahler eine Rolle spielt, genauer definieren. Die Musikgeschichte der Vergangenheit und der Gegenwart weist zwei verschiedene Arten von Eklektik auf: Ein großer Teil von Komponisten hat Stil- und Ausdrucksmittel einer früheren, meist der unmittelbar vorangegangenen Zeit »epigonal« weitergeführt, andere haben überlieferte Modelle durch neuartige eigene Inspiration bereichert und aus Tradition und Innovation eine Synthese geschaffen, die ihnen fortdauerndes Interesse sichert.

(Peter Gradenwitz: *Leonard Bernstein: eine Biographie*, Zürich 1984, S. 175)

Die rhythmisch vielfältige Gliederung der – oft asymmetrisch oder durch verschobene Akzente asymmetrisch wirkenden – melodischen Linien entstammt zweifellos dem stark ausgeprägten Rhythmusgefühl des mit dem Jazz vertrauten Komponisten. Ein Kennzeichen der Formbildung in den Sinfonien ist Bernsteins Spaltung einzelner melodischer Zellen eines Themas zum Zweck selbständiger Verarbeitung innerhalb eines Satzes oder auch in anderen Sätzen. So wie schon in der Violinsonate von 1939 ein Satz die Variation des vorigen ist, so nimmt in »Age of Anxiety« jede Variation (in Teil I, B) ein Charakteristikum der vorigen auf

und entwickelt es in einer Weise, daß eine neue charakteristische Figur entsteht, an die dann wieder die nächste Variation anknüpfen kann.
(Ebd., S. 179)

In der Veränderung von Motiven und Themen und ihrer Ausarbeitung spielt rhythmische Verschiebung eine bedeutende Rolle und kann bisweilen fast zu einer »Verfremdung« der originalen Melodien führen [...]. *Zur rein musikalischen Wirkung dieser Sinfonie tragen charakteristische melodische, rhythmische, harmonische und vor allem auch formale Stilmittel bei. Die Melodik ist hier – wie fast in allen Kompositionen Leonard Bernsteins – von Terzintervallen beherrscht. Melodische fallende Terzen erscheinen in seinen Themen als kleine und große Terzen, rein melodisch motivbildend, durch verbindende Sekundschritte »ausgefüllt«, auch als melodische Motive, die in akkordischen Terzen verlaufen* [...]. *Die Form der Zweiten Sinfonie hat Jack Gottlieb in seiner Dissertation treffend als formale Entwickung durch »Verkettung« beschrieben, die durch »Spaltung« der Themen (Bernstein) bestimmt ist – das Schaffen neuer thematischer Gestalten aus Motiven vorangegangener Gedanken.*
(Ebd., S. 187f.)

Wenn Hollywood und seine europäischen Vorläufer als These im Hegelschen Sinne betrachtet werden und Schönberg und Strawinsky als Antithese, dann erscheint die Filmmusik zu »On the Waterfront« als Synthese, die sowohl filmische als auch musikalische Anforderungen erfüllt. Bernsteins Haltung ist tatsächlich so eklektisch wie die der schlechtesten Hollywood Komponisten, aber er wählt aus verschiedensten Bereichen aus, leiht bei sehr verschiedenen Stilen und Methoden – besonders von den bei Strawinsky und Schönberg verwendeten, darüber hinaus bei Copland, Hindemith (über Piston?), Puccini Nachfolgern (beim letzten, 25. Einsatz), Folklore-Elementen, Pentatonik [...], *Jazz und verschiedenen europäischen Quellen ...*
(Hans Keller*: *On the Waterfront*, in: *The Score*, No. 12 [June 1955], S. 82)

Am Anfang des 20. Jahrhunderts war die Sprache der traditionellen Musik in vieler Hinsicht erschöpft. Um neue Wirkungen zu erreichen, mußte man nach neuen Ausdrucksmöglichkeiten suchen. Sie ergaben sich auf verschiedenen Ebenen:
- *durch Erweiterung des harmonischen Materials (»Emanzipation der Dissonanz«, Vorstoß in die Atonalität),*
- *durch ungewohnte Rhythmen (perkussiver, das heißt vom Rhythmus bestimmter Charakter der Musik),*

- *neue Prinzipien der musikalischen Formbildung (verschiedene Methoden, musikalischen Zusammenhang zu schaffen),*
- *oft auch durch eine Reduktion der Klangmittel auf wenige charakteristische Instrumente.*

(*Funkkolleg Musikgeschichte*, Studienbegleitheft 10, hrsg. vom DIFF, Weinheim 1987, S. 34)

Entwickelnde Variation: einer der zentralen Begriffe im Musikdenken Schönbergs. Er bezeichnet (1.) die Technik, aus einem zugrunde liegenden Motiv (oder, wie Schönberg es formulierte, aus einer musikalischen »Grundeinheit« bzw. einem musikalischen »Gedanken«) durch motivische Arbeit weitere Gestalten abzuleiten, (2.) den Stil, der durch diese Technik geprägt ist. Besonders im Spätwerk Beethovens und bei Brahms wird auf diese Weise musikalischer Zusammenhang hergestellt: »Alles Geschehen in einem Musikstück ist nichts anderes als ein ewiges Umgestalten einer Grundgestalt. Oder, mit anderen Worten: In einem Musikstück kommt nichts vor, was nicht aus dem Thema hervorgeht, was ihm entspringt, auf es zurückführbar ist – und noch strenger – nichts als das Thema selbst« (Schönberg: Der lineare Kontrapunkt, 1931).

(Ebd., S. 16)

Strawinskys kompositorisches Baustein-Verfahren

Beide kurz umrissenen Quellen – die russische Volksmusik und die im Ballett beheimatete Vorstellung von Musik als Folge von Bewegungszusammenhängen – wurden, wie gesagt, für Strawinsky prägend.

Anhand von »Le Sacre du Printemps« und »L'Histoire du Soldat« können wir erkennen, daß der Komponist teils melodische, teils einfache rhythmische Modelle zu Grunde legt. Sie sind, anders als bei Schönberg, nicht miteinander verwandt, sondern von ganz unterschiedlicher Art; und sie behalten diese Unterschiede auch bei. Sie dienen als Bausteine, als vorgeformte Schablonen, über die er frei verfügt, indem er sie im eigentlichen Sinne des Wortes kom-poniert, zusammensetzt, und das heißt aneinanderreiht, übereinanderschichtet und auf verschiedene Weise miteinander in Beziehung bringt. Sie laufen zum Teil als Ostinatoschicht durch die Komposition hindurch, werden aber auch durch »harte Schnitte« (der Ausdruck aus der Filmtechnik ist durchaus angemessen) gegeneinandergesetzt oder erklingen gleichzeitig. Strawinsky schafft musikalischen Zusammenhang durch Reihung und Kombination der verschiedenen Elemente. Sein Verfahren ist nicht organisch, das heißt: eines wird mit dem anderen auf be-

liebige Weise zusammengebaut. Wir nennen dieses Verfahren »Schablonentechnik«.
(Ebd., S. 50f.)

K Es kann sicher darauf verzichtet werden, die Texte hier im einzelnen zusammenzufassen. Sowohl Keller als auch Gradenwitz betonen Bernsteins Eklektizismus, der sich auch an seiner einzigen Filmkomposition weitgehend nachweisen läßt. Erarbeitenswerte Punkte sind darüber hinaus Bernsteins Methode der melodischen »Verkettung«, auf die Gradenwitz in Anlehnung an Gottlieb eingeht und die Bernstein gerade zur Lösung des Problems musikalischer Kontinuität im Film nutzt, sowie Kellers Versuch, den Standard Hollywoods, die Anforderungen der Musik des 20. Jahrhunderts und die filmtypischen Bedingungen selbst in Bernsteins Komposition zusammenzufassen (auch wenn der Versuch eines dialektischen Ansatzes hier etwas verwundern muß). Eine noch tiefergehende Bestimmung von Bernsteins musikalischen Quellen verlangt entsprechende Vorkenntnisse der Schüler, die im Rahmen dieses Unterrichtsvorschlages kaum vermittelt werden können. Der Abdruck des dritten Funkkolleg-Textes, der auf Techniken Schönbergs und Strawinskys eingeht, soll jedoch zumindest verdeutlichen, daß Bernstein für *On the Waterfront* keine direkten kompositorischen Neuerungen bringt, sondern eher Strömungen moderner Musik für den Film zu nutzen versucht.

T-A Zum biographisch-zeitgeschichtlichen Hintergrund des Films

A Erarbeiten Sie anhand der Texte die wesentlichen Aussagen, die Elia Kazan selbst und verschiedene Fachautoren über seine möglichen biographischen Gründe für Wahl und filmische Umsetzung gerade dieser speziellen Thematik machen. Überprüfen Sie die Aussagen anhand der eigenen filmischen Rezeption.

Ich nehme an, der Erfolg von »Waterfront« war ein glücklicher Moment in meinem Leben. Nachdem »Man on an Tightrope« abgeschlossen war [...], *war ich unter Intellektuellen eine »persona non grata«, wie überall. Ich war nichts. Das Gefühl des Triumphes, das ich hatte, als wir den »Academy Award«* [Oscar] *für einen New Yorker Film bekamen, der billig von einigen Leuten wie Spiegel, der ein Clown, und mir, der ich eine unerwünschte Person (persona non grata), und Budd, der beides war, produziert worden war, die Tatsache, daß wir sie alle schlugen, war eine große Befriedigung für mich.*

Terry Malloy fühlte genauso wie ich. Er schämte sich und war gleichzeitig stolz auf sich. Er schwankte zwischen beiden Gefühlen und war verletzt durch die Tatsache, daß Leute – seine eigenen Freunde – ihn ablehnten. Er spürte aber auch, daß es eine notwendige Handlung war.

(Elia Kazan*, in: Michel Ciment: *Kazan on Kazan*, London 1973, S. 110)

Mittlerweile verteidigen sich alle, die mit dem HUAC [Komitee für unamerikanische Umtriebe] *zusammengearbeitet hatten, in Werken wie »On the Waterfront« (1954) mit dem Buch von Budd Schulberg, mit Akteuren wie Lee J. Cobb und Leif Erickson und der Regie von Elia Kazan, die alle Namen verraten haben. Kazan nahm Teil am antikommunistischen Feldzug mit Filmen wie »Viva Zapata!« und »Man on an Tightrope«, in dem ein tschechischer Zirkusbesitzer dem Kommunismus zu entfliehen versucht. »On the Waterfront« dagegen war nicht so sehr ein antikommunistischer Film als vielmehr eine Rechtfertigung von Informanten. Es war jedoch keine geringe Leistung, aus einem Informanten einen Helden zu machen. Spitzel wurden im amerikanischen Volksgut und in Filmen immer schon verachtet.* [...]

»Die Botschaft ist klar«, schreibt Victor Navasky. »Die strikte, bedingungslose Ablehnung des Denunzierens entspricht vielleicht der Norm einer Jugendgang, ist aber Erwachsenen nicht angemessen, die sich verpflichtet fühlen sollten, jede Situation im Rahmen des spezifischen moralischen Kontextes zu betrachten. [*»So ist es doch für Euch die Wahrheit, selbst wenn die es Verrat nennen«*, Zitat aus dem Film – A.S.] *Verpfeifen ist relativ.« Außerdem hat Terry keine Wahl, das Publikum kann gar nicht anders, als mit ihm zu sympathisieren. Er muß nicht nur den Tod seines Bruders und den Verlust seiner Tauben rächen, er muß auch noch gegen eine korrupte Gewerkschaft kämpfen, ein Mädchen gewinnen und den Priester sowie den Ermittlungsbeamten zufriedenstellen.*

(Terry Christensen*: *Reel Politics. American Political Movies from Birth of a Nation to Platoon*, New York 1987, S. 93)

Das soziale Problem in diesem Film zwang den Protagonisten, sich mit lang unterdrückten Gedanken und Gefühlen auseinanderzusetzen mit dem Ergebnis, daß sein Kampf schließlich in ihm selbst stattfand. Wie sehr Kazans Entscheidung, Namen vor dem HUAC zu nennen, auch den Versuch des Films beeinflußte, aus einem Denunzianten einen Helden zu machen – seine Zeugenaussage gab ihm genaue Einsicht in die emotionale Qual, an der ein Informant leiden mag. Dies macht Terrys Weg zum Zeugen so denkwürdig in seiner genau gezeichneten Verteidigung.

(Thomas H. Pauly*: *An American Odyssey: Elia Kazan and American Culture*, Philadelphia 1983, S. 182)

»On theWaterfront« macht sich die Methoden der 30er für die Ideologie der 50er nutzbar. Er [der Film] *ist eine politische Allegorie in der Form eines moralischen Stückes* [...]. *In vielerlei Hinsicht war er ein Kind der HUAC Untersuchungen, ein Schlag im ideologischen und künstlerischen Kampf zwischen denen, die redeten, und denen, die es nicht taten. Viele der am Film Beteiligten einschließlich Kazan, Budd Schulberg, der das Buch schrieb, Lee J. Cobb, der Johnny Friendly spielte, und Leif Erickson, der einen Untersuchungsbeamten der Waterfront Crime Commission spielte, gestanden ihre früheren Sünden und zogen enge Freunde und Bekannte mit hinein. Einer von Kazans engsten Freunden, den er aber nicht verriet, war Arthur Miller, mit dem er bei »All My Sons« und »Death of a Salesman« zusammengearbeitet hatte. 1953 lief Millers Stück »The Crucible«, eine nur leicht verfremdete Attacke auf die Hexenjagd am Broadway, an. In ihm läßt Miller seine Hauptfigur in den Tod gehen, anstatt seine Freunde zu denunzieren. Nach Namen gefragt, antwortet er: »Ich spreche über meine eigenen Sünden, ich kann keinen anderen beurteilen, ich habe keine Zunge dafür. Ich habe drei Kinder – wie soll ich sie lehren, aufrechte Menschen zu sein, wenn ich meine Freunde verkaufe?«*

»On the Waterfront« ist Kazans Antwort. Hier wird eine Situation präsentiert, in der das Denunzieren krimineller Bekannter die einzig ehrenhafte Handlungsmöglichkeit für einen gerechten Menschen ist. Das strikte Ablehnen des Denunzierens von Freunden und Kollegen ist in den meisten Gesellschaften selbstverständlich, in denen der Staat keine übermächtige moralische Autorität darstellt, der Filmdialog aber definierte Verrat wiederholte Male als eine relative und keine absolute Sache. Es hängt vom eigenen Standpunkt ab. Father Berry (Karl Malden) drückt dies anschaulich aus: »So ist es doch für Euch die Wahrheit, selbst wenn die es Verrat nennen.« Auf der anderen Seite wird »Charlie der Gentleman« (»ein Metzger im Kamelhaarmantel«) der Sprecher des diskreditieren Prinzips der Loyalität: »Jemanden verpfeifen heißt Freunde verraten«.

Indem er John Friendly und seine Jungs verrät, hilft Terry Malloy (Marlon Brando) der Crime Commission, eine korrupte Gewerkschaft zu zerstören, gewinnt die Frau, Edie Doyle (Eva Maria Saint) und rechtfertigt sich in seinen Augen wie denen der gutwilligen Menge. Er ist der Denunziant als Held.

(Peter Biskind*: *The Politics of Power in »On the Waterfront«*, in: *Film Quarterly* 29 [1975], S. 26f.)

> *Als ich die alten Zeitungen durchblätterte, fand ich eine Seite mit Photos von uns, als wir den Preis erhielten. Mein Gesicht hat einen Ausdruck wie kein anderes. Es war nicht hübsch. Ich war darauf nicht stolz. Aber man kann vielleicht gestehen, daß ich in dieser Nacht die Rache auskostete und dies genoß. »On the Waterfront« war meine eigene Geschichte; an jedem Tag, den ich an dem Film arbeitete, erzählte ich der Welt, was mein Standpunkt war, und empfahl meinen Kritikern abzuhauen [and fuck themselves].*

(Elia Kazan*: *A Life*, New York 1988, S. 497)

K Kazans eigene Aussagen machen deutlich, wie sehr seine Biographie, seine Aussage vor dem HUAC, ihn bei der Produktion von *On the Waterfront* beeinflußt hat. Aufgabe der Schüler wird es hier auch sein, die differenzierten Aussagen der einzelnen Fachautoren auf die inhaltlichen Aspekte des Films, die Handlungslinie, die Figurenkonstellation zu übertragen und ggf. ihre eigene filmische Rezeption kritisch zu hinterfragen.

Vorschläge zum Ablauf der Unterrichtsreihe

Unterrichtliche Schwerpunkte:

- Analyse der musikalischen Themen und ihrer Funktionen an ausgewählten Szenen;
- musikalische Gesamtdramaturgie des Films (in Anlehnung an die Erarbeitung der Themen);
- musikalische Grundlagen der Komposition (Personalstil Leonard Bernsteins/ Filmmusikstandard der Zeit);
- Einbeziehung des historisch-biographischen Kontextes des Films.

Erarbeitungsvorschlag:

Bei dem hier beschriebenen Vorschlag werden die Szenen in chronologischer Reihenfolge nach und nach analysiert. Eine mögliche Variante besteht darin, den Schülern die musikalischen Hauptthemen - vergleichbar der typischen Vorgehensweise bei der Behandlung etwa einer Wagner-Oper - auf einem gesonderten Blatt vorzugeben und dann der Frage nachzugehen, was Bernstein aus welchen funktionalen Gründen mit dem (von ihm selbst) gegebenen Material macht.

1. Erörterung der Ausgangslage/Exposition:
   Klären der musikalischen Hauptthemen: Schulung der Aufmerksamkeit für die weitere Filmbetrachtung (Wiederkehr/Veränderung der Themen); interpretierendes Klären des Grundproblems (»Entscheidung« Terrys zur Aussage gegen alte Freunde oder gegen die Wahrheit).

a) Analyse von Szene 1 (NB 1):

- musikalische Gestaltung (Wirkung/Funktion) der drei Themen (über diese Szene hinaus wichtig, um später durch deren Veränderung ihre weitere dramaturgische Funktion analysieren zu können);
- musikalische Gesamtgestaltung der 1. Szene (Dominanz der drei Themen, aber auch Verwendung filmmusikalischer Standards wie des Underscoring-Elements am Schluß);
- Klären von Grundproblematik und Ausgangssituation des Films.

b) Analyse von Szene 4 (NB 2):
- Funktion des dritten Themas (keine eindeutige Festlegung, durch seine Veränderbarkeit und Veränderung eher Indikator der emotionalen Färbung einer Szene);
- am Beispiel des dritten Themas Aufzeigen der Notwendigkeit, sowohl beim Hören als auch bei der Partiturarbeit auf die Themen zu achten (Leitfrage: Handelt es sich um neues Material oder bereits bekanntes, etwa ein bekanntes Thema? Im zweiten Fall: Wie ist das Material verändert und warum ?).

c) Analyse von Szene 8 (NB 3):
- Bedeutung und musikalische Gestaltung des Liebesthemas (Thema 4, damit Beendigung der Erarbeitung der Hauptthemen des Films).

d) Inhaltliche Besprechung von Szene 11 (Kneipenszene zwischen Terry und Edie): Wiederholung und Erweiterung der Filmexposition; Ambivalenz in Situation und Persönlichkeit Terrys.
- Klären der Ausgangslage: Terry soll aussagen; er muß sich entscheiden zwischen der Wahrheit (und damit dem Priester und Edie) und der Solidarität (zu seinem Bruder und Johnny Friendly);
- Betrachten der Szene (Gespräch Terry-Edie): Verdeutlichen der Ambivalenz in Terrys Charakter selbst (Stichworte: *Boxer*, *zuerst zuschlagen*; Vergleich mit bereits bekanntem Hobby des Taubenzüchtens, Übertragung auf Bernsteins Aussage über das erste Thema, es würde den *noblen Charakter der Hauptfigur unter seiner oberflächlichen Grausamkeit ausdrücken*[95].).

2. Rezeption des gesamten Films
   Entwicklung der Handlung, der Persönlichkeitsbildung der Hauptperson und der Figurenkonstellation; notwendiges Kennenlernen des musikalischen Gesamtzusammenhangs im Film, um die Details entsprechend werten zu können.
- Aufgabenstellung: Wie löst Terry seinen Konflikt? Wie wird im weiteren Verlauf mit den musikalischen Themen gearbeitet?
- Betrachtung des Films;
- Wiedergabe der Eindrücke; Diskussion von Terrys Problemlösung und Bernsteins musikalischer Gestaltung.

95 L. Bernstein* 1964, S. 232

3. Detailarbeit - Arbeit an ausgewählten Szenen und Materialien
   Leitfragen: Wie benutzt bzw. verändert Bernstein das von ihm selbst definierte musikalische Material (die Themen)? Welche filmmusikalischen Funktionen, welche filmmusikalische Dramaturgie werden/wird dabei verfolgt?

a) Vergleich der Szenen 1 und 14 (NB 4):
- musikalische Gestaltung von Szene 14 (Verwendung des zweiten Themas als Variante der 1. Szene);
- Funktion des zweiten Themas unter Einbeziehung von Leonard Bernsteins Aussage, Thema 2 wäre ein *Element der Gewalt*[96].

b) Erarbeitung von Szene 19 (Charlie und Terry im Taxi); Übergang Szene 20 (= NB 5, bis Takt 79):
- musikalische Gestaltung;
- filmmusikalische Funktionen;
- Besprechung des Arbeitstextes.

c) Analyse und Interpretation von Szene 20 (NB 5, Schluß):
- musikalischer Ablauf;
- filmmusikalische Funktionen;
- interpretierende Hinzunahme des Textmaterials.

d) Analyse und Interpretation von Szene 23 (NB 6):
- musikalischer Ablauf;
- filmmusikalische Funktionen.

e) Analyse und Interpretation der Schlußszene (NB 7):
- Erarbeitung und Diskussion der musikalischen Gestaltung (NB 7);
- Interpretation der inhaltlichen Aussage und der musikalischen Gestaltungsmittel (Arbeitstext).

4. Erarbeitung der musikalischen Gesamtgestaltung, -dramaturgie sowie der musikalischen Grundlagen der Komposition.
   Funktion der musikalischen Themen; musikalische Gesamtkonzeption; Vergleich mit dem filmmusikalischen Standard der Zeit sowie einem möglichen Personalstil des Komponisten.

a) Auswertung der bisherigen Analyseergebnisse;

b) Hinzunahme der Arbeitstexte zum Vergleich von Bernsteins spezieller Arbeit und dem filmmusikalischen Standard der Zeit;

96 Ebd., S. 232

c) Erarbeitung des motivischen Zusammenhangs zwischen den Themen zur Schaffung musikalischer Kontinuität (NB 8) und Besprechung des Arbeitstextes zum Vergleich musikalischer/visueller Kontinuität;
d) Erarbeitung von Bernsteins Personalstil und seinen musikalischen Quellen (Arbeitstext) und Übertragung auf seine Filmkomposition zu *On the Waterfront.*

5. Erarbeitung des zeitgeschichtlichen Kontextes und der zeitgeschichtlichen Bedingungen des Films selbst (Einbettung in Zeit und Filmstil der 50er Jahre/ biographische Bedingungen Kazans - daraus folgend: spezifische Entstehungsgeschichte des Films).
a) Lektüre des Arbeitstextes (1. Text) zum zeitgeschichtlichen Kontext;
b) Besprechung der weiteren Arbeitstexte zum Thema;
c) Versuch der Erklärung des Films aus dem Kontext heraus.

Alternativ zu den hier dargestellten Erarbeitungsvorschlägen ist es denkbar, zuerst den zeitgeschichtlichen Kontext/die zeitgeschichtlichen Bedingungen des Films selbst zu behandeln (Einbettung in Zeit und Filmstil der 50er Jahre/biographische Bedingungen Kazans - daraus folgend spezielle Entstehungsgeschichte des Films) und ggf. mit einer kurzen Einführung in Filmsprache und -analyse zu verbinden.

Klausurvorschläge:

Klausuren des Aufgabentyps »Analyse und Interpretation« sind durch die Verbindung von Noten- und Text- bzw. Zitatmaterial zu den meisten der in der Detailarbeitsphase 3 vorgeschlagenen Szenen und Notenbeispielen möglich. Denkbar wäre für eine Grundkursklausur und die entsprechend zur Verfügung stehende Zeit etwa der Vergleich der Szenen 1 und 14 (NB 1 und NB 4, unter Einbeziehung von Bernsteins Aussage über das zweite Thema) als erste Teilaufgabe sowie die Analyse des motivischen Zusammenhangs zwischen den Themen (NB 8) als zweite. Etwas aufwendiger ist die Analyse und Interpretation von Szene 19/20 unter Verwendung der oben genannten Arbeitsaufträge und der Einbeziehung der Textauszüge. Durch die Notwendigkeit der Filmrezeption sind Klausuren zur Filmmusik für die Schüler zeitlich recht aufwendig. Die Reduktion des Notenmaterials durch den Lehrer kann dieses Problem jedoch relativieren.

Anknüpfungsmöglichkeiten (Musik):

- Leitmotive in Oper und Film: Der Film als »Gesamtkunstwerk«? (Wagners Musikdramen; Musik und Funktion)
- Rezeption von Filmmusik: »Empfinden« oder »Verstehen«? (Musikverstehen)
- Leonard Bernstein als Filmkomponist (Amerikanische Musik)

Anknüpfungsmöglichkeiten (fächerübergreifend):

- Figurenkonstellation und Dramaturgie in *On the Waterfront* (Deutsch)
- Abbildung von Wirklichkeit und Gestaltung von Wirklichkeit (Kunst)
- Die McCarthy-Ära/Die 50er Jahre in den USA (Geschichte)
- Die Drehbuchvorlage von Budd Schulberg und ihre filmische Umsetzung (Englisch)

Literatur

Anderson, Lindsay: *The Last Sequence of »On the Waterfront«*, in: *Sight and Sound* 24 (1955), Jan.-March., S. 127-130

Bernstein, Elmer: *The Man with the Golden Arm*, in: *Film Music* 15 (1956), No. 4, S. 2-13

Bernstein, Leonard: *Notes Struck at »Upper Dubbing«, California*, in: *New York Times*, May 30, 1954, S. 5

ders.: *Program Note to »On the Waterfront«, Symphonic Suite from the Film*, abgedruckt in: J. Gottlieb: *The Music of Leonard Bernstein : A Study in Melodic Manipulations*, Dissertation University of Illinois 1964

ders.: *The Joy of Music*, New York 1959. Deutsch: *Freude an der Musik*, Stuttgart 1961 u. a.

Biskind, Peter: *The Politics of Power in »On the Waterfront«*, in: *Film Quarterly* 29 (1975), S. 25-38

Christensen, Terry: *Reel Politics. American Political Movies from Birth of a Nation to Platoon*, New York 1987

Ciment, Michel: *Kazan on Kazan*, London 1973

Danuser, Hermann/Kämper, Dietrich/Terse, Paul (Hrsg.): *Amerikanische Musik seit Charles Ives*, Laaber 1987

Funkkolleg Musikgeschichte, Studienbegleitbrief 10, hrsg. vom DIFF, Weinheim 1987

Gottlieb, Jack: *The Music of Leonard Bernstein : A Study of Melodic Manipulations*, Dissertation University of Illinois 1964

Gradenwitz, Peter: *Leonard Bernstein : eine Biographie*, Zürich 1984

Gregor, Ulrich/Patalas, Enno: *Geschichte des Films* 2, 1940-1960, Reinbek 1976, S. 337

Hamilton, William: *On the Waterfront*, in: *Film Music* 16 (1954), No. 1, S. 2-14

Hendricks, Gordon: *The Soundtrack*, in: *Film Culture* 1 (1955), No. 1 (Jan.), S. 58-60

Hey, Kenneth: *Ambivalence as a Theme in »On the Waterfront« (1954) : An Interdisciplinary Approach to Film Study*, in: *American Quarterly* 31 (1979), No. 5, S. 666-696

Hughes, Robert: *On the Waterfront : A Defense and Some Letters*, in: *Sight and Sound* 24 (1955), Spring, S. 214-216

Jost, Ekkehard: *Sozialgeschichte des Jazz in den USA*, Frankfurt a. M. 1982

Kazan, Elia: *A Life*, New York 1988

Keller, Hans: *On the Waterfront*, in: *The Score*, No. 12 (June 1955), S. 81-84

Pauli, Hansjörg: *Filmmusik, ein historisch-kritischer Abriß*, in: *Musik in den Massenmedien Rundfunk und Fernsehen*, hrsg. von H.-Chr. Schmidt, Mainz 1976, S. 91–120

Pauly, Thomas H.: *An American Odyssey: Elia Kazan and American Culture*, Philadelphia 1983

Prendergast, Roy M.: *Film music – a neglected art*, New York 1977. Erw. u. aktual. Neuauflage 1992

Schudack, Achim: *Filmmusik in der Schule. Studien zu Kazan / Bernsteins »On the Waterfront« als Beispiel interdisziplinärer Filmanalyse und integrativen Musikunterrichtes*, Dissertation Universität GH Essen 1994

A.S.

III. ANHANG

Glossar

Abblende 1. optisch: kontinuierliche Abdunkelung des Filmbildes bis zum Schwarz; 2. akustisch: kontinuierliche Verringerung der Tonaussteuerung bis zur Unhörbarkeit. Gegenteil: → Aufblende

Academy Award [engl.] Volkstümlich »Oscar« genannte Auszeichnung der amerikanischen Filmwirtschaft, die von der Academy of Motion Picture Arts and Sciences jährlich vergeben wird. Erstmals wurden A.A.s am 16.5.1929 verliehen für den Produktionszeitraum 1927/28. Einige der Kategorien, für die die Preise vergeben werden, sind nicht festgeschrieben, sondern können variieren. Das Wahlverfahren für die prestigeträchtigste Filmtrophäe der Welt ist ziemlich kompliziert. Zunächst werden in den zur Auszeichnung vorgesehenen Sparten per Briefwahl von den Akademiemitgliedern jeweils fünf Nominierungen vorgenommen, wobei jedes Mitglied in der Regel nur innerhalb der Kategorie sein Votum abgeben darf, in der es selbst tätig ist (d. h. innerhalb der »Gilde« der Academy, der es angehört). Die endgültige Wahl erfolgt durch das Plenum. »Musikalische« Oscars wurden bislang in diversen Kategorien vergeben (z. B. »Beste Original-Filmmusik«, »Bester Filmsong«, »Beste Musikadaption«, »Bestes Musical«).
Literaturempfehlung: Norbert Stresau: *Der »Oscar«*, München 1985 (Heyne-Filmbibliothek Nr. 32/82)

Aktuelle Musik → Inzidenzmusik

Amerikanische Einstellung In den USA entwickelte mittelnahe → Einstellung (2.), die den Schauspieler nicht in seiner Gesamtheit zeigt, sondern nur etwa vom Kopf bis zu den Knien. Im Western kommt dadurch das Hauptrequisit männlicher Machtausübung, der Revolver, in angemessener Größe in den Bildmittelpunkt.

Anamorphot → CinemaScope

Aufblende 1. optisch: kontinuierliche Aufhellung des Filmbildes von Schwarz bis zur Normalbelichtung; 2. akustisch: kontinuierliche Erhöhung des Aufnahmepegels bis zur Vollaussteuerung. Gegenteil: → Abblende

Ausblendung → Abblende (2.)

Bild → cadre

cadre [franz.] »Rahmen«; die Einzelbilder auf einem entwickelten Filmstreifen.

CinemaScope [engl. Markenname] weithin bekanntes Breitwandsystem. Technisches Verfahren, das es ermöglicht, bei herkömmlichem Filmformat das Verhältnis von Bildhöhe und -breite zu verändern. Bei gleichbleibender Höhe der Leinwand vergrößert sich die Breite der Projektionsfläche um etwa das 1,6-fache. Dies ermöglicht vor allem in Monumentalfilmen und Western eindrucksvolle Landschaftsaufnahmen mit großem Blickwinkel. Bei der Aufnahme wird vor die Kameralinse eine Zusatzlinse (Anamorphot) montiert, die das Bild in der Breite »zusammenstaucht«, eine entsprechende entzerrende Linse muß dann vor dem Projektionsapparat montiert sein, damit die originalen Längenverhältnisse wieder hergestellt werden.
Literaturempfehlung: *Zur Geschichte der Breitwandfilme*, hrsg. von H. Belach und W. Jacobsen, Berlin 1993

Click track [engl.] Von Max Steiner entwickeltes Verfahren, um exakte Synchronisation von Musik und Filmablauf zu erzielen. Ursprünglich wurde der C.t. mechanisch erstellt, indem in Schwarzfilm in regelmäßigen Abständen (z. B. jedes zwölfte Bild) ein Loch gestanzt wurde. Bei der Wiedergabe über eine → Lichtton-Apparatur war die Abfolge der Stanzungen als metronomartiges Klicken zu hören und ermöglichte dem Komponisten - metrisch und rhythmisch exakt synchron -, seine Filmmusik zum Verlauf der Filmbilder anzulegen: Er mußte auf seinem → Cue-sheet (2.) nur noch markieren, wie viele »clicks« auf den fraglichen Abschnitt entfielen. Während der Musikaufnahme konnte der C.t. Temposchwankungen der Interpreten weitgehend unterbinden. In der heutigen Zeit werden elektronische Nachfahren des C.t., sog. »time codes« (z. B. SMPTE), verwendet, die auch komplexe Filmschneide- und Musikaufnahmevorgänge koordinieren und synchronisieren helfen.

credits [engl.] Nennung der an einer Filmproduktion beteiligten Mitwirkenden und Mitarbeiter im → Vor- und → Nachspann; auch: »Ansehen«, »Verdienst«, »Ehre«.

Cue-sheet [engl.] »Stichwortzettel«; 1. in der Stummfilmpraxis eine stichwortartige Liste der Filmszenen samt geeigneter Musiknummern, um - seitens der Filmproduzenten - Einfluß auf die Musikauswahl in den Kinos zu nehmen; → S. 17
2. in der Tonfilmpraxis die Stichworte zum Filmablauf samt genauen Zeitangaben als Vorlage für den Komponisten bei der Anfertigung der Musik. → S. 40f.

Dolby [engl. Familien- und Markenname] Vor allem bei Musikfilmen genutztes System zur Rauschunterdrückung.

Einstellung 1. Ohne Unterbrechung gedrehter Filmabschnitt, der durch den → Schnitt mit weiteren Einstellungen verbunden wird; 2. Beschreibung des Bildausschnitts (Panorama-, Total-, Halbtotal-, Halbnah-, → Amerikanische, Nah-, Groß-, Detail-Einstellungen), der → Kameraperspektive und der → Kamerabewegung.

end title [engl.] 1. → Nachspann; 2. die den Nachspann begleitende Musik.

frame → cadre

FSK (Abk. für »Freiwillige Selbstkontrolle«) Gremium der Filmwirtschaft, das die Alters- und Feiertagsfreigabe für Filme festsetzt (»frei ab 16 Jahren«, »nicht feiertagsfrei«).

Inzidenzmusik Musik, deren Ursprung im Bild zu sehen ist oder deren Schallquelle unmittelbar in der Szene logisch zu erwarten ist (z. B. eingeschalteter Radioapparat, vorbeimarschierende Blaskapelle). Der Terminus entstammt der Theaterpraxis. Die Zurechnung der Inzidenzmusik zur Filmmusik ist nicht unumstritten (z. B. Pauli 1981), da sie sich auch der Geräuschebene zuweisen ließe (»akustische Tapete«). Im Einzelfall ist deshalb zu überprüfen, welche gestalterischen Intentionen mit dem Einsatz der Inzidenzmusik verbunden sind.

Kader → cadre

Kadervergrößerung Einzelbildvergrößerungen aus dem Filmstreifen. → cadre

Kamerabewegung Während des Filmens kann die Kamera um ihre eigene vertikale Achse gedreht (Schwenk) und horizontal oder vertikal (Kamerakran) bewegt werden (Kamerafahrt). Eine auf das Objekt gerichtete Kamerafahrt kann durch Brennweitenänderung vorgetäuscht werden (→ Zoom), unruhige Wackelbewegungen einer Handkamera können als stilistisches Mittel eingesetzt werden (z. B. Peter Watkins).

X **Kameraperspektive** Die Kamera kann neben der Normalstellung (Augenhöhe) eine erhöhte Position (Obersicht, Vogelperspektive) oder eine erniedrigte Position (Untersicht, Froschperspektive) einnehmen und auf diese Weise die Wirkung der gezeigten Vorgänge beeinflussen. → subjektive Kamera

Kinetoskop Von Edison patentiertes erstes Stummfilmaufnahme- und Wiedergabesystem.

Kino-Orgel Spezielles Instrument mit Effektregistern zur Begleitung von Stummfilmen. Die erste Kino-Orgel wurde 1910 von der Firma Wurlitzer ausgeliefert, die auch das größte Exemplar 1932 in der Radio City Music Hall in New York baute.

Kinothek 1. (abgeleitet von Kino-Bibliothek) Sammlung geeigneter Musik zur Illustration von Stummfilmen, nach Stimmungen oder anderen filmrelevanten Kriterien geordnet; 2. Name einer vom Schlesinger-Verlag in Berlin herausgegebenen Serie von Noten für die Filmillustration.

Kompilation Musikalische Filmbegleitung durch Aneinanderfügen vorgefertigter und entlehnter Musikstücke (Charakterstücke u. a.). In der Stummfilmzeit wurde die sog. Kompilationspraxis zum Standardverfahren erhoben. → Kinothek (1.) Diese einfache Verfahrensweise sowie ihre geringen Kosten machten K. auch für den Tonfilm - besonders bei billigen Produktionen - weiterhin attraktiv. Ob man auch bei jüngeren Filmen, die sich ausdrücklich vorgefertigter Musikwerke bedienen, von K. sprechen sollte (z. B. *2001 - A space odyssey* oder *Barry Lyndon*) ist umstritten. Einen Sonderfall stellen Rockfilme mit einem aus hitparadenträchtigen Songs kompilierten Soundtrack dar. S. 27f.

Leitmotiv-Technik Ein an die musikdramatische Konzeption Richard Wagners anknüpfendes Verfahren, Personen, Lokalitäten, Ideen der Filmhandlung mit musikalischen Motiven zu verbinden. In der Stummfilmzeit begründet, entwickelte sich die L. im frühen Tonfilm vor allem durch Max Steiner zur extensiv genutzten Verdoppelung des Filmbildes durch die Musik; seit den 50er Jahren ist die L. weitgehend aus der Filmmusik verschwunden. → S. 42ff.

Lichtton Heute dominierendes Verfahren zur Speicherung der Toninformation als optisch lesbare Spur auf dem Filmstreifen. → Magnetton, → Nadelton

Magnetton Verfahren der Tonaufzeichnung, bei dem der Ton auf einer neben den Filmbildern liegenden Magnetbandspur aufgezeichnet wird. Das Verfahren ist klanglich leistungsfähiger als der → Lichtton, aber durch den technisch höheren Aufwand weitgehend auf Musikfilme beschränkt. → Nadelton

main title [engl.] 1. → Vorspann; 2. die den Vorspann begleitende Musik. → Titelmusik

Mickeymousing Lautmalerische musikalische Nachzeichnung von Bewegungsabläufen. Das Verfahren stammt aus den Trickstudios Walt Disneys und fand Eingang in die sinfonische Filmmusik Hollywoods. Abgesehen von humoristischen Effekten in Komödien ist das M. inzwischen weitgehend aus der Filmmusik verschwunden. → S. 42

Mischung Die Zusammenführung der unterschiedlichen Tonbandquellen zur Gestaltung der Tonspur eines Tonfilms nach Fertigstellung des → Schnitts: Dialogband, Geräuscheband (Effekte), Musikband.

Montage Fügung des Filmablaufs durch die mechanische Verknüpfung einzelner Einstellungen. Weitgehend synonym gebraucht zu → Schnitt, verbinden sich mit dem Terminus M. frühe filmästhetische Theorien zur Filmgestaltung vor allem der russischen Formalisten (z. B. Eisenstein, Pudowkin, Timoschenko, aber auch Arnheim u.v.a.).

Mood-Technik Verfahren, durch Filmmusik die Stimmung einer Szene zu illustrieren. Im engeren Sinne eine Alfred Newman als Urheber zugeschriebene Technik der Hollywoodsinfonik, unsichtbare psychische Befindlichkeiten der Protagonisten musikalisch widerzuspiegeln. → S. 44f.

Music department [engl.] »Musik-Abteilung«; in den Großstudios Hollywoods bis in die 50er Jahre die die quasi-industrielle Filmmusikproduktion koordinierende Betriebseinheit. → S. 168ff.

Nachspann Auflistung der Mitwirkenden eines Filmes an dessen Ende. → credits, → end title

Nadelton Frühestes Tonfilmverfahren, bei dem die Tonspur von einem Grammophon zugespielt wurde. → Vitaphone

off-screen [engl.] »außerhalb der Leinwand«; Gegenstände, Personen, die sich nicht im Bild befinden und nur durch Sprache oder Geräusche in die Szene eingebunden sind (z. B.: Kommentierung eines Vorgangs aus dem »Off«). In Zusammenhang mit → Inzidenzmusik solche Musik, deren Urheber nicht im Bild zu sehen sind. → on-screen

on-screen [engl.] »auf der Leinwand«; in Zusammenhang mit → Inzidenzmusik solche Musik, deren Urheber im Bild zu sehen sind. → off-screen

Opening [engl.] (Musikalische) Eröffnung einer Fernsehserie. → Titelmusik

Original Soundtrack (recording, Abk. OST) [engl.] Schallplatten- oder CD-Ausgabe der originalen Filmmusik, üblicherweise ohne Geräusche und Dialoge. Der OST setzt sich ab gegen Nachspielungen beliebter Filmmusiken durch andere Interpreten als die der tatsächlichen Filmmusikproduktion. Da die Schallplatte oder CD auf den umfassenderen musikalischen Tonaufnahmen basieren, die der → Mischung zugrunde liegen, können die Musikpassagen z. T. umfangreicher sein als die in der tatsächlichen Filmfassung verwendeten.

Oscar → Academy Award

O-Ton [Abk. für »Original-Ton«] Tonspur (Sprache, Geräusche), die zeitgleich mit dem Film aufgezeichnet wird und die bei der → Mischung keine Veränderung erfährt.

point-of-view(-shot) (Abk.: pov) [engl.] Die Kamera nimmt die Position einer Filmfigur an, gibt deren Blickfeld wieder. → subjektive Kamera

post-production [engl.] Alle Produktionsschritte, die nach Abschluß der Dreharbeiten anfallen: → Schnitt, Erstellung der Filmmusik, → Mischung etc.

preview [engl.] Vorabvorführung eines Films für ein ausgewähltes Publikum (z. B. Filmjournalisten).

Rohschnitt Vorläufige Montage des gefilmten Materials, das grob die Erzählstruktur erkennen läßt, aber noch weiter bearbeitet werden kann bis zur endgültigen Fassung. → Schnitt

Schnitt Arbeitsschritt der Zusammenführung einzelner Einstellungen zu einem fortlaufenden Film (→ Montage). Wesentliche Bedeutung für die filmische Gestaltung gewinnt der S., da mit ihm die Syntax des Films entsteht. Man unterscheidet unvermittelte »harte« und »weiche« Schnitte (→ Abblende, → Aufblende, → Überblendung). Die Länge der zeitlichen Abstände zwischen Schnitten wird als Schnittfrequenz, Schnittrhythmus (z. B. rhythmischer Schnitt zur Musik) oder Schnitt-Tempo bezeichnet. Eine hohe Schnittfrequenz kann eine »Aktivierung« des Publikums bewirken (Musikvideos, Actionszenen).

Score [engl.] »Partitur«; in der englischsprachigen Fachliteratur Bezeichnung für die Filmmusik eines Komponisten zu einem Film. Der Terminus betont die kompositorische Seite der Filmmusik. → Soundtrack

Sensurround [engl. Markenname] Von der Firma Universal (Hollywood) für den Film *Earthquake* entwickeltes Verfahren, das bei Verwendung einer Spezialanlage die Wiedergabe von Infraschall bei speziell codierten Filmen ermöglicht. S. simuliert Druckwellen, wie sie durch Erdbeben oder Detonationen hervorgerufen werden und bewirkt damit Beklemmungs- und Angstgefühle des Publikums. Wegen des hohen technischen Aufwands blieb S. auf wenige Prestigeprojekte beschränkt.

Sequenz Abfolge zusammengehöriger Einstellungen in einem Film.

Soundtrack [engl.] »Tonspur«; im (üblichen) engeren Sinne die Filmmusik eines Films. Im Vergleich zu → Score bezieht sich der Terminus eher auf die klangliche Komponente der Filmmusik.

source music [engl.] »Quellenmusik«, d. h. Musik, deren Herkunft im Bild zu sehen oder in dessen Umgebung zu vermuten ist. → Inzidenzmusik

Stop-motion-Verfahren [engl./dt.] Filmische Tricktechnik, die für Puppentrick verwendet wird und kleinste Bewegungsetappen in Einzelbildschaltung filmt. Die fortlaufende Projektion der zerstückelt aufgenommenen Einzelbilder suggeriert einen Bewegungsablauf. → S. 162

Stummfilm Früheste Form des Films, der ausschließlich über eine Bildspur verfügte. → Tonfilm, → S. 10ff.

subjektive Kamera Filmdramaturgisches Mittel, bei dem die Kamera die Sichtweise einer filmischen Person (in Ausnahmefällen auch eines Tieres) annimmt. Über den → point-of-view-shot hinausgehend, können auch Befindlichkeiten der jeweiligen Person (Unschärfe infolge Kurzsichtigkeit, Nachlassen der Wahrnehmungsfähigkeit durch Drogen) im Filmbild wiedergegeben werden.

Synchronisation 1. zeitliche Parallelisierung der Bild- mit der Tonspur; 2. Ersatz der Dialogspur durch eine Neuaufnahme der Dialoge, in der Regel in einer anderen Sprache (z. B. »deutsch synchronisierte Fassung«).

Titelmusik 1. Musik, die den → Vorspann begleitet; → main title 2. Erkennungsmusik einer Fernsehserie. → Opening

TOBIS (Abk. Tonbild Syndikat AG) Zu Beginn der Tonfilmära in Deutschland und fast ganz Europa Monopolist für Tonfilmsysteme. Produzierte zahlreiche Filme und wurde während des Dritten Reichs im Rahmen der Gleichschaltung der Filmindustrie umstrukturiert und dem staatlichen Apparat unterworfen. Firmenauflösung 1945. Der Name wurde wiederbelebt für eine heute noch existierende Filmproduktions- und -verleihfirma (Tobis Filmkunst).

Tonfilm Koppelung des Stummfilms mit einem Tonspeicherungsmedium. In den USA begann die Tonfilmära 1927 mit dem Film *The Jazz Singer*. → Lichtton, → Magnetton, → Nadelton, → S. 20ff.

Triergon (sprich: tri'ergon) Das von den drei Physikern Engel, Vogt und Masolle entwickelte und 1923 in Berlin vorgestellte → Lichttonverfahren. Wegen mangelnden Interesses der deutschen Filmindustrie wurden die Patente in die Schweiz und später nach Hollywood verkauft, wo William Fox sie erwarb. → S. 20. Ein wirtschaftlicher »Ableger« von Triergon wurde die Filmfirma → TOBIS, die bis zur Gleichschaltung der Filmindustrie im Dritten Reich ein florierendes europäisches Unternehmen im jungen Tonfilm war.

Überblendung optisch oder akustisch: Überlagerung einer → Abblende mit einer → Aufblende. Die Ü. stellt ein verbreitetes Mittel zur Erzeugung weicher → Schnitte dar.

Underscoring [engl.] Unterlegung der Filmhandlung samt Dialogen und Geräuschen mit einem eigens angepaßten Musikteppich. Verfahren der Hollywoodsinfonik, das in den 50er Jahren weitgehend verschwand und einem sparsameren und gezielteren Musikeinsatz Platz machte. → S. 41ff.

Verleih Unternehmen der Filmindustrie, das den Vertrieb von Filmen an die Spielstätten (Kinos, Fersehanstalten etc.) regelt. Der Verleih erwirbt die Verleihrechte für einen Film durch die Herstellerfirma, falls er nicht selbst Teil dieser Firma ist, und führt anteilig die eingespielten Verleihmieten an die Produzenten ab. Neben kommerziellen Verleihern existieren auch nicht kommerzielle, die von Kommunen oder anderen Bildungsträgern und Interessenverbänden finanziert werden und lediglich eine geringe Gebühr von den Spielstätten erheben.

Vitaphone [engl. Markenname] Von Warner Bros. verwendetes Tonfilmsystem der ersten (Tonfilm-)Stunde. → Nadelton

Vorspann Abschnitt am Anfang des Films, der den Filmtitel und die Hauptmitwirkenden des Films nennt. → credits, → main title, → Titelmusik (1.)

Zeitlupe/Zeitraffer Filmische Tricktechnik, bei der die Filmaufnahme mit einer anderen Geschwindigkeit (Bildfrequenz) erfolgt als die Wiedergabe. Ist die Aufnahmegeschwindigkeit langsamer als die Wiedergabegeschwindigkeit, so werden die gefilmten Abläufe beschleunigt (Zeitraffer), ist sie schneller, so erscheint der filmische Ablauf verlangsamt (Zeitlupe).

Zoom Kontinuierliche Änderung der Brennweite, d. h. der Blickwinkel der Kamera wird enger oder weiter, ein gefilmter Gegenstand erscheint weit weg oder nah. Das filmische Ergebnis ähnelt dem einer Kamerafahrt längs der Blickrichtung der Kamera, ist aber nicht identisch.

Zwischentitel Gestaltungsmittel des Stummfilms, das Dialoge oder Erklärungen zur Filmhandlung als Zwischentext in die Filmszenen einmontiert. Die Rolle und Gestaltung von Zwischentiteln im künstlerischen Stummfilm war umstritten.

G.M.

Auswahlbibliographie

Die folgende Auswahlbibliographie beschränkt sich weitgehend auf deutschsprachige Bücher. Aufsätze und fremdsprachige Bücher wurden nur dann aufgenommen, wenn sie von überdurchschnittlicher Bedeutung waren. Gerade die aufgeführte fremdsprachige Literatur darf als Anregung bei weitergehendem Interesse betrachtet werden.

I. Filmtheorie, Filmanalyse, Filmgeschichte

X Faulstich, Werner: *Einführung in die Filmanalyse*, 3. Aufl., Tübingen 1980 [Eine nützliche Hilfe bei der Einarbeitung in die Filmanalyse.]

Lexikon des internationalen Films (10 + 3 Bde.), Reinbek 1987ff. [Die wichtigste Quelle, wenn knappe filmographische Informationen über Filme seit 1945 gefragt sind.]

Monaco, James: *Film verstehen*, Reinbek 1980 [Gründliche, umfassende und sehr detaillierte Einführung.]

Robertson, Patrick: *Das neue Guinness Buch Film*, Berlin 1993 [Eine reizvolle Sammlung kurioser und aufschlußreicher Fakten zur Filmgeschichte mit einem Kapitel zur Musik.]

Schatzdorfer, Gerhard: *Analyse von Spielfilmen*, Berlin 1978 [Als Begleitmaterial zu einer Schulfernsehserie konzipiert: sehr anschaulich, keine Vorkenntnisse erforderlich.]

Toeplitz, Jerzy: *Geschichte des Films 1895–1945*, München 1987 [Diese Ausgabe des Verlages Rogner & Bernhard ist nur beim Zweitausendeins-Versand Frankfurt/Main erhältlich. Überwältigend umfangreiche Filmgeschichte, die wegen der guten Lesbarkeit und dem herausragenden Preis-Leistungsverhältnis in keiner Filmbibliothek fehlen sollte.]

II. Filmmusik: Einführungen und allgemeine Darstellungen

Adorno, Theodor W./Eisler, Hanns: *Komposition für den Film*, textkritische Ausgabe von E. Klemm, Leipzig 1977 [Ein schwer verdaulicher Klassiker; s. UM 5.]

Becce, Giuseppe/Erdmann, Hans/Brav, Ludwig: *Allgemeines Handbuch der Film-Musik* (2. Bde.), Berlin 1927 [Im ersten Band ein Kompendium der damaligen

Stummfilmpraxis, im zweiten eine überwältigende Sammlung von Kompilationsmusik; ein Klassiker unter den Primärquellen.]

Danuser, Hermann: *Filmmusik*, in: ders.: *Musik des 20. Jahrhunderts*, Laaber 1984, S. 270–283 [Überschaubare Einführung aus dem Blickwinkel der historischen Musikwissenschaft.]

Darby, William/Du Bois, Jack: *American Film Music. Major Composers, Techniques, Trends, 1915–1990*, Jefferson, N.C. 1990 [Eine teure, unerschöpfliche Fundgrube (605 S.) vor allem zur Blütezeit der Hollywood-Sinfonik; Biographien und Werkanalysen aller wichtigen amerikanischen Starkomponisten des Films. Mehr als nur ein Ersatz für die vergriffenen Bücher von Tony Thomas.]

Emons, Hans/la Motte-Haber, Helga de: *Filmmusik. Eine systematische Beschreibung*, Müchen 1980 [Anspruchsvolle Lektüre mit besonderen Schwerpunktsetzungen (z. B. früher Experimentalfilm): für Fortgeschrittene.]

Evans, Mark: *Soundtrack – the music of the movies*, New York 1979 [Geschichte der Filmmusik, angereichert mit Gedanken über deren Funktionen, Ästhetik etc.]

Film und Musik: Fünf Kongreßberichte und zwei Seminarberichte, hrsg. von H. de la Motte-Haber, Veröffentlichungen des Instituts für Neue Musik und Musikerziehung Darmstadt, Bd. 34, Mainz 1993

Gorbman, Claudia: *Unheard Melodies. Narrative Film Music*, London 1987 [Gut proportionierte Einführung in Dramaturgie und Ästhetik der Filmmusik; gute Bibliographie.]

Lacombe, Alain: *Hollywood Rhapsody*, Paris 1983 [Nützlich wegen der Bio- und Filmographien wichtiger Filmkomponisten Hollywoods, in der großzügigen Ausstattung vor allem für Filmmusikbegeisterte konzipiert; französisch!]

la Motte-Haber, Helga de: *Fünf Thesen zur Filmmusik*, in: *Melos/NZ* 4 (1978), S. 111–113

Lissa, Zofia: *Ästhetik der Filmmusik*, Berlin (Ost) 1965 [Eine beeindruckende frühe Arbeit über Filmmusik; die Filmbeispiele sind hierzulande oft unbekannt; von historischer Bedeutung.]

McCarty, Clifford (Hrsg.): *Film Music, No. 1*, New York 1989 [Sammelband mit sehr interessanten Originalbeiträgen; selbst in den USA und in GB schwer erhältlich.]

Palmer, Christopher: *The Composer in Hollywood*, London/New York 1990 [Herausragende Filmkomponisten in Einzeldarstellungen.]

Pauli, Hansjörg: *Entwicklung der Filmmusik* (1–3), in: *NMZ* 27 (1978), H. 6 bis *NMZ* 28 (1979), H. 2; je S. 3

ders.: *Filmmusik: Stummfilm*, Stuttgart 1981 [Deutschsprachiges Standardwerk zum Thema, locker geschrieben; arbeitet die einschlägige Literatur vor allem aus Amerika auf und zieht intelligente Schlußfolgerungen; leider blieb der avisierte Folgeband zum Tonbild aus.]

ders.: *Filmmusik*, in: *Funkkolleg Musik*, Bd. 2, hrsg. von C. Dahlhaus, Frankfurt a. M. 1981, S. 341-368 [Knapp und fundiert.]

Prendergast, Roy M.: *Film Music - a neglected Art*, 2. Aufl., New York 1992 [Eines der besten Bücher zur Geschichte, Ästhetik und Technik der Filmmusik.]

Schmidt, Hans-Christian: *Filmmusik*, Kassel 1982 (*Musik aktuell* Bd. 4) [Ein kurzweiliger Streifzug durch die Geschichte der Filmmusik, voller sprachlicher Raffinesse, mit Hörbeispielen auf 2 LPs; für die eigene Orientierung besser geeignet als für den Unterricht.]

ders. (Hrsg.): *Musik in den Massenmedien Rundfunk und Fernsehen*, Mainz 1976 [Sammlung z. T. wichtiger Originalbeiträge z. B. von Schmidt, Pauli, Rösing.]

Schneider, Norbert J.: *Was macht eigentlich ein Filmkomponist?*, in: *Musica* 46 (1992), S. 79-82

Stock, Walter: *Film und Musik - eine Dokumentation über Musikfilm und Filmmusik*, 2. Aufl., Aachen 1982 [Sehr preiswertes Typoskript (230 S.) der Bundesarbeitsgemeinschaft für Jugendfilmarbeit und Medienerziehung, z. Zt. leider vergriffen; als Einstieg gut geeignet.]

Thiel, Wolfgang: *Filmmusik in Geschichte und Gegenwart*, Berlin (Ost) 1981 [Thematisch weit angelegte Monographie des wichtigsten Filmmusikwissenschaftlers der früheren DDR; z. Zt. leider vergriffen.]

Thomas, Tony: *Film score - the art and craft of movie music*, Burbank, CA 1991 [Einzelportraits bekannter Filmkomponisten unter Einbeziehung persönlicher Äußerungen über die eigene Tätigkeit.]

III. Filmmusik: Spezielle Aspekte und Einzelfilme

Atkins, Irene Kahn: *Source music in motion pictures*, East Brunswick, N.J. 1983 [Detailreiche Untersuchung über Inzidenzmusik im Film; umfangreiche Bibliographie.]

Bastian, Hans Günther: *Musik im Fernsehen. Funktion und Wirkung bei Kindern und Jugendlichen*, Wilhelmshaven 1986 [Eine Zusammenschau der einschlägigen Literatur vor musikpädagogischem Hintergrund, angereichert mit eigenen Forschungsergebnissen.]

Fabich, Rainer: *Musik für den Stummfilm. Analysierende Beschreibung originaler Filmkompositionen*, Frankfurt a. M. 1993 [Über Originalkompositionen für Stummfilme von Saint-Saëns, Satie, Mascagni, Meisel, Schostakowitsch, Huppertz, Jaubert und Weiss; Dissertation.]

Flinn, Caryl: *Strains of Utopia. Gender, Nostalgia and Hollywood Film Music*, Princeton, N. Y. 1992 [Ein interessanter feministischer und kulturkritischer Beitrag zur Hollywoodsinfonik.]

Fischer, Jens Malte: *Symphonisches Grauen. Der Filmkomponist Max Steiner, dargestellt am Beispiel seiner Musik zu »The beast with five fingers« (1947)*, in: ders.: *Filmwissenschaft - Filmgeschichte*, Tübingen 1983 [Eine gelungene Einzelstudie.]

Kalinak, Kathryn: *Settling the score. Music and the classical Hollywood film*, Madison, WI 1992 [Herausragendes Buch zur Filmmusik der klassischen Ära Hollywoods mit vorbildlichen Einzelanalysen von *Captain Blood* (Korngold), *The Informer* (Steiner), *The Magnificant Ambersons* (Herrmann), *Laura* (Raksin), *The Empire strikes back* (Williams).]

Kinsky-Weinfurter, Gottfried: *Filmmusik als Instrument staatlicher Propaganda. Der Kultur- und Industriefilm im Dritten Reich und nach 1945*, München 1993 [Aus österreichischer Sicht; Dissertation.]

Kloppenburg, Josef: *Die dramaturgische Funktion der Musik in den Filmen Alfred Hitchcocks*, München 1986 [Dissertation, die neben einer allgemeinen theoretischen Einführung eine Analyse von Hitchcocks *Spellbound* enthält.]

la Motte-Haber, Helga, de: *Wirkungen der Filmmusik auf den Zuschauer*, in: *Musica* 34 (1980), S. 12–17

dies.: *Komponieren für den Film*, in: *Komponieren heute*, hrsg. von Ekkehard Jost, Mainz 1983, S. 66–79

Larson, Randall D.: *Musique Fantastique: a survey of film music in the fantastic cinema*, Metuchen N.J. 1985

Lissa, Zofia: *Formprobleme der Filmmusik*, in: *Festschrift Karl Gustav Fellerer*, hrsg. von Heinrich Hüschen, Regensburg 1962, S. 321–335

Maas, Georg: *King Kongs musikalischer Kammerdiener: Max Steiners Musik zu King Kong (1933) im Blickwinkel der Kritik Hanns Eislers*, in: *H. J. Wulff (Hrsg.):* 2. Film- und Fernsehwissenschaftliches Kolloquium/Berlin '89, Münster i. W. 1990, Sp. 153–166 [Über gegensätzliche musikdramaturgische Konzeptionen bei Steiner und Eisler; vgl. UM 5.]

ders.: *Filmmusik*, in: *Musikpsychologie - ein Handbuch in Schlüsselbegriffen*, Reinbek 1993, S. 203–208 [Mit einer Zusammenschau von Forschungsergebnissen zur Wirkung von Filmmusik.]

Metzler, Martina: *Zur Beziehung zwischen Handlung und Musik in Chaplins Film »City Lights«*, in: *MuB* 12 (1980), H. 12, S. 772–775 [Eine analytische Skizze - eine didaktische Anregung.]

Pauli, Hansjörg: *Borussia cantat. Zur Bild-Ton-Dramaturgie im Preußenfilm*, in: *Preußen im Film*, hrsg. von Axel Marquardt und Heinz Rathsack, Reinbek 1981, S. 195–204

ders.: *Umgang mit Tönen*, in: *Stanley Kubrick*, München 1984, S. 247–284 [Zum Einsatz von Musik in Filmen Stanley Kubricks.]

Projektgruppe Filmmusik - Musikwissenschaft Universität Gießen: *Zum Wirkungszusammenhang von Film und Musik*, in: *Motivationsforschung in der Musikpädagogik*, hrsg. von Klaus-Ernst Behne, Mainz 1979, S. 135–160 [Vom Filmsujet her ein Sonderfall (Dokumentarfilm), aber eine der wenigen seriösen deutschsprachigen Untersuchungen zur Wirkung von Filmmusik.]

Prox, Lothar: *Im Stadium der Kindheit. Skizzen zur Filmmusik*, in: *Musica* 32 (1978), S. 229–235 [Gedanken zur Filmmusik am Beispiel geschichtlicher Stichproben.]

Rügner, Ulrich: *Filmmusik in Deutschland zwischen 1924 und 1934*, Hildesheim 1988 [Dissertation mit vielen Faksimiles und Analysen ausgewählter Filme; empfehlenswert bei weiterreichendem Interesse.]

Schmidt, Hans-Christian: *Barbara und Thomas. Über den Einfluß von musikalischen Backgrounds auf die Filmwahrnehmung bei Jugendlichen*, Grünwald bei München 1982 [Zum FWU-Film gleichen Titels: siehe V. »Filme, Unterrichtsmedien«.]

ders.: *»... ohne durch die ordnende Instanz des Intellekts zu gehen«. Reflexe auf vermutete Wirkungen von Musik im Spielfilm*, in: *Musikpädagogische Forschung*, Bd. 3, hrsg. von Klaus-Ernst Behne, Laaber 1982, S. 164–182

ders.: *Audiovisueller Ge-, Miß- und Verbrauch von Musik*, in: *Komponieren heute*, hrsg. von Ekkehard Jost, Mainz 1983, S. 95–107

ders.: *Liebe, Lust und Leid mit Händen und Füßen: der Kino-Organist Horst Schimmelpfennig. Ein exemplarischer Fall von Filmmusik in den zwanziger und dreißiger Jahren*, in: *Ich will aber gerade vom Leben singen ...*, hrsg. von Sabine Schutte, Reinbek 1987, S. 343–364

Schmuck, Frank: *Zur Problematik der Standardmusik für Fernsehserien, untersucht am Beispiel der US-amerikanischen Serie Miami Vice*, in: *Serie - Kunst im Alltag*, hrsg. von Peter Hoff und Dieter Wiedemann, Berlin 1992, S. 79–88

Schneider, Norbert J.: *Handbuch Filmmusik Bd. 1: Musikdramaturgie im Neuen Deutschen Film*, 2. Aufl., München 1986 [Für den Neuen Deutschen Film konkurrenzlos, darüber hinaus sehr interessant und praxisnah.]

ders.: *Handbuch Filmmusik Bd. 2: Musikdramaturgie im Dokumentarfilm*, München 1989 [Sonderfall der Filmmusik.]

ders.: *Von der Überwindung der Zeit. Die wahrnehmungspsychologischen Grundlagen von Filmmusik*, in: *KEYS* 5 (1990), S. 92–95 [Inhaltlich nicht unumstritten, aber interessant.]

Schudack, Achim: *Hollywood im Umbruch: Jazz im »social problem film« der frühen 50er Jahre*, in: Rudolf-Dieter Kraemer (Hrsg.): *Musik und Bildende Kunst*, Essen 1990, S. 181-196

Siebert, Ulrich E.: *Filmmusik in Theorie und Praxis*, Frankfurt a. M. 1990 [Dissertation über Hans Erdmanns Filmmusiken und theoretische Arbeiten; aus filmmusikwissenschaftlicher Sicht wichtig; die komprimierte und kompetente Darstellung der Stummfilmzeit bietet auch für Einsteiger eine dankbare Lektüre.]

Steiner, Max: *Scoring the film*, in: *We make the movies*, hrsg. von Nancy Naumburg, New York 1937, S. 216–238 [Eine aufschlußreiche Primärquelle zur klassischen Hollywoodsinfonik.]

Stern, Dietrich: *Film als Anti-Oper. Die Erweiterung der filmischen Handlung durch Musik bei Jean-Luc Godard*, in: *Oper - Film - Rockmusik. Veränderungen in der Alltagskultur (Musikalische Zeitfragen 19)*, hrsg. von Hans-Klaus Jungheinrich, Kassel 1986, S. 46–57

Stummfilmmusik gestern und heute, Berlin 1979 [Ein preiswertes Bändchen mit informativen Dokumenten.]

Vogelsang, Konrad: *Filmmusik im Dritten Reich. Die Dokumentation*, Hamburg 1990 [Im wesentlichen Filmographie, Komponistenverzeichnis und Komponistenbiographien zum 3. Reich; Filmmusikprotokoll und Dokumente zu *Hitlerjunge Quex*.]

IV. Didaktik der Filmmusik

Eisenberg, Ursula: *Filmmusik im Unterricht*, in: *MuB* 9 (1977), S. 686-688 [Konventionell und notgedrungen oberflächlich; fragend entwickelnder Musikunterricht.]

Fechner, Rainer: *Erfahrungen mit dem Thema »Filmmusik«*, Hamburg o. J. (*AfS-Unterrichtshilfe* Nr. 160/161)

Huland, Waltraud: *Musik zu einem Film erfinden. Zwei parallele Unterrichtseinheiten in einem 3. und einem 4. Schuljahr*, in: *Musikunterricht 1-6*, hrsg. von U. Günther/Th. Ott/F. Ritzel, Weinheim 1982, S. 85-104

Kohlmann, Walter: *Projekte im Musikunterricht*, Weinheim 1978, S. 54-83 [Filmvertonungen im Unterricht, veranschaulicht an konkreten Fällen.]

Musik und Bildung 18 (1986), H. 9 [Schwerpunktthema: Filmmusik im Unterricht, vor allem die Beiträge von Eva Rieger und Irene Kretschmer.]

X *Musik und Unterricht* 1 (1990), H. 2 [Thema: *Auge und Ohr*]

X *Musik und Unterricht* 3 (1992), H. 17 [Thema: *Filmmusik*]

Musik-Kontakte. Arbeitsbuch für den Musikunterricht, Bd. 1 hrsg. von H. Jung, Bd. 2 hrsg. von R. Weigelt, Frankfurt a. M. 1983, 1987 [Musik und Film: S. 158-165 (Bd. 1), S. 162-167 (Bd. 2); eines der wenigen Schulbücher für den Musikunterricht, die das Thema Filmmusik ernsthaft berücksichtigen.]

Ritzel, Fred: *Filmmusik - Didaktische Überlegungen und Vorschläge*, in: *Musikunterricht in der Sekundarstufe II*, hrsg. von A. Bojanowski und U. Günther, Königstein 1979, S. 94-105 [Technisch überholt, inhaltlich nicht.]

Schmidt, Hans-Christian: *Musik im Fernsehen. Bericht von einem Unterrichtsmodell für die Sekundarstufe I*, in: *Schule ohne Musik?* (Bundesschulmusikwoche 1976), hrsg. von E. Kraus, Mainz 1976, S. 184-207

ders.: *Musik im Fernsehen - Musikalische Titel von FS-Serienfilmen. Eine Sequenz für die Sekundarstufe I*, in: *MuB* 9 (1977), S. 23-28

ders.: *Entwurf einer Mediendidaktik - exemplarisch dargestellt an den musikalischen Inhalten des Kino- und Fernsehfilms*, in: *Musik und Massenmedien*, hrsg. von H. Rösing, München 1978, S. 29-58

X ders.: *Didaktik der Filmmusik*, in: *MuB* (1980), S. 158-161

ders.: *Filmmusik*, Kassel 1984 [s. II.]

Schreiber, Martin/Torkel, Wilhelm: *Filmmusik im Unterricht (Sekundarstufe 1)*, Lilienthal 1984

Schudack, Achim: *Filmmusik in der Schule. Studien zu Kazan / Bernsteins »On the Waterfront« als Beispiel interdisziplinärer Filmanalyse und integrativen Musikunterrichtes*, Dissertation Universität GH Essen, 1994

Spielpläne Musik 9/10, hrsg. von Karl-Jürgen Kemmelmeyer und Rudolf Nykrin, Stuttgart 1988 [Filmmusik: S. 146-151; Schulbuch; vielfältige Aspekte werden kurz angesprochen.]

V. Filme, Unterrichtsmedien

Barbara und Thomas. Über den Einfluß musikalischer Backgrounds auf die Filmwahrnehmung bei Jugendlichen [17 Min., FWU Nr. 4200196; für einen kurzen halbdokumentarischen Film komponierte Paul Glass drei verschiedene Begleitmusiken; Textbegleitmaterial s. III.]

Musik für's Auge. Filmmusik und wie sie gemacht wird [44 Min., FWU Nr. 4200528; wird zwar vom FWU nicht mehr angeboten, ist aber in Kreis- und Stadtbildstellen oft noch erhältlich; instruktive Dokumentation über Filmmusik, ihre Geschichte und Funktionen. Der erfahrene Filmkomponist Rolf Wilhelm steuert interessante Demonstrationen bei.]

Filmmusik [2 LPs zum Buch von Hans-Christian Schmidt: s. II. Musikbeispiele zur Geschichte der Filmmusik; ausgezeichnet mit dem Preis der Deutschen Schallplattenkritik.]

Filmregister

Aufgeführt sind alle im Buch genannten Filme. Die filmographischen Angaben stehen jeweils hinter dem Originaltitel. Deutsche Verleihtitel sowie alternative Titel verweisen auf diesen. Bestimmte und unbestimmte Artikel am Anfang des Titels werden in der Ordnung nicht berücksichtigt.

Achterbahn → Rollercoaster

Alexander Newski (UdSSR 1938, R: Sergej Eisenstein, M: Sergej Prokofieff)

L'assassinat du Duc de Guise (F 1908, R: André Calmettes mit Charles de Bargy, M: Camille Saint-Saëns)

Amber, die große Kurtisane → Forever Amber

Anatomie eines Mordes → Anatomy of a Murder

Anatomy of a Murder (USA 1959, R: Otto Preminger, M: Duke Ellington)

Barry Lyndon (GB 1973-75, R: Stanley Kubrick, M: Vivaldi, Bach, Händel, Mozart, Schubert u.a., arrangiert von Leonard Rosenman)

Batman (USA 1989, R: Tim Burton, M: Prince)

Ben Hur (USA 1959, R: William Wyler, M: Miklós Rózsa)

Bird of Paradise (USA 1932, R: King Vidor, M: Max Steiner)

The Birds (USA 1963, R: Alfred Hitchcock, Soundeffekt-Überwachung: Bernard Herrmann)

The Birth of a Nation (USA 1915, R: David Ward Griffith, M: Joseph Carl Breil)

Blackboard Jungle (USA 1954, R: Richard Brooks, M: Bill Haley, Stan Kenton, Bix Beiderbecke)

Blade Runner (USA 1982, R: Ridley Scott, M: Vangelis)

Der Blaue Max → The Blue Max

Die Blechtrommel (BRD 1979, R: Volker Schlöndorff, M: Maurice Jarre, Friedrich Meyer)

The Blue Max (GB 1965, R: John Guillermin, M: Jerry Goldsmith)

Bürger Kane	→ Citizen Kane
Casablanca	(USA 1942, R: Michael Curtiz, M: Max Steiner)
C'era una volta il west	(I 1968, R: Sergio Leone, M: Ennio Morricone)
Chariots of Fire	(GB 1980, R: Hugh Hudson, M: Vangelis Papathanassiou)
Citizen Kane	(USA 1941, R: Orson Welles, M: Bernard Herrmann)
Die Comancheros/The Comancheros	(USA 1961, R: Michael Curtiz, M: Elmer Bernstein)
Dallas	(USA/TV-Serie 1978–1981, Titelmusik: Jerrold Immel)
Deception	(USA 1946, R: Irving Rapper, M: Erich Wolfgang Korngold)
Denn sie wissen nicht, was sie tun	→ Rebel Without a Cause
Desertir	(UdSSR 1933, R: Wsewolod I. Pudowkin, M: Sergej Prokofieff)
Die Ermordung des Herzogs von Guise	→ L'assassinat du Duc de Guise
Die Dornenvögel	→ The Thornbirds
Dressed to Kill	(USA 1980, R: Brian de Palma, M: Pino Donaggio)
Der dritte Mann	→ The Third Man
Das Dschungelbuch	→ Jungle Book
Dune [- der Wüstenplanet]	(USA 1984, R: David Lynch, M: Toto, Brian Eno)
Earthquake	(USA 1974, R: Mark Robson, M: John Williams)
East of Eden	(USA 1955, R: Elia Kazan, M: Leonard Rosenman)
Easy Rider	(USA 1969, R: Dennis Hopper, M: Steppenwolf u.a.)
Endstation Sehnsucht	→ A Streetcar Named Desire
Erdbeben	→ Earthquake

E. T. [- Der Außerirdische/The Extra-Terrestrial/The Extra-Terrestrial in his Adventure on Earth]	(USA 1982, R: Steven Spielberg, M: John Williams)
Die Faust im Nacken	→ On the Waterfront
Forever Amber	(USA 1947, R: Otto Preminger, M: David Raksin)
Die Geburt einer Nation	→ The Birth of a Nation
Goldfinger	(GB 1964, R: Guy Hamilton, M: John Barry, Titelsong interpretiert von Shirley Bassey)
Gone with the Wind	(USA 1939, R: Victor Fleming, M: Max Steiner)
The Graduate	(USA 1967, R: Mike Nichols, M: Paul Simon, interpretiert von Simon & Garfunkel; weitere Musik von Dave Grusin)
Hatari!	(USA 1962, R: Howard Hawks, M: Henry Mancini)
Ich kämpfe um dich	→ Spellbound
Indiana Jones and the Last Crusade	(USA 1989, R: Steven Spielberg, M: John Williams)
Indiana Jones and the Temple of Doom	(USA 1984, R: Steven Spielberg, M: John Williams)
Indiana Jones und der letzte Kreuzzug	→ Indiana Jones and the Last Crusade
Indiana Jones und der Tempel des Todes	→ Indiana Jones and the Temple of Doom
The Informer	(USA 1935, R: John Ford, M: Max Steiner)
Jäger des verlorenen Schatzes	→ Raiders of the Lost Ark
Jaws	(USA 1975, R: Steven Spielberg, M: John Williams)
The Jazz Singer	(USA 1927, R: Alan Crosland, M: div., interpretiert von Al Jolson)
Jenseits von Eden	→ East of Eden
Jungle Book	(USA 1942, R: Alexander Korda, M: Miklós Rózsa)
King Kong	(USA 1933, R: Merian C. Cooper & Ernest B. Schoedsack, M: Max Steiner)

King Kong	(USA 1976, R: John Guillermin, M: John Barry)
King Kong und die weiße Frau	→ King Kong (1933)
Klute	(USA 1971, R: Alan J. Pekula, M: Michael Small)
Krieg der Sterne	→ Star Wars
Kuhle Wampe oder: Wem gehört die Welt?	(D 1932, R: Slatan Th. Dudow, M: Hanns Eisler)
Das Leben auf dem Dorf	(D 1923, R: Walter Dörry)
The Maltese Falcon	(USA 1941, R: John Huston, M: Adolph Deutsch)
Der Malteser-Falke	→ The Maltese Falcon
Man on a Tightrope	(USA 1952/53, R: Elia Kazan, M: Franz Waxman)
The Man with the Golden Arm	(USA 1955, R: Otto Preminger, M: Elmer Bernstein)
Ein Mann auf dem Drahtseil	→ Man on a Tightrope
Der Mann mit dem goldenen Arm	→ The Man with the Golden Arm
Mord im Orient-Expreß	→ Murder on the Orient Express
Murder on the Orient Express	(GB 1974, R: Sydney Lumet, M: Richard Rodney Bennett)
On the Waterfront	(USA 1954, R: Elia Kazan, M: Leonard Bernstein)
Once Upon a Time in the West	→ C'era una volta il west
Psycho	(USA 1960, R: Alfred Hitchcock, M: Bernard Herrmann)
The Quiet Man	(USA 1952, R: John Ford, M: Victor Young)
Quo vadis	(USA 1951, R: Mervyn LeRoy, M: Miklós Rózsa)
Raiders of the Lost Ark	(USA 1981, Steven Spielberg, M: John Williams)
Rebel Without a Cause	(USA 1955, R: Nicholas Ray, M: Leonard Rosenman)
Die Reifeprüfung	→ The Graduate
Rocky [I]	(USA 1976, R: John G. Avildsen, M: Bill Conti)

Personenregister

Abbildungsnachweis

S. 17: Musical Synopsis for »The Swamp« by James Bradford, aus: Fritz Güttinger, *Der Stummfilm im Zitat der Zeit*, Deutsches Filmmuseum Frankfurt a. M., Frankfurt 1984, S. 169

S. 76: Musik-Aufwand eines Vorprogramms im Ufa-Palast am Zoo, 1925, aus: *Stummfilmmusik gestern und heute*, Volker Spiess Verlag, Berlin 1979, S. 54

S. 77: Tabellen zum Musik-Etat, aus: *Stummfilmmusik gestern und heute*, Volker Spiess Verlag, Berlin 1979, S. 57

S. 87: Filmbild aus »Goldfinger«, mit freundlicher Genehmigung von TV-Bilderdienst Cinetext, Frankfurt

S. 102: Filmbild aus »Der schwarze Falke«, aus: J. A. Place, *Die Western von John Ford*, Goldmann Verlag, München 1984, S. 169

S. 123: Filmbild aus »Dallas«, mit freundlicher Genehmigung von TV-Bilderdienst Cinetext, Frankfurt

S. 164: Tricktechnik »King Kong«, aus: *The History of the Movies*, hrsg. v. Ann Lloyd, Macdonald & Co, London/Sydney 1988, S. 122

S. 164: Foto »King Kong«, aus: *The History of the Movies*, hrsg. v. Ann Lloyd, Macdonald & Co, London/Sydney 1988, S. 188, mit freundlicher Genehmigung der Kobal Collection, London

S. 171: Foto Max Steiner, aus: Christopher Palmer, *The Composer in Hollywood*, Marion Boyars Publishers, London 1990, S. 21

S. 173: Aufnahme »Lost Horizon«, aus: Christopher Palmer, *The Composer in Hollywood*, Marion Boyars Publishers, London 1990, S. 43

S. 200: Werbeplakat zu »Kuhle Wampe«, aus: Horst Knietzsch, *Filmgeschichte in Bildern*, Henschelverlag, Berlin 1984, S. 103

S. 204: Schöpferteam von »Kuhle Wampe«, aus: Horst Knietzsch, *Filmgeschichte in Bildern*, Henschelverlag, Berlin 1984, S. 104

S. 229: Filmbild aus »On the Waterfront«, aus: Tony Thomas, *Marlon Brando und seine Filme*, hrsg. von Joe Hembus, Goldmann Verlag, München 1973, S. 69

KING KONG

Einer der "größten" Klassiker der Filmgeschichte

iner der größten Erfolge des amerikanischen Films - KING KONG feierte seine Premiere am 2. März 1933 in New York. Mit jeder Viederaufführung und Neubearbeitung wurde ler gigantische Affe KONG populärer. aurus Video präsentiert ein groß-rtiges Sammelwerk. Eine uf 6.000 Exemplare imitierte Sonder-dition mit einzigarti-em Inhalt:

- Eine VHS Cassette mit ei-em Filmfragment von CREA-ION, dem Filmprojekt, das zugun-ten von KING KONG fallengelassen vurde. Dazu erstmalig auf Video die ngekürzte, digital restaurierte Fassung les Films KING KONG von 1933. Er zählt u den berühmtesten aller Filme um prähi-torische Monster, ein absoluter Klassi-ker des phantastischen Kinos!
- Eine VHS Cassette mit der Filmdokumentation IT WAS BEAUTY KILLED THE BEAST, ein Bericht über die Entstehungsgeschichte von KING KONG sowie in deutscher Erstaufführung den Film SON OF KONG in englischer Originalfassung.
- Das Begleitbuch ALLES ÜBER KING KONG schildert die Entstehung der KING KONG Filme und zeigt einzigartige Bilder und Fotografien.
- Drei Nachdrucke von Kinoplakaten zu KING KONG. Darunter die Reproduktion des Originalplakates aus dem Jahre 1933, das im Original 1991 auf einer New Yorker Auktion mit über 57.000 $ den bis dahin höchsten Preis für ein Filmplakat erzielt hat!

Best.-Nr.: 5301130
*VK-Preis: 99,95 DM

Taurus Video

TaurusVideo GmbH • Fraunhoferstrasse 9 • 85737 Ismaning • Telefon 089/96 07 06-0 • Telefax 089/96 07 06-39

Erhältlich in Kauf- und Warenhäusern, Videotheken und Buchhandlungen

* Die VK-Preise verstehen sich als unverbindliche Preisempfehlung (inkl. gesetzlicher MwSt.).